ZHONGGUO LIUDONG RENKOU DE
XIAOFEI XINGWEI YANJIU

中国流动人口的消费行为研究

陶树果　著

法律出版社
LAW PRESS · CHINA
北京

图书在版编目（CIP）数据

中国流动人口的消费行为研究 / 陶树果著. -- 北京 : 法律出版社, 2024. -- ISBN 978-7-5197-9472-9

Ⅰ. F723.55

中国国家版本馆 CIP 数据核字第 2024PA5960 号

中国流动人口的消费行为研究
ZHONGGUO LIUDONG RENKOU DE XIAOFEI XINGWEI YANJIU

陶树果 著

策划编辑 李沂蔚
责任编辑 李沂蔚
装帧设计 鲍龙卉

出版发行 法律出版社
编辑统筹 法律应用出版分社
责任校对 晁明慧
责任印制 刘晓伟
经　　销 新华书店

开本 710 毫米×1000 毫米 1/16
印张 18.5 **字数** 211 千
版本 2024 年 10 月第 1 版
印次 2024 年 10 月第 1 次印刷
印刷 唐山玺诚印务有限公司

地址：北京市丰台区莲花池西里 7 号（100073）
网址：www.lawpress.com.cn
投稿邮箱：info@lawpress.com.cn
举报盗版邮箱：jbwq@lawpress.com.cn

销售电话：010-83938349
客服电话：010-83938350
咨询电话：010-63939796

书号：ISBN 978-7-5197-9472-9
定价：72.00 元

凡购买本社图书，如有印装错误，我社负责退换。电话：010-83938349

自　序

流动人口尤其是农民工的消费问题越来越受到学术界的重视。在推进城镇化战略、提高户籍人口城镇化率的背景下，不仅大量的农村剩余劳动力还将继续向城市转移，而且城城之间的人口流动还会更加活跃。因此，研究流动人口的消费问题具有重要的理论意义和现实意义。

目前，学术界对流动人口消费的研究还存在一定的局限，如只重视研究流入地的消费行为问题、新生代农民工的消费问题，忽视了流出地的消费问题、老一代农民工的消费问题，所使用数据多局限在某一城市或地区，权威性有待提高。本书的主体部分利用2013年中国流动人口动态监测社会融合专项调查数据，对流动人口在流入地和流出地的消费行为分别进行研究，与城镇居民比较后发现，流动人口陷入了两栖性消费困境。主要体现在，流动人口在流入地的平均消费倾向远低于城镇居民，即流动人口的收入水平与城镇居民的差距不大，但是消费水平严重偏低；而另一方面，他们不得不寄钱回家，维持流出地的家庭消费支出，甚至为在家乡建房购房、养老做准备。究竟是哪些原因导致流动人口陷入了消费困境？围绕这一核心问题，本书运用线性回归模型、Tobit 模型和 CLAD 模型，着重从以下 4 个方面进行了研究：一是流动人口在流入地的消费行为及其影响因素、不同类型城市有何差异，二是流出地消费行为及其影响因素，三是流动人口跨地区消费行为的作用机制，四是流动人口的消费困境及原因。此外，本书还采用 2016 年中国流动人口动态监测数据分析流动人口的住房消费情况，着重分析了流动人口的住房消费支出水平及其影响因素、购房行为和购房意愿及其影响因素。

本书共分八章，对上述问题进行了理论与实证研究。第一章是绪论，主要介绍了研究背景和意义、研究目标、研究内容和研究方法，提出了创新点。第二章是理论回顾和文献综述，回顾了主流消费理论、劳动力流动理论和市民化理论，全面梳理了国内外关于移民和流动人口消费及市民化方面的文献，为后续的实证研究提供了理论支撑。第三章研究了流动人口分别在流入地和流出地的消费现状和特征，并与流入地城镇居民的消费行为进行比较，从实证分析的角度，提出了本书的核心问题。第四章主要运用线性回归模型分析流动人口在流入地消费行为的影响因素，并分城市类型进行了比较研究；运用 Tobit、CLAD 模型分析流出地消费行为的影响因素。第五章主要研究市民化对流动人口消费行为的作用。建构了流动人口市民化指标体系，测量出流动人口的市民化水平，分析了市民化对流入地和流出地消费行为的双重影响，探讨了市民化与流动人口消费行为的关系。第六章分析了流动人口在流入地的住房消费情况，对流动人口的住房性质、住房消费支出水平、已购商品房情况、购房意愿等进行了描述分析，并利用线性回归模型分析了流动人口住房消费水平的影响因素、采用 logistic 二元回归模型分析了流动人口在流入地的购房行为和购房意愿的影响因素。在此基础上,指出了流动人口住房消费中存在的问题。第七章从社会保障制度、社会排斥与歧视等方面分析了流动人口的消费困境,从完善社会保障、住房保障、促进基本公共服务均等化等角度提出了对策和建议。第八章对全书进行归纳和总结,指出了未来的研究方向。

本书的主要结论如下。

(1)收入是决定流动人口在流入地消费行为最重要的因素。收入越高,流动人口的消费水平越高。新生代、非农业户口、高中及以上文化程度等个体性特征,省内跨市流动、较强的定居性等流动特征以及家庭迁移特征对流入地的家庭消费水平都有显著正向影响。而就业身份、单位行业、职业类别、社会保险的影响存在差异。流出地的拉力越大,寄往家乡的汇款越多,就越会制约流入地的消费行为。

(2)不同类型城市流动人口消费行为的差异明显,影响因素既有共性也有差异。家庭收入、夫妻共同流动、子女随迁对不同类型的城市都有显著正向影响,而代际、户口、受教育程度、流动范围和单位行业等因素的作用则不尽相同。

(3)流出地的消费行为主要受流出地家庭收入的影响,但来自流入地的汇款在维持日常消费中也具有重要作用。老一代、小学及以下文化程度、子女还在老家的流动人口,其在流出地的消费水平相对较高。对流动人口中的农民工来说,参加城乡居民基本医疗保险(新农合)能有助于增加流出地消费水平的提升,但城乡居民基本养老保险(新农保)的影响则并不显著。

(4)市民化对流动人口在流入地的消费行为有显著正向影响,对流出地的消费行为有显著负向影响。目前低水平的市民化,导致他们不得不把部分家庭成员留在家乡,用汇款来维持流出地的部分消费。市民化水平对不同类型城市流动人口消费行为的影响不同,对中西部省会城市的影响最大,对东南沿海城市的影响最小。

(5)租房仍是流动人口目前最主要的居住形式,住房消费支出超过家庭总消费支出的1/5,占家庭支出的比重较大。从影响因素来看,省内流动,以经商商贩为职业,在建筑业、批发零售业、住宿餐饮娱乐业、社会服务业、高端服务业等行业工作,家庭收入相对较高,愿意在流入地长期居住,有本地城镇职工社会保险,较高的文化程度,都会对流动人口的住房消费支出水平有显著正向影响。

从购房行为和购房意愿来看,27.36%的流动人口已经在流入地购买了住房,打算在流入地购房的为23.38%,远高于打算回户籍地购房的比例。社会融入意愿较高、有社会保险和住房公积金,家庭收入较高、家庭规模较大、省内流动都会对流动人口的购房行为和购房意愿有显著正向影响。

目录

Contents

表目录

第一章　绪　论

第一节　研究背景及研究意义

消费被誉为拉动经济发展的三驾马车之一，是促进经济增长的动力源泉。2015 年全国 1% 人口抽样调查显示，流动人口为 24597 万人，占总人口的 17.91%。正如《国家新型城镇化规划纲要（2014 –2020 年）》所指出的，目前我国仍处于城镇化率 30% ~70% 的快速发展区间，大量农村剩余劳动力还将继续向城市转移。这种持续的城镇化是保持社会经济快速发展的强大引擎。在世界经济疲软、新兴市场国家经济增长乏力、出口受阻的国际环境下，内需消费成为我国经济发展的根本动力，而扩大内需就需要从根本上提高我国的城镇化率。2016 年我国常住人口城镇化率为 57.35%，但是户籍人口城镇化率只有 41.2%，[①]大幅低于与我国人均收入相近的发展中国家的平均水平。这

---

① 参见国家统计局：《中华人民共和国 2016 年国民经济和社会发展统计公报》，载国家统计局网，https://www.stats.gov.cn/sj/zxfb/202302/t20230203_1899428.html。

表明,我国的城镇化率尤其是户籍人口城镇化率还可以大幅提升。“七普”数据显示,2020 年,我国流动人口为 3.76 亿人。其中,跨省流动人口为 1.25 亿人,省内流动人口为 2.51 亿人。[①] 随着区域经济一体化的推进,区域间经济联系的加强,乡城、城城间的人口流动将更加活跃。数量庞大的流动人口不仅会继续推动城镇化的快速发展,同时也必将释放出巨大的消费潜能。

钱纳里认为,城市化水平和人均国内生产总值之间呈正相关关系。一个国家的城市化水平越高,人均国内生产总值也就越高。中国也不例外,改革开放以来到 2012 年左右,由于人口流动与生产要素等结合,流动人口因素对全国 GDP 的贡献率在 23% 左右。[②] 每年增加 1000 万城镇人口,能促进经济增长速度增加一个百分点左右。[③] 只要增加 1% 的农村居民迁移到城镇工作和生活,就能把中国居民消费总额提高 0.2 个百分点左右。流动人口消费开支中被内置的税费更是给流入地最直接的贡献。[④]

中国未来的经济增长,将会更加依赖内需消费的拉动。城镇化水平的持续提高,会使更多农民通过在城镇就业提高收入;人口区域性集聚趋势的进一步增强,会使更多中小城市人口通过在城城之间的流动增加收入;城市化进程中的人口流动,必然会带来流入地和流出地消费的增加。农民市民化、中小城市市民的再市民化,将创造一个消费巨人。[⑤] 流动人口市民化将有助于提高

---

① 参见国家统计局:《第七次全国人口普查公报》(第七号),载国家统计局网 2021 年 5 月 11 日,https://www.stats.gov.cn/sj/pcsj/rkpc/7rp/zk/html/fu03g.pdf。

② 参见邱玥:《人口流动:揭示城镇化新趋势》,载光明网,http://epaper.gmw.cn/gmrb/html/2015-05/21/nw.D110000gmrb_20150521_1-15.html。

③ 参见国务院发展研究中心课题组、刘世锦等:《农民工市民化对扩大内需和经济增长的影响》,载《经济研究》2010 年第 6 期。

④ 参见张力:《流动人口对城市的经济贡献剖析:以上海为例》,载《人口研究》2015 年第 4 期。

⑤ 参见蔡昉:《农民工市民化与新消费者的成长》,载《中国社会科学院研究生院学报》2011 年第 3 期。

他们的经济收入、转变消费观念、释放消费潜能，不仅会促进城镇常住人口日常生活性消费支出的增加，而且还会促进城镇固定资产投资的增长，如商品房建设、交通和通信等基础设施、文化卫生体育等公共服务设施建设，降低经济发展对外贸出口的依赖度，促使社会经济结构得到优化。[①] 这将为我国的经济发展提供持续动力。

然而，目前流动人口的消费水平依然偏低，以食品和房租为代表的生存型消费仍占主导。[②] 这主要是流动人口还没有获得与本地市民同等的公共福利和政治权利待遇导致的，实际上仍处于“半市民化”状态。只有实现了身份和社会保障的真正转变，城市居民规模的扩大才能在拉动消费上发挥作用。如果农民工能实现城市居民身份的转变，参考目前城市居民的消费水平，即使他们原有的特征不变，人均总消费支出也能比身份转变前增长27%，也能够达到目前城市居民的消费水平。[③] 此外，流动人口不仅在流入地有消费，其在流出地亦有一定的消费，他们给家乡寄钱或带钱回家，维持了留守在农村的家庭成员的日常生活水平，促进了农村消费的增长，有利于流出地的经济发展。[④]

---

① 参见国务院发展研究中心课题组、刘世锦等：《农民工市民化对扩大内需和经济增长的影响》，载《经济研究》2010年第6期。

② 参见褚荣伟、张晓冬：《中国农民工消费市场解读——金字塔底层的财富》，载《经济理论与经济管理》2011年第7期。

③ 参见王美艳：《农民工消费潜力估计——以城市居民为参照系》，载《宏观经济研究》2016年第2期。

④ 参见李树茁、李聪、梁义成：《外出务工汇款对西部贫困山区农户家庭支出的影响》，载《西安交通大学学报（社会科学版）》2011年第1期；李强、毛学峰、张涛：《农民工汇款的决策、数量与用途分析》，载《中国农村观察》2008年第3期；胡枫、史宇鹏：《农民工汇款与输出地经济发展——基于农民工汇款用途的影响因素分析》，载《世界经济文汇》2013年第2期。

随着国家新型城镇化战略的进一步推进，在世界城市发展规律的作用下，必将会有更多的农村人口向城镇的空间转移，必将会有更多的中小城镇人口向经济发达的大城市集聚。新型城镇化应当是“人”的城镇化，在推进城镇化的过程中，始终要把“人”而不是“物”放在核心地位。因此，研究三亿多流动人口的消费行为具有重要理论和实际意义。主要表现在以下几个方面。

(1)流动人口在流入地的消费水平和消费结构不仅是生活水平的体现，还是身份认同的重要载体，是城市融入和市民化程度的重要体现。那么，当前流动人口在流入地的消费水平和消费结构与城市居民是否还存在差距？消费行为受到哪些因素的制约？在流动人口内部，老一代流动人口与新生代流动人口有无区别？乡城流动人口与城城流动人口之间有无区别？不同类型城市之间的流动人口有无区别？他们的住房状况如何，有没有购买商品房，是否打算在流入地购房，会受到哪些因素的影响？分析清楚这些问题，对提升流动人口消费水平、促进经济发展、推动城市化进程均具有重要意义。

(2)从理论上看，既有研究已经开始关注流动人口的消费理论问题，不过，通常更注重研究流动人口在流入地的消费而忽视其在流出地的消费及流动人口在流入地和流出地的跨地区消费问题。本研究力争在既有研究的基础上，深入分析流动人口在流出地的消费行为及其影响因素，把流动人口在流入地和流出地的消费相结合，突出流动人口在流入地和流出地的跨地区消费问题。在理论上，力争深入分析流动人口在流入地和流出地及其跨地区消费背后的作用机理，弥补现有流动人口消费行为研究的不足，丰富有关消费结构研究的理论体系。

(3)建立流动人口市民化程度指标体系，测量流动人口的市民化水平，有助于全面分析流动人口的市民化现状。把市民化作为解释变量，分析市民化对流动人口在流入地消费、流出地消费的作用机制。这样不仅可以弥补现有流动人口市民化研究的不足,也对流动人口消费研究进行有益的补充。

(4)利用中国流动人口动态监测调查的大样本数据,便于进行城市类型的比较,为有效推进农民工市民化,因城施策,提出有效的差别化建议。在既有研究中,多数选择在某一城市或某几个省的一些城市发放问卷,存在研究样本的随机性较大、代表性不足等问题。本研究采用动态监测的权威数据,不仅样本量大,而且覆盖面广,数据质量较高,能有效弥补既有研究的不足,为不同地区、不同类型城市引导流动人口消费提供对策建议。

第二节 研究目标、研究内容及相关概念界定

一、研究目标与研究思路

(一)研究目标

本研究拟运用全国范围内权威调查数据,系统研究流动人口在流入地和流出地的消费行为,挖掘流动人口在流入地消费偏低、又必须在流出地维持一定消费的作用机理,探究流动人口两栖性消费困境背后的社会原因,为提升流动人口消费水平提供有效的对策建议。具体目标如下。

(1)全面厘清流动人口在流入地和流出地的消费水平、消费结构等能代表消费行为的因子,运用实证研究方法,分别研究流动人口在流入地和流出地消费行为的影响因素,并分析不同类型城市对流动人口消费行为及影响因素的异同。

(2)建立科学合理的可测量的流动人口市民化指标体系,分析

流动人口的市民化程度。研究市民化程度对流动人口在流入地消费行为的影响,对不同类型城市、不同代际流动人口的影响有无差异;分析市民化程度对流动人口在流出地消费行为的影响;再探讨市民化程度与流动人口跨地区消费分配的关系。

(3)分析流动人口在流入地的住房性质与支出水平及其影响因素。描述流动人口已经购买商品房的情况及打算在哪里购买住房的意愿,着重分析在流入地购买商品房的影响因素,以及在流入地的购房意愿会受到哪些因素的影响。

(4)从社会保障、住房保障等角度深入分析制约流动人口在流入地消费的原因,为促进流动人口市民化、提升流动人口消费水平、完善消费结构提供有效的、差别化的对策建议。

(二)研究思路

本书将在既有研究的基础上,全面梳理有关流动人口消费相关的理论和文献,以数据为依据,从描述性层面分析流动人口在流入地和流出地的消费现状、消费结构等消费行为,并与流入地城镇居民消费进行比较。研究发现,流动人口在流入地的消费水平低,平均消费倾向偏低,远低于城镇居民,而在流出地又不得不维持一定的家庭消费支出,陷入了两栖性消费困境。本书围绕这一核心问题,分别研究了流动人口在流入地和流出地消费行为的影响因素,运用计量经济学模型,从个体、职业、家庭等角度分析了哪些因素促进还是制约了流动人口的消费。在推进新型城镇化战略的背景下,本研究构建了流动人口市民化程度的指标体系,运用主成分因子分析法测量了流动人口的市民化程度,分析了流动人口的市民化现状。再把市民化作为解释变量分别与流动人口在流入地的消费行为和流出地的消费行为进行实证研究,探讨了市民化与流动人口消费行为的关系。此外,住房消费也是流动人口在流入地的生存性消费支出,本书对流动人口在流入地的住房消费支出水平、购房行为和购房意愿及其影响因素进行了研究。最后以促进流动人口在流入地的市民化为视角,分析了流动人口陷入两栖性消费困境的深层次原因,并提出对策建议。

二、研究内容

为实现上述研究目标,本研究将主要从以下几个方面展开。

(1)全面分析流动人口在流入地和流出地的消费现状、消费结构和消费特征。把流动人口在流入地和流出地的消费均作为研究对象,深入分析流动人口的消费水平、消费结构、消费观念、跨地域消费问题以及食品消费、住房消费、子女教育、人情往来、健康医疗支出等重要消费支出状况;研究流动人口的消费问题,总结不同类型城市(长三角城市、省会城市、东南沿海城市)、不同代际(老一代、新生代)、不同流动类型(市内跨县、省内跨市、省际流动)的流动人口在流入地和流出地的消费模式和消费特征。

(2)重点分析流动人口在流入地消费行为的影响因素,并对不同类型城市流动人口消费的影响因素进行比较。运用线性回归模型,从个体、职业、家庭、社会保障、身份认同、迁移意愿、家乡的拉力等角度分析流动人口在流入地消费行为的影响因素,并对不同类型城市流动人口消费水平的影响因素进行分析比较,总结影响不同类型城市流动人口消费水平的异同点。

(3)分析流动人口在流出地的消费行为及其影响因素。从个体、家庭特征、农村社会保险和汇款等角度,运用 Tobit 模型和 CLAD 模型对流动人口在流出地消费的影响因素进行分析。

(4)分析流动人口消费水平的作用机制。从经济生活、公共服务、社会融入和市民化意愿 4 个方面建构了流动人口市民化指标体系，利用主成分因子分析法，提取社会保险、经济收入、社会参与、身份认同、语言等7个因子，对流动人口市民化水平进行测量，计算流动人口的市民化程度。分析市民化对流动人口在流入地和流出地消费行为的双重作用机制，探讨市民化程度与流动人口消费行为之间的关系，尤其是跨地区消费问题。

(5)研究流动人口的住房消费水平、在流入地的购房行为、购房意愿及影响因素。描述了流动人口在流入地的住房性质、住房消费支出水平、已经购买商品房的情况，以及购房意向地区。利用线性回归模型从流动特征、家庭特征、职业特征、社会保障、个体特征等角度分析了流动人口住房消费水平的影响因素，采用 logistic 二元回归模型分析了流动人口在流入地购房行为和购房意愿的影响因素，并进行了东部、中部和西部之间的比较研究。

(6)在推进城镇化战略目标的背景下，以提升流动人口市民化为视角，从社会保障、制度环境等维度，分析流动人口消费困境的原因，并提出相应的对策建议。

三、相关概念界定

(一)流动人口

学术界以农民工或流动人口为研究对象，进行了大量研究，有的文章中将流动人口和农民工混为一谈，不作区分界定；有的文章对流动人口和农民工进行了区分。通常认为，农民工是指离开农村到城镇务工经商的仍具有农业户口的人员，流动人口是指离开户籍地半年以上的人口，这其中既包括广大的农民工，也包括离开小城镇到大城市生活，却仍没有获得当地户口的人群。随着社会经济的发展，人口流动的势头只会增强不会减弱。这部分户籍地和居住地不是同一个城镇的人群理应引起学术界的关注。因此，本研究中的流动人口,既包括离开户籍地流动到城镇仍持有农村户口的农民,也包括离开户籍地到其他城市工作和生活的拥有城镇户口的人员,但不包括城市内部的人户分离人口。

(二)消费行为

国家统计局把消费支出分为食品、衣着、家庭设备用品及服务、医疗保健、交通与通信、娱乐教育文化服务、居住、杂项商品和服务共8大项。富永健一认为,消费行为指的是个人或家庭,为维持自身生活和发展,通过货币或信用等支付方式,获取所需要的商品、服务以及信息等资源,既包括各种具体选择的行为,也包括一段时间内总结和累计的具体选择行为。[①] 王宁认为,消费指的是,在现代社会,人们为满足某种需要,对社会商品的选择、购买、使用、维护的过程,既包括有形的物品、设施,也包括无形的劳务等服务,这个过程具有一定的意义,能够给消费者带来快乐或满足、失望或挫折等内心体验。[②] 在此基础上,本研究中的消费行为,是指流动人口通过消费支出,为了满足本人或家人的日常生活需要、维持和发展本人或家人的人力资本,选择、采购、使用和处置所需产品、服务、信息的过程,不仅包括各种具体选择的行为,也包括一段时间内的具体选择行为的累积。

(三)市民化

市民化是一个渐进式的、复杂的动态过程。获得流入地的城市户口仅仅是外来人口形式上完成市民化的重要标志,可以表明流动人口获得了城市的合法居民身份,也享有与城市居民同等的

① 参见[日]富永健一主编:《经济社会学》,孙日明、杨栋梁译,南开大学出版社1984年版,第52页。

② 参见王宁:《消费社会学》(第2版),社会科学文献出版社2011年版,第6页。

社会公共权利，如子女受教育权、社会保障权和政治选举权等。虽然很多学者认为推进流动人口市民化的最好办法就是改革户籍制度，但能否拥有城市户籍并不是流动人口市民化最核心的内容，而是流动人口能不能在流入地有相对稳定的就业和住所，能不能在流入地享有与城市户籍居民同等的公共服务和社会权利。

本研究中的所谓流动人口市民化，是指流动人口获得与流入地城市户籍居民同等的社会权利，均享城镇公共资源与社会福利，在流入地拥有相对稳定的就业和住所，并在经济、社会、文化和心理等方面完全融入城市，成为完全意义上的市民的过程。获得城市户口、取得社会权利并不意味着流动人口市民化已经完成，只有在心理和文化上融入城市之后，才可以说真正实现了和完成了市民化。流动人口的市民化，不仅包括以农民工为主体的乡城流动人口的市民化，也包括以小城镇市民为主体的城城流动人口的再市民化。

第三节　研究方法、数据来源与基本情况介绍

一、研究方法

本研究以国内外相关文献和全国动态监测问卷调研数据为基础，对流动人口在流入地和流出地的消费行为现状、影响因素以及市民化对流动人口消费行为的影响进行深入研究。在具体研究的过程中，综合采用了文献分析法、计量分析法、问卷调查法等研究方法，实现了定性研究与定量研究的有机结合。主要研究方法如下。

(1)文献研究法。文献分析是开展研究的前提和基础，能为本研究提供理论参考、研究思路和研究框架。本研究首先梳理了国

内外主流消费理论、市民化理论,对国际移民的消费行为研究、国内关于流动人口(含农民工)消费和农民工市民化等问题进行归纳和总结,结合数据分析,确定了本研究的核心问题。在建立流动人口市民化指标体系时,参考了学术界既有研究的指标设计,同时结合本研究的需要对相关指标进行了修订和补充。

(2)计量分析法。基于动态监测问卷调查数据,本研究采用描述性统计方法分析流动人口在流入地、流出地的消费现状、消费结构和消费行为。运用线性回归模型研究流动人口在流入地消费行为的影响因素,并进行不同城市类型的比较。使用 Tobit 和 CLAD 回归模型,分析留守家庭在流出地消费行为的影响因素。采用主成分因子分析法对流动人口的市民化程度进行测量,运用线性回归模型分析市民化程度对流入地消费行为的影响,运用 CLAD 模型分析市民化程度对流动人口在流出地消费行为的影响。运用线性回归模型分析了流动人口在流入地住房消费水平的影响因素,运用 logistic 二元回归模型分析了流动人口在流入地购房行为和购房意愿的影响因素。所有模型的分析结果都通过了统计检验,避免了共线性和扰动项的干扰性问题。

(3)问卷调查法。本研究使用的两份数据均来自中国流动人口动态监测数据库。第一份数据为 2013 年中国流动人口动态监测中的社会融合专项调查。该调查采用问卷调查法在上海、苏州、无锡、武汉、长沙、西安、泉州和咸阳 8 个城市进行。抽样总体为调查时已本地居住一个月以上、不是本区(县、市)的户口且实际年龄在 15 ~ 59 周岁(截至 2013 年 5 月)的外来人口。抽样方法为分层、多阶段、与规模成比例的 PPS 抽样。第二份数据为 2016 年中国流动人口动态监测数据,抽样总体为在本地居住一个月及以上,非本区(县、市)户口的男性和女性流动人口,抽样方法与 2013 年相同。中国流动人口动态监测的数据质量较好,具有较高的研究价值。

二、数据简介

(一)数据说明

从2010年开始,国家卫生和计划生育委员会开始每年对流动人口开展动态调查。2013年流动人口动态监测社会融合专项调查对流动人口在流入地和流出地的收入与支出以及社会融合问题进行了详细的调查,比其他年份的数据更能满足本研究的需要。因此,本研究采用2013年中国流动人口动态监测社会融合专项调查中的卷A和卷C数据。2013年动态监测的调查对象为31个省(区、市)和新疆生产建设兵团中跨县(市、区)及以上行政区域流动且在流入地居住达一个月以上的人群中,到2013年5月年龄为15~59周岁,即1953年6月至1998年5月间出生的人口,性别不限。①2013年中国流动人口动态监测共获得了198,795个样本,其中男性样本106,728个,女性样本92,067个。

2013年流动人口动态监测专项调查选取的8个城市分别是:上海市松江区、苏州市、无锡市、武汉市、长沙市、西安市、泉州市、咸阳市,②与动态监测调查同步进行,即卷C。总共调查了16,878

---

① 其中,同城区间人户分离人口除外;婚嫁人员除外;因出差、就医、旅游、探亲、访友、服军役、在中等以上专业学校就学等人口除外。

② 具体调查地点为:(1)福建省泉州市丰泽区、鲤城区、洛江区、台商投资区、南安市、石狮市、晋江市、安溪县、惠安县、永春县;(2)湖北省武汉市蔡甸区、硚口区、东西湖区、汉阳区、洪山区、黄陂区、江岸区、江汉区、江夏区、桥口区、青山区、武昌区、经济技术开发区、东湖高新技术开发区;(3)湖南省长沙市开福区、天心区、望城区、雨花区、岳麓区、芙蓉区、宁乡县、长沙县、浏阳市;(4)江苏省苏州市姑苏区、虎丘区、吴中区、相城区、工业园区、昆山市、太仓市、常熟市、张家港市;(5)江苏省无锡市北塘区、滨湖区、崇安区、惠山区、南长区、锡山区、新区、江阴市、宜兴市;(6)陕西省西安市碑林区、长安区、莲湖区、未央区、新城区、雁塔区、沣东新城、灞桥区、高陵县;(7)陕西省咸阳市秦都区、渭城区、三原县、彬县、长武县、礼泉县、乾县;(8)上海市松江区。

个样本。其中,上海市2000个、苏州市3999个、无锡市2000个、长沙市1880个、武汉市1999个、西安市2000个、泉州市2000个、咸阳市1000个。

由于卷C社会融合专项详细调查了流动人口在流出地每月的各项消费支出、在流出地的收入与支出,消费场域、消费观念等内容。故本研究把社会融合专项调查得到的卷C数据和8个城市这些调查对象所填的卷A数据相结合进行研究。本研究对8个城市的调查数据进行了处理,删除了部分缺失值或奇异值,运用多重插补法对少数变量的缺失值或奇异值进行了插补,得到有效样本16,394个。

为了判断8个城市流动人口社会融合专项调查的代表性,本研究选取性别、年龄、文化程度、月收入、月总收入、本地月总支出共6个变量,把8个城市社会融合专项的调查结果和全国卷(卷A)进行对比。从表1-1可以看出,社会融合专项调查的数据与全国卷非常接近。8个城市专项调查中流动人口性别的均值仅比全国卷高0.01,教育程度高0.13,年龄比全国卷低不到1岁,个人月收入高209元,家庭月收入高801元,月总支出高85元。虽然在年龄、月收入、月支出方面,与全国卷存在一点细微的差异,即8个城市流动人口年龄低于全国卷(卷A),收入和支出高于全国卷(卷A)。这可能与8个城市中经济发达城市较多有一定关系,通常经济越是发达,收入就会比较高,就越是能吸引远距离迁移的人口。人口流动规律显示,年轻人口更倾向于远距离迁移。这可能是8个城市调查中流动人口年龄比全国卷低0.94岁的主要原因。经过比较,本研究认为,8个城市社会融合专项调查具有较好的代表性,值得进一步深入研究,研究结论具有可推广性。

表1－1　社会融合专项调查样本(卷C)基本情况与全国卷(卷A)的比较

项目	性别	教育程度	年龄/周岁	月收入/元	家庭月收入/元	总支出/元
卷A	1.46	3.43	33.87	3219	5223	2502
卷C	1.47	3.56	32.93	3428	6024	2587

注:这张表格中的性别、受教育程度等变量的数值都是数据变量赋值的平均数,该表中所有数据基于调查的原始值经计算后得出。

第二份数据是2016年中国流动人口动态监测数据,共回收问卷169,000份。[①] 由于国际社会对老年人的通用定义是指65周岁以上的人口,老年流动人口主要是由于社会原因而流动的,他们不是住房消费的主力人群。因此,本书不把65周岁以上的老年流动人口作为研究对象,而只研究15～65周岁的劳动力年龄人口,对缺失值、奇异值进行处理后,共得到有效问卷166,538份。2016年动态监测数据是关于流动人口住房消费最全面的数据,所以本书第六章流动人口住房消费行为研究使用该数据进行写作。

(二)8个城市基本情况介绍与分类

如前文所述,2013年中国流动人口动态监测社会融合专项调查的8个城市,既有经济发达的长三角城市、东南沿海城市,也有位于内陆地区的省会城市和普通地级市。这里将对这8个城市的社会经济和人口状况作简单的介绍。[②]

作为超大城市的上海,2013年常住人口总数为2415万人。其中户籍常住人口1425万人,外来常住人口990万人。社会融合专项调查选取的上海市松江区位于黄浦江上游,距上海市中心39公

① 相比2017年、2018年动态监测数据,2016年动态监测数据关于住房问题的题目更多也更全面,因此本书选用2016年动态监测数据撰写流动人口的住房消费。

② 以下介绍的8个城市基本情况数据主要来自这8个城市的政府门户网站以及2013年度国民经济和社会发展统计公报,可在这8个城市的统计局网站查阅,除特别需要说明的数据外,本小节不再把每个数据的具体链接列出。

里、虹桥国际机场25公里、浦东国际机场68公里。总面积604.67平方公里，接近上海总面积的10%。由于优越的地理位置、便捷的交通和广袤的土地，松江区成为上海市重要的加工制造业基地，第二、第三产业经济发达，2013年松江区第二、第三产业分别实现增加值544亿元和364.77亿元。以制造业为主的产业格局吸引了大量劳动力年龄人口聚集于此，全区常住人口169.84万人，外来常住人口104.83万人，占全区常住人口的61.72%，外来常住人口数量已经远超户籍人口数。

武汉是全国重要的综合交通枢纽（铁路、港口等）、科教基地（武汉大学等高校林立）和工业基地（如武钢等）。截至2013年末，年末常住人口1022万人，比上年增加10万人。户籍人口822.05万人，增加0.34万人。常住人口增长数量远超户籍人口。

长沙是湖南省的政治、经济、文化、科教和商贸中心。2013年末常住总人口722.14万人，城区常住人口可能超过300万人。[①]

西安位于关中地区，是世界历史文化名城，是国家重要的教育、科研和工业基地（如西安交通大学、阎良国家航空高技术产业基地等）。2013年末，全市常住人口858.81万人，户籍总人口为806.93万人。

苏州是江苏省重要的经济、工商业、对外贸易和物流中心，东邻上海、西抱太湖，是长江三角洲经济圈的中心城市之一。2013年

① 长沙2013年末常住总人口722.14万人，该数据来源于《2013年长沙市国民经济和社会发展统计公报》；城区常住人口可能超过300万人，此数据根据湖南省人民政府网站2014年9月11日发布的《长沙城区常住人口达389.28万户籍人口49.18万，流动人口140.10万》一文中数据估算出来的。见湖南省人民政府门户网站：《长沙城区常住人口达389.28万户籍人口49.18万，流动人口140.10万》，载湖南省人民政府网2014年9月11日，http://www.hunan.gov.cn/hnyw/zwdt/201409/t20140911_4747321.html。

末全市常住人口为1057.87万人,[①]户籍总人口653.8万人,流动人口实有登记数653.8万人。苏州城区人口546.8万人,其中户籍人口240.7万人,居住半年以上流动人口306.1万人。[②]

无锡被誉为“太湖明珠”,长江三角洲平原腹地,江苏南部,太湖流域的交通中枢,京杭大运河从中穿过。2013年年末全市常住人口648.41万人,户籍人口为472.23万人。

泉州位于福建省东南沿海地区,拥有纺织鞋服、建筑建材、工艺制品、食品饮料、装备制造等五大传统产业和石油化工、电子信息、修船造船、汽车及配件、生物医药等五大新兴产业,经济总量长期位居福建省首位,也是联合国教科文组织认定的海上丝绸之路唯一起点。2013年末全市常住人口为836万人,户籍人口703.51万人。

咸阳位于陕西省八百里秦川腹地,东邻西安市,西接杨凌国家农业高新技术产业示范区,是古丝绸之路的第一站,我国中原地区通往大西北的要冲。2013年年末全市常住人口494.22万人。其中,城镇人口230.06万人,占总人口比重达到46.55%。2012年咸阳市户籍人口527.92万人,常住人口比户籍人口减少35.06万人。

从基本情况介绍中,我们已对8个城市有了一定的了解。这8个城市既有一些共同的特征也存在区域差异。从城市规模来看,国务院于2014年下发了《关于调整城市规模划分标准的通知》,对城市规模划分标准进行了调整,以城区常住人口为统计口

---

① 参见苏州市统计局:《主要年份年末常住人口》,载苏州市人民政府网2020年6月4日,https://www.suzhou.gov.cn/szsrmzf/2020szsqsl/202006/21168387d2df4b499924ed764d588664.shtml。

② 参见苏州市委统战部:《苏州城区人口546.8万应入列特大城市》,载苏州市委统战部网站2014年11月21日,http://tzb.suzhou.gov.cn/tzb/tzdt/201411/bc9bc7a85eec40a38c50b00401a1496e.shtml。

径,将城市划分为五类七档。城区常住人口 50 万以下的城市为小城市,其中 20 万以上 50 万以下的城市为Ⅰ型小城市,20 万以下的城市为Ⅱ型小城市;城区常住人口 50 万以上 100 万以下的城市为中等城市;城区常住人口 100 万以上 500 万以下的城市为大城市;城区常住人口 500 万以上 1000 万以下的城市为特大城市;城区常住人口 1000 万以上的城市为超大城市。[①] 根据这一划分标准,将这 8 个城市分为四个规模等级。其中,上海以城区人口 1360 万人为超大城市,武汉为特大城市,苏州、长沙和西安为Ⅰ型大城市,无锡、泉州为Ⅱ型大城市,咸阳因城区人口不到 100 万归为中等城市。

除了按城市规模划分以外,还可以按照性质级别划分成直辖市、省会城市、地级市、县级市等四类。从空间区域来看,又可以划分为东部城市、中部城市和西部城市。结合研究需要,根据人口规模、行政级别和空间区域,本研究把上海、武汉、长沙、西安、苏州、无锡、泉州和咸阳等 8 个城市分为四类:长三角城市(上海、苏州、无锡)、中西部省会城市(武汉、长沙、西安)、东南沿海城市(泉州)和西部地级市(咸阳)。这里有三点需要说明:①本研究侧重的是不同类型城市的比较分析,以城市为落脚点,地区是划分城市类型的条件之一。因此,文中的东南沿海地区不包括长三角。②由于社会融合专项调查是在上海市松江区进行的,松江区位于上海市的远郊区,对整个上海市流动人口的代表性不足,具体数据分析中也能看出上海市松江区的样本特征与苏州、无锡较为接近,因此,本研究把上海和苏州、无锡合并为一个城市类型。③由于咸阳的

---

① 以上包括本数,以下不包括本数。参见国务院:《国务院关于调整城市规模划分标准的通知》,载中国政府网 2014 年 10 月 29 日,https://www.gov.cn/gongbao/content/2014/content_2779012.htm。

样本量比较少，在分类分析时，有些变量中的类别比例过低，可能会使模型结果产生偏差。因此，在第四章对不同类型城市流动人口消费行为进行比较分析时，没有分析西部地级市咸阳流动人口消费行为的影响因素，只研究了其他三类城市，并进行了比较分析。在第五章分析市民化程度对流动人口消费行为的影响时，对四类城市都分别作了研究。

三、样本介绍[①]

（一）性别分布

在2013年8个城市的社会融合调查中，男性8652人，占52.78%；女性7742人，47.22%。分城市来看，仅有苏州市女性流动人口所占比例（52.97%）高于男性（47.03%），其他7个城市都是男性所占比例高于女性。其中，武汉市男女两性的比例较为接近，咸阳市的差距最大，男性所占的比例比女性高出23.06%（见图1－1）。

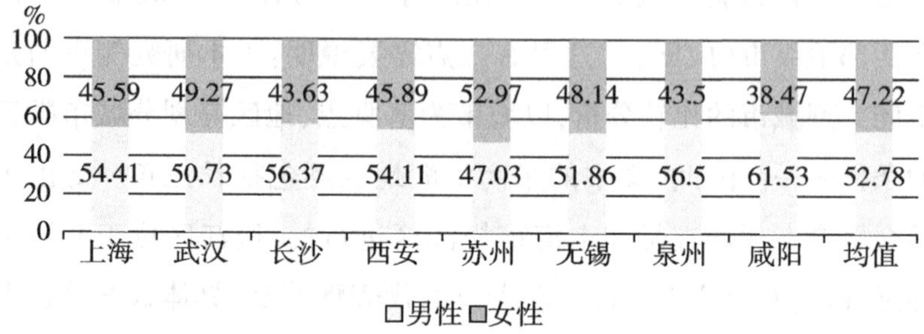

图1－1　流动人口的性别分布

① 由于本书的主体是利用2013年动态监测数据进行写作的，在此只对2013年的数据进行样本介绍，2016年数据的样本情况会在第六章作简要介绍。

（二）年龄分布

样本的平均年龄为 32.96 岁，女性比男性年轻 1.62 岁。从年龄结构来看，主要以 20～29 岁和 30～39 岁为主，分别占 36.48% 和 33.49%，合计达到 69.97%。这表明，中青年仍是人口流动的主力军。分城市来看（见图 1－2），上海的流动人口主要集中在 20～29 岁和 30～39 岁这两个年龄段，苏州的与上海相近。而武汉、长沙等城市则主要集中在 20～29 岁、30～39 岁、40～49 岁这三个年龄段。既有研究表明，年龄与迁移流动的距离成反比，年龄越大，进行远距离迁移的可能性越小。这在武汉、长沙等以省内迁移为主的省会城市以及无锡、泉州和咸阳等二线城市也得到印证。

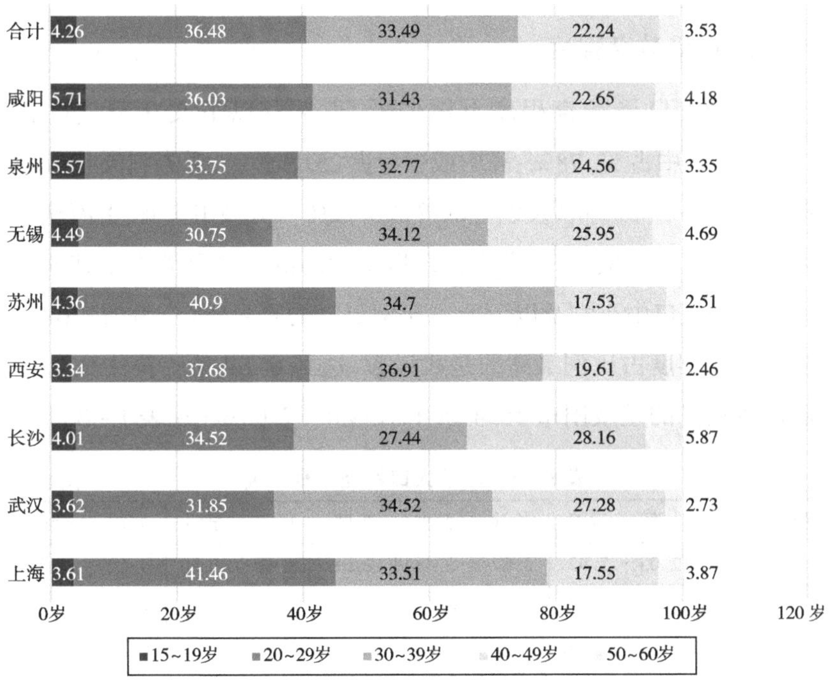

图 1－2 流动人口的年龄结构分布

(三)户籍性质

虽然农业户口即农民工仍是人口流动的主力军,占88.75%,但来自城镇的非农业户口流动人口已达到11.25%(见表1-2)。分城市来看,农业户口所占比例最大的城市是泉州和无锡,达到90%以上。非农业户口所占比例最大的城市是上海,接近20%。

表1-2 流动人口的户籍分布　　单位:%

项目	上海	武汉	长沙	西安	苏州	无锡	泉州	咸阳	合计
农业户口	80.85	89.93	87.27	88.66	87.57	93.27	94.32	89.69	88.75
非农业户口	19.15	10.07	12.73	11.34	12.43	6.73	5.68	10.31	11.25
合计	100.00	100.00	100.00	100.00	100.00	100.00	100.00	100.00	100.00

(四)受教育程度

流动人口受教育程度总体偏低,小学及以下文化程度的占11.38%;初中占52.78%;高中或中专占25.29%;大学专科文化程度的占7.33%;大学本科及以上的仅占3.22%。分城市来看,上海流动人口的文化程度最高,大学本科及以上学历的比例显著高于其他城市。流动人口中小学及以下所占比例最高的是泉州市,为21.26%。初中文化程度占比例最高的是武汉市,达到65.48%。高中文化程度比例最高的是咸阳市38.47%和长沙市37.05%(见表1-3)。

表1-3 流动人口的受教育程度　　单位:%

受教育程度	上海	武汉	长沙	西安	苏州	无锡	泉州	咸阳	合计
小学及以下	12.03	5.93	5.87	5.18	12.51	18.67	21.26	4.69	11.38
初中	48.43	65.48	45.28	49.59	49.99	59.59	57.17	45.72	52.78
高中或中专	22.87	22.98	37.05	31.42	24.91	16.07	16.20	38.47	25.29
大学专科	7.85	3.78	8.89	10.93	9.10	3.93	4.18	9.08	7.33
大学本科	8.82	1.83	2.91	2.88	3.49	1.74	1.19	2.04	3.22
合计	100.00	100.00	100.00	100.00	100.00	100.00	100.00	100.00	100.00

(五)婚姻状况

总的来看,流动人口的婚姻状况以初婚为主,所占比例达78.06%,未婚所占比例为19.92%,离婚比例极低,还不足1%(见表1-4)。这表明,流动人口的婚姻状况非常稳定。对8个城市进行比较后发现,虽然城市规模、所处地区不同,但流动人口的婚姻状况非常相近。

表1-4　流动人口的性别与婚姻状况　　单位:%

分类	未婚	初婚	再婚	离婚	丧偶	合计
男性	22.13	75.77	0.94	0.94	0.22	100.00
女性	17.45	80.61	0.74	0.96	0.24	100.00
合计	19.92	78.06	0.84	0.95	0.23	100.00

第四节　研究创新

一、研究领域的拓展

本书把研究领域拓展到流出地的消费行为,把流动人口在流入地和流出地的消费行为相结合,并与城镇居民进行比较,在数据分析的基础上,明确提出了流动人口的两栖性消费困境问题。避免了既有文献仅研究流动人口在流入地的消费,而忽视了流出地的消费问题,甚至仅以流入地的数据就片面得出两栖性消费的结论。

二、研究视角的创新

既有研究主要从身份认同这一视角研究流动人口的消费,或者仅把消费水平作为市民化的体现形式之一,本研究建立了市民化水平综合指标体系并进行了测量,再以市民化为视角研究流动人口消费行为的两栖性问题,深入分析了市民化与流动人口消费行为的关系,探讨了流动人口消费困境的根源,提升了研究的高度和价值。此外,还以地区为视角,对东部、中部和西部地区流动人口的住房消费行为进行了比较研究。

三、理论体系的补充

本研究突破了既有研究中仅以经济收入、不确定性或炫耀性消费等理论的局限,把收入消费理论、预防性储蓄理论、推拉理论、劳动力流动理论和社会融入理论进行综合,从经济生活、公共服务、社会融入和市民化意愿方面建立了测量流动人口市民化水平的指标体系,探讨了市民化对流动人口消费决策的影响,是对研究流动人口消费决策理论体系的有益补充。

四、研究方法的创新

本书运用主成分因子分析法测量出流动人口的市民化水平,并运用统计学中的相对标准化公式进行了百分制计算,有效弥补了既有研究中测量市民化水平时采用专家赋值法、平均值法导致的主观性太强的问题,也便于今后学术界对流动人口市民化水平进行百分制计算并相互比较。此外,本书还运用比较研究法,从城市类型的角度对流动人口消费行为及其影响因素进行了比较分析,丰富了流动人口消费问题的研究。

第二章 理论回顾与文献综述

消费是社会再生产过程中的重要环节，是联结经济与文化的社会活动。在消费社会中，人们把消费而不再是生产作为生活的中心，人们通过消费进入社会，希望得到社会的认可和接纳，从而可以获得相应的地位。[①] 从凯恩斯(John Maynard Keynes)创立绝对收入消费理论以来，消费就成为经济学、社会学、人口学等学科关注和研究的热点问题之一。本章在梳理国内外相关经典文献的基础上，首先对消费、人口流动、社会融合的主要理论进行系统回顾，然后全面综述国内外有关流动人口(移民)消费行为的既有研究，旨在为本书提供理论基础和研究启示。

① 参见祝伟：《从消费动员到消费约束——新生代农民工的消费行为与身份认同》，载《中国工人》2012年第3期。

第一节 理论回顾

一、西方主流消费理论

西方学术界对消费的理论研究,大致经过了4个发展阶段。凯恩斯于20世纪初提出的消费和储蓄理论是现代消费理论的起点,其理论核心是储蓄和消费取决于可支配收入。第二阶段,弗里德曼、莫迪利亚尼分别于20世纪50年代先后提出了永久性收入理论、生命周期理论。第三阶段,霍尔(Hall)的随机游走假说论。第四阶段,20世纪中后期主要以预防性储蓄和流动性约束假说为代表。扎德斯(Zeldes)的预防性储蓄理论认为,预期收入可能出现的变动,是产生不确定性的主要原因。迪顿(Deaton)和卡罗(Carroll)提出的流动性约束假说认为,受到消费信贷限制,不能负债消费。消费者对流动性约束的预期会降低其当期消费。结合本研究的需要,本部分将简要梳理绝对收入消费理论、永久收入理论和生命周期理论、预防性储蓄理论和炫耀性消费理论。

(一)绝对收入消费理论

收入是决定消费最重要的因素。凯恩斯的绝对收入消费理论是研究收入和消费关系最经典的理论。凯恩斯在《就业、利息和货币通论》这本书中提出了著名的消费函数理论。凯恩斯认为,在控制其他变量的情况下,消费是当期收入的函数,人们消费支出的多少主要受当期收入的高低决定。收入和消费具有正向关系,随着收入的增加,人们用于消费的支出也会随之增加。不过,消费支出的增加额会低于收入的增加额。在边际消费倾向递减规律的作用下,不仅消费会比收入的增长慢,而且平均消费倾向也会呈下降趋势。通常来说,人们的边际消费倾向要低于平均消费倾向。“消费倾向递减”、“资本边际效率递减”和“灵活偏好”是凯恩斯最著名的三大定律。此外,他还提出用宏观调控的手段减少或增加居民的消费,以促进经济发展。社会经济繁荣时,应当采用紧缩性的财政政策减少居民不必要的需求;经济衰退时,应当采用扩张性的财政政策引导居民增加消费。[①] 杜森贝里(Duesenberry)对凯恩斯的消费函数进行了改进,提出了相对收入假说。这一理论强调,人们的消费行为之间是互相影响的关系,个体的消费行为不仅受到收入的影响,还会受到自身消费习惯和消费观念、周围人群消费行为的影响。

(二)持久收入理论和生命周期理论

美国经济学家米尔顿·弗里德曼(Milton Friedman)在假设消费者是理性的基础上,提出了持久收入理论。人们的收入由持久收入和暂时收入两部分组成。消费者的消费支出不是由他当前的收入决定的,而是由持久性收入决定的。暂时性收入只是通过影响持久性收入影响人们的消费支出。理性的消费者会根据持久性收入水平进行消费决策,以达到收入效用的最大化。消费者在很大程度上可以预测今后几年甚至十几年的收入,包括自己和其他家庭成员的劳动和投资所得,以此计算自己或家庭能够获得的持久性收入,从而能够合理安排当前乃至今后的消费支出。

---

① 参见[英]约翰·梅纳德·凯恩斯:《就业、利息和货币通论》,郭武军译,上海文化出版社 2021 年版,第 62、98～100 页。

在收入是消费函数的理论基础上,美国经济学家莫迪利亚尼和布伦贝格共同提出了生命周期理论。[①] 该理论主要强调生命周期对人们消费决策的影响。人们会对相当长的时间范围内的生活支出进行安排和计划,以实现他们在整个生命周期内都能发挥已有资源效用最大化的原则。即,消费者为规避和抵御风险,会根据现期收入、预期收入、资产、年龄等多种因素进行消费决策,甚至将部分收入进行储蓄,追求终生效用最大化。通常,人们年轻时的收入会相对较低,这个时期的支出可能会超过收入。进入中年以后,他们的收入会逐渐增加,这时收入则会超过支出,不仅能还清年轻时欠下的债务(如学费贷款等),甚至还可以积累一些财富以备年老体弱时使用。进入老年后,人们将会离开工作岗位,收入就会随之下降,可能会出现日常生活支出大于收入的情况,出现入不敷出的问题。因此,理性的消费者应当根据效用最大化的原则合理分配其生命周期内可以获得的全部资源,制定合理的消费和储蓄决策。生命周期消费理论还认为,如果一个社会年轻人口、老年人口所占的比重增加,则总消费支出额就会提高;如果一个社会中年人口所占的比重增加,则总储蓄额就可能会下降。可见,一个社会的总消费额和总储蓄额在很大程度上取决于人口的年龄结构。

(三)预防性储蓄理论

里兰德(Leland)把不确定性概念引入研究消费的分析框架中,用来研究消费者的跨期优化选择行为,提高了模型的解释力和预测效果。所谓预防性储蓄,是指消费者是为了预防未来可能出

---

① 参见[美]弗兰科·莫迪利亚尼:《莫迪利亚尼文萃》,林少宫、费剑平译,首都经济贸易大学出版社 2001 年版,第 89、442 页。

现的不确定性，避免消费水平在短时期内大幅度下降而着手开展的额外储蓄。人们预备的额外储蓄量与未来收入下降的风险呈正相关关系。里兰德指出，与确定性情况相比，消费者在不可确定的情况下可以增加储蓄，这么做的目的也主要是防范未来不可确定的收入给生活带来的负面影响。[①] 卡贝里罗对预防性储蓄理论进行了完善，他认为，随着绝对风险规避系数和未来劳动收入变化的风险变大，人们的预防性储蓄行为就会增强，储蓄的金额也就会变得越大。

由于预防性储蓄理论更贴近实际情况，在研究西方国家居民储蓄行为和消费行为中得到了广泛使用。近些年，由于中国的居民储蓄率长期居高不下，国内学者也开始尝试使用这一理论进行解释。预防性储蓄理论也为本研究分析流动人口的消费行为提供了理论指导和独特的研究视角。

（四）炫耀性消费理论

凡勃伦（Veblen）的《有闲阶级论》一书是研究炫耀性消费的代表性著作。从消费的角度，聚焦于消费生活方式和社会阶层之间的关系。[②] 他指出，为了与财富水平较低的社会阶层区分开来，财富水平较高的社会阶层往往会进行炫耀性的消费，目的是向较低的社会阶层显示他们的经济财富和独特的社会地位。处于较低财富水平的阶层则为了成为较高财富阶层的一员而模仿较高阶层的消费行为，生活方式也以较高阶层的生活方式为标准。

法国社会学家布尔迪厄认为，消费是一种促使阶级区分的手

① See Hayne E. Leland, *Saving and Uncertainty: the Precautionary Demand for Saving*, 82 Quarterly Journal of Economics 465 – 473 (1968).

② 参见［美］凡勃伦：《有闲阶级论》，蔡受百译，商务印书馆 2011 年版，第 60 ~ 62 页。

段,不同社会地位和阶级的群体通过消费模式区分开来。[①] 人们通过消费及对某种生活方式的偏好,产生了独特的身份认同或区分自己与他人品位的判断能力。特殊的品位、消费偏好和生活方式,与具体的职业、不同的阶层、群体密切相关。这里的品味是确定社会身份的手段,是建立在消费选择多样性的基础之上的,是人们主动进行身份建构的结果。

Y. 韩和 J. 努恩斯(Young Jee Han & Joseph C. Nunes)等从"品牌显著性"的角度考察了不同群体的炫耀性消费行为。他们按照财产情况以及对社会地位的渴望程度,把消费者进行了分组实验。结果发现:在非常富有的群体中,较高社会地位的群体只愿意消费"品牌显著性"较低的奢侈品,为了群体内部识别之用,还会防止其他社会群体模仿他们的行为;那些虽然很有钱但是社会地位较低的群体则喜欢购买"品牌显著性"很强的奢侈品,其目的不仅是炫耀和显示他们的财富,还要把他们与那些相对贫穷的群体区别开来。对那些渴望社会地位却又没有能力购买奢侈品的低收入群体来说,他们也有炫耀的"秘诀",那就是购买价格便宜的仿制品。[②] 由此可见,炫耀性消费行为不仅是社会富有阶层的"专利",而且可以被社会各个阶层所"分享",即便是那些社会地位比较低的、经济财富状况也比较差的消费者也会使用各种方式、在需要的场合进行炫耀性消费。

二、劳动力流动理论

从工业革命后劳动力流动出现时起,有关劳动力流动原因和

---

① 参见[法]皮埃尔·布尔迪厄:《区分:判断力的社会批判》(上册),刘晖译,商务印书馆 2015 年版,第 288~290 页。

② See Young Jee Han, Joseph C. Nunes & Xavier Drèze., *Signaling Status with Luxury Goods: the Role of Brand Prominence*, 74 Journal of Marketing15 – 30(2010).

决策的研究,就成为国内外学术界研究和关注的热点话题。经济学、人口学、社会学等学科都从各自的学科角度探讨了收入差距、人口特征、社会网络等因素与劳动力流动的关系。结合本研究的需要,下文简要回顾以刘易斯二元经济理论为代表的传统劳动力流动理论、推—拉理论和新劳动力流动理论。

(一)传统劳动力流动理论

刘易斯认为,发展中国家经济体系中存在以传统农业为主的部门和以城镇现代工业为主的部门,这是两种性质不同的部门存在。传统农业部门最大的特点就是存在大量的剩余劳动力,现代工业部门的主要特点是现代化的生活方式、工资薪水也比传统农业部门高很多。经济发展主要表现为由于现代工业部门的不断扩张,农村剩余劳动力不断地流动到城市工业部门,促进了工业化和城市化的实现。刘易斯研究发现的这一劳动力流动过程非常接近发展中国家的实际,为研究发展中国家的劳动力流动问题提供了重要的理论基础。但该理论的重要前提条件是无限的剩余劳动供给,而这是不现实的,因为不可能存在边际生产率为零的剩余劳动者。此外,该模型过度强调了现代工业部门边际生产率的提高对促进劳动力流动的意义,而忽视了农业边际生产率在工业化和城市化中的重要作用,导致其模型的适用性降低。

不少发展经济学者对刘易斯理论进行了修正,最有代表性的当属拉尼斯和费景汉(Gustav Ranis & John C. H. Fei)。他们把劳动力流动与工农业的发展相联系,从三个阶段进行论述:第一阶段,农业生产部门存在大量剩余劳动力,而且边际生产率为零;第二阶段,在这一阶段流动到城市的是那些隐性的剩余劳动力,就是边际劳动生产率大于零但小于不变制度工资的劳动力的流出,农业部门的劳动生产率不断提高;第三阶段,农业部门的剩余劳动力已经全部转移到城市,农业部门的劳动力收入按照分配原则获得,这时传统农业也进入商业化农业生产阶段。[①②] 与刘易斯模型相比,拉尼斯－费景汉模型进一步强调,农业劳动力进入现代工业部门的先决条件实际上是农业生产率的提高从而出现了丰富的剩余产品,能够养活更多不从事农业生产的人口。

在20世纪60年代,世界上很多发展中国家虽然失业率很高,但是劳动力从农村流向城市的趋势并没有下降。在这种背景下,托达罗劳动力迁移模型(Todaro Migration Model)应运而生。该模型强调决定城乡迁移的因素是“预期收入差异”而不是实际的城乡收入差距,在比较经济利益的驱使下,劳动力向高收入部门或地区流动是一种理性的经济行为。[③] 根据托达罗模型,由于发展中国家在城镇化和现代化的发展过程中,城乡预期收入差距是客观存在的,因此,必然会有大量的农业劳动力流向城镇。

(二)推—拉理论

“推—拉理论”(Push and Pull Theory)最早可追溯到19世纪80年代,英国社会学家雷文斯坦(E. G. Ravenstein)提出的人口迁移流动的7条法则。20世纪50年代末,唐纳德·博格(D. J. Bogue)等从人口学角度提出了劳动力转移的“推—拉理论”。李(Lee)在《人口迁移理论》一文中建立了完整的分析框架,分析了人口流动过程中出现的拉力、推力、阻力和不同人群对此的反应。该

---

① See Gustav Ranis & John C. H. Fei, *A theory of economic development*, 51 American Economic Review 533－565 (1961).

② 参见[美]费景汉、古斯塔夫·拉尼斯:《增长和发展——演进的观点》,洪银兴、郑江淮等译,商务印书馆2014年版,第10页。

③ See John R. Harris & Michael P. Todaro, *Migration, Unemployment & Development: A Two-Sector Analysis*, 60 American Economic Review 126－142(1970).

理论认为，人们作出迁移决策是推力和拉力相互作用的结果，即农村和城市中都存在推力和拉力。农村既存在以收入水平低、劳动力过剩等为代表的推力，又存在以熟人网络、家人团聚为代表的乡土社会的拉力。城市中既存在以就业机会多、工资收入高为代表的拉力，也存在以竞争激烈、生活压力大为代表的推力。面对迁移流动中的阻碍因素，不同人群会作出不同的决定，只有在拉力作用大于推力的情况下，劳动力才会选择迁移，也只有迁移能力强的人才能完成迁移。[①] 此外，迁移具有较强的人口选择性，并与生命周期密切相关。年轻人最希望迁移流动，而且往往比老年人更容易实现迁移。

（三）新劳动力流动理论

卢卡斯和斯塔克（Lucas & Stark）在推—拉理论的基础上，融合人力资本理论，提出了“新劳动力流动理论”。[②] 这一理论的核心观点是迁移决策不是由个人决定的，而是由与劳动力个人有密切联系的家庭决定的，家庭才是作出迁移流动决策的主体。劳动力外出流动不仅是为了实现预期收入的最大化，而且也是为了实现家庭风险的最小化。新劳动力流动理论强调的三个核心概念是家庭迁移过程中的风险转移、经济约束和当地生活中的相对剥夺感。该理论认为，部分家庭劳动力成员外出，可以降低家庭对现有单一收入来源的依赖，能获取家庭生产所需的资金和技术，确保家庭经济利益的最大化，在与当地或参照群体的比较中，能有效避免相对剥夺感的产生。外出劳动力给家庭的汇款是一种自愿性的契约关系，目的是维护在家乡的社会地位和防范风险。

---

① See Everett S. Lee, *A theory of Migration*, 3 Demography 47 – 57 (1966).

② See Robert E. B. Lucas & Oded Stark, *Motivations to Remit: Evidence from Botswana*, 93 Journal of Political Economy 901 – 918 (1985).

三、市民化理论

农民工市民化是近年来国内学术界研究的热点话题，相关研究取得了丰富的成果，但是农民工市民化的理论内涵还缺乏明确的界定，多是利用社会融合理论研究市民化问题，还有一些学者利用身份认同理论研究与消费行为的关系。结合本研究的需要，下文将简要介绍社会融合理论中的“同化论”。

“同化论”(Classical Assimilation Theory)最早可以追溯到芝加哥学派，用“同化”的概念研究美国境内的欧洲移民。帕克(Robert E. Park)认为，所谓同化，是指弱势群体为适应和融入主流社会文化和行为，不断放弃原有的文化和行为模式，最终获得主流社会赋予的机会和权利的过程，具有不可逆性。戈登(Milton M. Gordon)认为，应该从7个维度测量族群的同化程度，即文化融合、结构性融入、通婚、族群认同、偏见、排斥、价值和权利。① 近年来，著名人口学家梅西(Massey)提出“空间同化”(spatial assimilation)的新视角，他认为，移民群体与社会主流群体在居住空间上的关系是社会融合过程中的重要指标。② 从居住空间角度为研究移民的融合过程提供了新维度。“同化论”的主张者强调外来移民对当地主流文化的认同，对自身原有文化传统和习惯的抛弃，这对作为弱势群体的移民来说，要想融入主流社会，需要以牺牲原有文化作为代价。③

虽然后来“同化论”在美国受到不少批评，很多学者提出了对立

① See Milton M. Gordon, *Assimilation in American life: the role of race, religion and national origins*, Oxford University Press, 1964, p. 79.

② See Douglas S. Massey & Brendan P. Mullan, *Processes of Hispanic and Black Spatial Assimilation*, 89 American Journal of Sociology 836 – 873(1984).

③ 参见张文宏、雷开春：《城市新移民社会认同的结构模型》，载《社会学研究》2009年第4期。

的“多元论”，认为同化并非是移民融入过程中应出现的必然现象，实际上呈现出的是一种多样化、差异化的特征。但是本研究认为，鉴于中国的文化传统和国情，“同化论”更适合用来解释流动人口的市民化过程。

第二节　文献综述

一、国外对移民消费的相关研究

国外学者对移民的消费行为、消费模式、影响因素、消费不平等问题进行了很多研究。K. 查尔斯（Kerwin K. Charles）等通过研究发现，相对于白人，黑人和拉美裔移民为了追求社会地位，会在可见商品（实物）上花费更多，甚至带有炫耀性的消费行为，而在健康和教育等不可见项目上的支出则比较少。[①] R. 沃尔夫（Randi L. Wolf）等甚至研究了黑人成年男性移民水果和蔬菜消费支出偏低的问题，他们在水果蔬菜上的消费支出仅有联邦机构推荐值的 1/3 左右，在过去的 20 年中，这一局面并没有得到根本改善。[②] 王露（Lu Wang）等对加拿大多伦多华人移民的消费模式进行了研究，假定华人和非华人开设的超市、小商店和旅行社提供的商品和服务都是一样的情况下，华人移民更倾向选取去华人开办的超市和

---

① See Kerwin K. Charles, Erik Hurst & Nikolai Roussanov, *Conspicuous Consumption and Race*, 124 the Quarterly Journal of Economics 425 – 467 (2009).

② See Randi L. Wolf, Stephen J. Lepore & Jonathan L. Vandergrift, et al, *Knowledge, barriers, and stage of change as correlates of fruit and vegetable consumption among urban and mostly immigrant black men*, 108 Journal of the American Dietetic Association 1315 – 1322 (2008).

小商店购物，但是对旅行社的选择则没有偏好。① 这说明了移民的消费模式虽然受到他们迁移前购物习惯的影响，但是移民后所在国家消费环境的影响也同样不可忽视。达斯特曼（Christian Dustmann）等研究了法律地位对移民消费行为的影响，对有文件记录的移民和无证移民进行的调查发现，无证移民的消费支出比有文件记录的移民少了40%，而这个下降部分的1/4是无证移民的收入比有记录移民的收入低引起的。② 巴利斯特（Ramon Ballester）等认为，虽然移民大量涌入对西班牙在1997～2007年经济的高速增长起到了至关重要的作用，但是由于2008年出现严重的经济危机，与本地居民相比，移民家庭的消费量下降得更多，消费水平的不平等问题更加凸显。③

二、国内对流动人口消费行为的相关研究

在西方消费理论的影响下，国内学术界对流动人口的消费进行了一定的研究，主要研究乡城流动人口即农民工的消费现状、消费结构及影响因素等。具体表现在以下几个方面。

（一）重点研究流动人口在流入地的消费现状和结构

农民工消费行为、消费结构及消费观念既不同于城镇居民也不同于农村居民。在消费行为方面，较早的文献如李淋、冯桂林指

---

① See Lu Wang & L. Lo, *Global Connectivity, Local Consumption, and Chinese Immigrant Experience*, 68 GeoJournal 183－194(2007).

② See Christian Dustmann, Francesco Fasani & Biagio Speciale, *Illegal Migration and Consumption Behavior of Immigrant Households*, 15 Journal of the European Economic Association 654－691(2017).

③ See Ramon Ballester, Jackeline Velazco & Ricard Rigall-I-Torrent, *Effects of the Great Recession on Immigrants' Household Consumption in Spain*, 123 Social Indicators Research 771－797(2015).

出，农民工消费行为呈现出简朴型消费显著，享受型和发展型消费贫乏的特点。[①] 作为近年来研究的代表，于丽敏认为，农民工的消费行为具有显著的二元性，主要体现在，农民工从农村流动到城市，由于他们的工作环境、经济收入和生活环境都发生了很大变化，虽然他们原来的消费思想仍然根深蒂固，但是又受到了城市生活方式和文化观念的影响，导致其消费行为在很大程度上沿袭了传统消费习惯的同时，又呈现出一定的城市型消费特征。[②] 欧阳力胜则认为农民工的消费行为呈现出理智型和经济型的特征。[③] 在消费结构方面，褚荣伟、张晓冬调查发现，农民工消费结构中支出份额较多的项目主要是食物及房租。[④] 李晓峰、王晓方等认为北京市农民工不但消费水平低、消费结构不合理，而且这种消费状况也无法随着其收入的增加而获得改变。[⑤] 在消费观念上，仍然是求廉的理性消费占主导，且受传统文化观念影响；[⑥]轻视文化消费，娱乐消费层次低下，停留在麻将赌博层面，还有部分人不顾实际消费能力，与城镇居民攀比。[⑦]

---

① 参见李淋、冯桂林：《试析农民工的消费行为——宜昌市农民工消费的调查与分析》，载《社会主义研究》1996 年第 3 期。

② 参见于丽敏：《农民工消费行为影响因素研究》，中南大学 2010 年博士学位论文，第 124 ~ 125 页。

③ 参见欧阳力胜：《进城农民工消费行为与消费方式探析——湘潭市进城农民工消费的调查与分析》，载《经济与管理》2006 年第 4 期。

④ 参见褚荣伟、张晓冬：《中国农民工消费市场解读——金字塔底层的财富》，载《经济理论与经济管理》2011 年第 7 期。

⑤ 参见李晓峰、王晓方、高旺盛：《基于 ELES 模型的北京市农民工消费结构实证研究》，载《农业经济问题》2008 年第 4 期。

⑥ 参见王曼：《北京务工型流动人口消费行为及策略选择》，载《北京工商大学学报(社会科学版)》2004 年第 3 期。

⑦ 参见欧阳力胜：《进城农民工消费行为与消费方式探析——湘潭市进城农民工消费的调查与分析》，载《经济与管理》2006 年第 4 期。

总的来说，随着社会经济的发展和整体消费水平的变化，农民工的消费结构从简单转向复杂，消费观念从保守转向开放，群体内部也出现了消费水平的分化，但农民工的消费水平仍然较低，发展型和享受型消费贫乏，消费层次偏低，食品、房租等基本生存性消费占主导。[①] 还有不少学者对不同家庭流动模式下流动人口消费支出的特征进行了研究，举家迁移者在子女教育、住房和社会保障方面的支出和需求更高；而家庭分离则制约了农民工在流入地的消费。[②]

(二)主要研究流动人口消费行为的影响因素

个人、家庭和社会环境因素均对流动人口的消费行为产生影响，较低且不稳定的收入水平、社会保障制度的缺失和不足是制约农民工消费最大的瓶颈，户籍制度是影响农民工消费的根源。[③]

李凯、曹广忠认为，农民工家庭的户主特征、家庭规模和空间分布、人均持久收入、收入的不确定性以及家庭人均住房资产对农

---

① 参见钱文荣、李宝值：《不确定性视角下农民工消费影响因素分析——基于全国2679个农民工的调查数据》，载《中国农村经济》2013年第11期；粟娟、孔祥利：《中国农民工消费结构特征及市民化趋势分析——基于全国28省1249份有效样本数据检验》，载《统计与信息论坛》2012年第12期；明娟、曾湘泉：《农民工家庭与城镇住户消费行为差异分析——来自中国城乡劳动力流动调查的证据》，载《中南财经政法大学学报》2014年第4期；谭静、余静文、饶璨：《二元结构下中国流动人口的回迁意愿与储蓄行为——来自2012年北京、上海、广州流动人口动态监测数据的经验证据》，载《金融研究》2014年第12期。

② 参见孔祥利、粟娟：《我国农民工消费影响因素分析——基于全国28省区1860个样本调查数据》，载《陕西师范大学学报(哲学社会科学版)》2013年第1期；王沙：《家庭分离与农民工家庭消费选择的研究》，清华大学2014年硕士学位论文，第39~40页。

③ 参见李淋、冯桂林：《试析农民工的消费行为——宜昌市农民工消费的调查与分析》，载《社会主义研究》1996年第3期；张咏梅、肖敏霞：《农民工的生活与消费——对兰州市进城务工人员的调查分析》，载《西北人口》2008年第5期；于丽敏：《农民工消费行为影响因素研究》，中南大学2010年博士学位论文，第89~90页；陈斌开、陆铭、钟宁桦：《户籍制约下的居民消费》，载《经济研究》2010年第S1期。

民工家庭在城市的消费行为都影响显著，而未成年人口负担率、老年人口负担率等体现家庭长期发展的制约性因素则对农民工家庭在城市消费的影响并不显著。[①] 钱文荣、李宝值认为，农民工收入的不确定性、医疗支出、子女教育支出不确定性的增加强化了农民工的预防性储蓄行为，抑制了其当前的消费支出；此外，社会保障制度的不完善也制约了农民工的消费行为。[②] 于丽敏认为农民工的消费支出安排呈现出显著的阶段性特征。由于就业机会的不稳定、收入普遍比较低，他们只能确保实现当前阶段效用的最大化，较少甚至不可能考虑未来阶段的消费和满足程度的最大化。如一个还没结婚的年轻农民工基本不会安排其年老后的消费支出，表现出“短视”的消费行为。这主要是因为长期目标的不确定性以及制度性因素的制约等。由于进城农民工很难在务工地或者家乡的银行获得贷款，因此，他们必须依靠自己或家人的收入安排消费，这使得他们必须进行储蓄以应对即将到来的消费支出高峰。[③]

(三)注意到代际差异性，但侧重研究新生代农民工的消费行为

农民工消费的代际差异逐渐凸显。相比老一代农民工，新生代农民工的消费倾向更高、消费方式更加多元化、消费结构更接近城镇居民，休闲娱乐消费支出有所增加，但医疗保健、教育培训支

① 参见李凯、曹广忠：《农民工家庭城乡消费决策的影响因素——基于东部 9 城市抽样调查数据的分析》，载《人口与发展》2012 年第 5 期。

② 参见钱文荣、李宝值：《不确定性视角下农民工消费影响因素分析——基于全国 2679 个农民工的调查数据》，载《中国农村经济》2013 年第 11 期。

③ 参见于丽敏：《农民工消费行为影响因素研究》，中南大学 2010 年博士学位论文，第 28 ~ 29 页。

出不足，其根源仍是收入水平低，经济反哺负担重。[①] 不过也有学者认为，现阶段新生代农民工呈现出个体消费的有限性、群聚性和低廉性，在表现出专项消费需求增加，消费方式多元化等特征的同时，面临着消费水平低、消费结构不合理，消费制度保障不足、消费信心缺乏，消费质量不高，消费理念相对传统与消费缺乏理性并存等困境。[②] 有的研究强调新生代农民工消费行为的二元性，[③]与城镇居民相比，新生代农民工的消费往往表现出节俭性，与农村居民相比，却又表现出炫耀性。或者说，新生代农民工既要追求城市消费方式以期融入城市，又要为了汇款回老家而节省消费支出。这也可以被认为是一种“双重消费策略”。[④] 还有一些研究强调新生代农民工消费结构的多元化，在手机、服装和闲暇等方面的支出体现出较为明显的代际差异。[⑤] 还有的文章主要研究新生代农民工的消费观念，认为他们在消费习惯、消费方式、消费观念和消费心理等方面具有现代性，呈现出“更新、更快、更现代、更前卫”的特征。[⑥]

---

① 参见赵卫华：《独特化还是市民化：新生代农民工消费模式分析》，载《北京社会科学》2015 年第 3 期；李培林、田丰：《中国新生代农民工：社会态度和行为选择》，载《社会》2011 年第 3 期；王春光：《新生代农村流动人口的社会认同与城乡融合的关系》，载《社会学研究》2001 年第 3 期；申鹏、凌玲：《代际禀赋视角下的农民工消费行为研究——以贵州省贵阳市为例》，载《农村经济》2014 年第 2 期。

② 参见李刚、刘养卉：《新生代农民工消费行为研究——基于兰州市的调查》，载《人口与社会》2014 年第 1 期。

③ 参见陶树果：《新生代来沪农民工家庭消费结构的二元性研究》，华东师范大学 2008 年硕士学位论文，第 32 页。

④ 参见唐有财：《新生代农民工消费研究》，载《学习与实践》2009 年第 12 期。

⑤ 参见冷雄辉、易娜：《新生代农民工消费行为研究——基于江西省的调查》，载《江西农业大学学报（社会科学版）》2012 年第 3 期。

⑥ 参见肖伟、阳慎初：《“80 后”农民工消费观念变迁研究》，载《长沙大学学报》2008 年第 3 期。

"新生代农民工"消费行为备受关注的主要原因在于，农民工已不再是高度同质化的社会群体，新生代农民工已经超过农民工总数的60%，由于老一代农民工将逐步退出城市劳动力市场，新生代农民工所占的比例将越来越大。此外，新生代农民工的成长环境与老一代农民工也有着显著区别，很多人甚至没有务农经历，文化水平相对较高，他们更能接受城市的生活方式，对城市的认同度更高，对生活的期望值也更高。[①]

（四）对农民工消费的住房、娱乐等具体消费支出类别进行研究

首先，对农民工的住房问题备受关注，学术界主要研究农民工在城镇住房消费水平整体偏低、居住条件较差的问题，认为住房支付能力差、保障性住房的缺位是导致这一问题的根本原因。[②] 其次，对农民工在流出地的建房购房行为也有不少研究，回流意愿、身份认同与留守家庭福利提升等是农民工在家乡住房投资的主要原因。[③] 文化娱乐消费也受到一定程度的重视。高梦媛、郑欣认为，新生代农民工的生活方式与老一代农民工存在很大不同，他们更加认同城市居民的娱乐消费方式和生活方式，表现出积极主动的心态，开始有意识地享受现代生活，发展型和享受型消费支出有所增长，消费内容也趋向多元化。但是，由于受到主观认同的影响和收入水平较低等现实因素的限制，他们的生活方式和价值观念

① 参见刘传江：《新生代农民工的特点、挑战与市民化》，载《人口研究》2010年第2期。

② 参见明娟、曾湘泉：《农民工家庭与城镇住户消费行为差异分析——来自中国城乡劳动力流动调查的证据》，载《中南财经政法大学学报》2014年第4期。

③ 参见王克亚：《河南省农村人口流动及其对流出地经济发展的影响研究》，河南大学2009年博士学位论文，第126～127页。

仍然带着原有文化的色彩。[①]

(五)关注流动人口的炫耀性消费行为

流动人口尤其是农民工的炫耀性消费问题也受到学者的关注,主要可以分为两部分。一部分学者主要研究农民工在城市的炫耀性消费问题。张兆伟认为,新生代农民工已经建立对城市的内在认同,他们还希望通过符号消费的方式,获取外在的社会认同,即城市居民对他们的接纳。然而事实上这一过程并不顺利,他们仍然处于被城市歧视和排斥的困局中,并没有获得城市的外在认同。[②] 刘胜从消费方式的角度对新生代农民工的研究发现,新生代农民工为了重新构建社会认同,获得城市认同,在日常消费支出尤其是在服装消费、娱乐消费和饮食消费等方面采取了趋同或示差的消费策略,甚至带有炫耀性消费的性质。[③] 炫耀性消费行为是新生代农民工采取的与城市居民拉近距离的重要方式,对新生代农民工来说,他们从大众传媒那里获得有关商品和服务的信息,通过炫耀性消费寻求尊重和接纳。[④] 另有一部分学者研究农民工回到输出地的炫耀性消费问题。农民工返回家乡后,主要通过消费烟酒、品牌服装和摩托车等,希望在乡亲们面前获得地位、荣誉和尊重。返乡进行炫耀性消费的人群通常以 20～40 岁的中青年人

---

① 参见高梦媛、郑欣:《文化自觉:从娱乐消费看新生代农民工的城市适应——基于长三角地区外来务工人员的考察》,载《中国青年研究》2013 年第 7 期。

② 参见张兆伟:《新生代农民工的符号消费与社会认同研究》,山东大学 2008 年硕士学位论文,第 49～50 页。

③ 参见刘胜:《新生代农民工消费方式与身份认同研究》,南京理工大学 2010 年硕士学位论文,第 34 页。

④ 参见闫超:《基于社会认同视角的新生代农民工炫耀性消费行为影响机理研究》,吉林大学 2012 年博士学位论文,第 120 页。

为主，文化程度也不高。[①] 这主要是由于农民工的心理归属在农村，他们返乡后通过商品的示差性或者行为的独特性与农村社会的底层区分开来，向农村上层的消费行为靠拢，获得村民的社会认同。[②]

三、国内对流动人口市民化的相关研究

流动人口尤其是农民工的市民化问题受到了学术界的广泛关注，在中国知网，如果以市民化为关键词，可以搜索出 5279 篇期刊论文和 621 篇硕博士论文。[③] 研究市民化的文章之多，用汗牛充栋来形容也不为过。结合研究需要，下文挑选农民工市民化的内涵界定、市民化进程的影响因素这两个方面进行综述，其他不再赘述。

（一）农民工市民化内涵的界定

对农民工市民化的内涵，很多学者都有不同的观点，以下选取有代表性的几个观点予以列举。葛正鹏认为，农民市民化不能简单地等同于地域转移、职业转变和户籍性质的改变三个方面，也不是要让所有农村人口都要搬迁到城市，而是要让居住在农村的人口，也能享受到现代城市文明带来的成果。[④] 这种观点实际上是一种城乡一体化论。更多学者强调的是从农村迁移到城市的人口的

---

① 参见梁彩花、周金衢、张琼：《返乡农民工炫耀性消费行为的社会心理分析》，载《广西民族研究》2010 年第 4 期；关刘柱：《移民精英的炫耀性消费——以安徽 N 村流动人口消费的实证研究为例》，载《攀枝花学院学报》2011 年第 2 期。

② 参见汪佳佳：《城乡背景下农民工消费行为“两栖性”探析》，吉林大学 2014 年硕士学位论文，第 30 ~ 31 页。

③ 以市民化为关键词在中国知网搜索期刊和硕博士论文的时间为 2017 年 5 月 25 日。

④ 参见葛正鹏：《“市民”概念的重构与我国农民市民化道路研究》，载《农业经济问题》2006 年第 9 期。

市民化。如文军认为,农民市民化是指在我国现代化建设过程中,在工业化和城市化的推动下,使现有的传统农民在社会地位、身份、价值观、政治权利以及生活方式等各方面实现向城市市民的全方位转变,是接纳和塑造城市文明的社会变迁过程。[①] 这可以说是社会生活和社会文化层面上的农民市民化过程。郑杭生认为,农民市民化是指进城农民工在转变身份和职业的过程中,逐渐拓展潜在能力,获得城市户籍,适应城市生活并融入其中,具备市民素养的过程。[②] 刘传江认为,农民工市民化既是一种过程,也是一种结果,应当包括职业、身份、素质和行为意识4个方面的含义,这4个方面相互作用、相互影响。[③] 所以,农民工市民化就是指进城农民工不断挣脱城市边缘状态,主动融入城市主流社会、被城市市民接纳和认可的过程。

(二)农民工市民化进程的影响因素研究

从影响农民工市民化的因素来看,大多数学者主要从两个方面进行研究,一是研究影响农民工市民化的个体性因素和家庭因素,二是研究户籍等制度性因素。张斐认为,新生代农民工的性别、年龄、有无务农经验、是不是独生子女等都对新生代农民市民化影响显著;而打工期间是否与家人同住、父亲是否在外打工等家庭因素的影响并不显著;但是对经济状况的自我评价、对城市的归属感等主观认知

---

① 参见文军:《农民市民化:从农民到市民的角色转型》,载《华东师范大学学报(哲学社会科学版)》2004年第3期。

② 参见郑杭生:《农民市民化:当代中国社会学的重要研究主题》,载《甘肃社会科学》2005年第4期。

③ 参见刘传江、程建林:《第二代农民工市民化:现状分析与进程测度》,载《人口研究》2008年第5期。

因素又对其市民化水平影响显著。[①] 张洪霞研究发现，农民工的月均收入、受教育水平、打工时间、社区参与情况与市民化程度呈正相关，男性农民工市民化的倾向高于女性，与城市居民交往得越多，越有利于农民工实现市民化。[②] 沈映春、王泽强等认为，户籍制度改革的不彻底性成为阻碍农民工市民化进程的制度瓶颈；农民工在社会融入、心理适应和政治参与这三个维度上的市民化水平也比较低。[③] 城市生活环境与农村不同，导致农民工在生活方式、思想观念上仍与城市居民存在一定的差异，阻碍了市民化水平的提升。刘小年从城市化、城市性、中间障碍、博弈论、成本等方面，总结了既有研究中分析农民工市民化影响因素的 13 个视角。[④]

四、国内对流动人口市民化与消费的相关研究

市民化对流动人口消费行为的研究也已经取得一定的成果。有些学者研究了市民化与消费的关系，也有学者从城市融入的角度研究了流动人口的消费，还有学者研究了身份认同与消费的关系。城市融入、身份认同都应当是流动人口市民化的重要维度，因此，本小节把城市融入与消费、身份认同与消费都作为市民化与消费的研究内容。

---

① 参见张斐：《新生代农民工市民化现状及影响因素分析》，载《人口研究》2011 年第 6 期。

② 参见张洪霞：《新生代农民工市民化的影响因素研究——基于全国 797 位农民工的实证调查》，载《调研世界》2014 年第 1 期。

③ 参见沈映春、王泽强、焦婕等：《北京市农民工市民化水平及影响因素分析》，载《北京社会科学》2013 年第 5 期。

④ 参见刘小年：《农民工市民化的影响因素：文献述评、理论建构与政策建议》，载《农业经济问题》2017 年第 1 期。

(一)市民化、城市融入与流动人口消费

既有研究显示,农民工市民化水平的提升能促进其边际消费倾向的提高,降低生存型消费在家庭总消费支出中所占的比重,提高发展型和享受型消费支出占总消费支出的比例,改善家庭消费结构;此外,它还通过提高消费结构层次、提升家庭成员的受教育程度、增强就业能力,来增加家庭总收入,从而进一步提升家庭消费水平,这一路径能持续地、动态地推动家庭消费实现螺旋式上升,也能扩大国内需求。如果目前我国 1 亿农民工家庭能全部实现市民化,那么按现有速度测算,每年国内消费至少能新增 5 万亿元。①

城市融入能够显著提高农民工的家庭消费支出,有助于提升消费结构。城市融入对外来农民工或新生代农民工家庭消费的影响显著大于本地农民工或老一代农民工。在注重提高农民工收入的同时,更应注意医疗、教育、住房等基本公共服务的保障作用,提升农民工的城市融入度,从而发挥农民工的消费效应。②

(二)身份认同与流动人口消费

认同支配了消费,消费又塑造了认同。③ 消费方式与身份之间存在双向建构关系,身份可以通过消费方式表现出来,即消费方式反映身份意识,同时身份对消费方式又具有约束功能,个人总是选

① 参见向国成、钟世虎:《农民工市民化的家庭消费效应研究:来自中国的证据》,载《湘潭大学学报(哲学社会科学版)》2015 年第 6 期。

② 参见卢海阳、郑逸芳、钱文荣:《农民工融入城市行为分析——基于 1632 个农民工的调查数据》,载《农业技术经济》2016 年第 1 期。

③ 参见王宁:《消费与认同——对消费社会学的一个分析框架的探索》,载《社会学研究》2001 年第 1 期。

择符合其身份地位的消费方式。[①] 消费方式与身份认同之间是相互影响、相互制约的关系，是不断演变的动态过程。

借鉴认同与消费的理论关系，学者们对农民工的消费和认同也进行了一些研究。余晓敏、潘毅的研究发现，新生代打工妹已经成为积极的消费主体，她们希望通过购买服装和化妆品改变外表，在外貌外形上缩小自己与城里人的差距，希望在消费领域实现“自我蜕变”。然而，微薄的收入限制了她们的购买力，社会歧视剥夺了她们平等的消费权，社会身份仍然无法在消费领域获得全新的重建。[②] 王宁、严霞认为，消费文化与资方形象培训的合力，激起了打工妹身体消费的欲望。然而，经济收入、社会关系网络等因素限制了她们的消费行为，消费欲望难以得到满足，心理冲突、地位落差感加剧。于是，她们采取了两栖消费策略进行应对，主要表现在，节省日常的饮食、房租支出，是为了能在服装、化妆品上支出较多；平时穿着简单，是为了能在去市中心逛街时或者回乡探亲时穿着打扮较好，以追求片刻的身份超越。[③]

祝伟发现，新生代农民工是非常希望融入城市的，也倾向于认同自己是城市居民，于是他们参照城市居民进行消费活动，如选择有品牌的服装服饰、模仿城里人的娱乐方式、使用最新款手机、甚至购买高级化妆品等。[④] 纪江明等对上海的调查发现，新生代农民工的消费行为受到家庭因素的影响很小，具有自我的、个体化特征

---

① 参见姚建平：《消费认同》，社会科学文献出版社 2006 年版，第 38、103 页。

② 参见余晓敏、潘毅：《消费社会与“新生代打工妹”主体性再造》，载《社会学研究》2008 年第 3 期。

③ 参见王宁、严霞：《两栖消费与两栖认同——对广州市 J 工业区服务业打工妹身体消费的质性研究》，载《江苏社会科学》2011 年第 4 期。

④ 参见祝伟：《从消费动员到消费约束——新生代农民工的消费行为与身份认同》，载《中国工人》2012 年第 3 期。

以及消费主体的独立性；通过在教育、享受社会保障等方面的提升和改善，不断加强对"新市民"的身份认同，对其消费支出有直接的促进作用；然而，他们处于身份认同困境，仍以温饱等生存性消费为主，影响了其消费方式的转型和升级。①

五、国内对流动人口住房消费相关的研究

住房是流动人口在城市的容身之处，安居是乐业的重要基础，但也一直是他们在流入地实现市民化的最大障碍。学术界对流动人口的住房消费问题开展了一些研究。最新研究表明，流动人口的整体住房水平与本地居民的差距并不悬殊，但在人口流入集聚的东部沿海，尤其是京津冀、长三角和珠三角等经济发达地区，流动人口仍以租住私房为主且房租支出压力较大，居住较为拥挤，房屋老旧、设施缺乏，且基本被排斥在保障性住房体系之外。② 三线及以下城市的农村流动人口也存在住房支付能力比较低的现象，而且房价收入比有明显的地区差异，表现在东部地区最高、中部最低。③ 学者们认为，由于城乡二元性的社会制度、住房转轨制度以及自身因素，流动人口尤其是乡城流动人口的住房状况仍然与城市户籍人口存在较大差异，拥有自购房或租住公房的比例大幅偏低。④ 既有研究还发现，有稳定的工作、有失业保险，流动人口在居

① 参见纪江明、陈振营、赵毅：《新生代农民工"二元化"消费方式与身份认同研究——基于2010年上海市外来农民工的调查》，载《人口与发展》2013年第2期。

② 参见王宇凡、柴康妮、卓云霞等：《中国城市流动人口住房质量的空间分异与影响因素》，载《地理学报》2021年第12期；刘厚莲：《我国特大城市流动人口住房状况分析》，载《人口学刊》2016年第5期。

③ 参见王伟、陈杰：《我国农村流动人口城市住房支付能力研究——基于典型的三线及以下城市的考察》，载《城乡规划》2017年第5期。

④ 参见杨菊华：《制度要素与流动人口的住房保障》，载《人口研究》2018年第1期。

住支出上的花费更高，居住质量更高。[①] 相对于没有社会保障的农民工来说，拥有社会保障的农民工住房消费增加更多。[②] 此外，家庭模式也会对流动人口的住房质量产生影响，“独住型”、“夫妻同住型”、“两代同住型”和“三代同住型”的流动家庭住房特征存在显著差异。[③]

从购房行为的影响因素来看，杨婷怡、叶倩等认为，收入水平、迁移模式、社会保险等因素对流动人口的购房行为有较大影响。[④] 宋全成、张露对青年流动人口的研究认为，个体出生的时间和地点对住房选择具有显著影响，80 后优于 90 后，出生地点的行政级别与购房概率呈正相关；个体的受教育程度、月收入和就业单位性质以及社会网络等都对青年流动人口的购房概率有显著正向影响。[⑤] 此外，学者们还考察了住房公积金对流动人口购房选择的影响。有的学者认为，有住房公积金的流动人口更有可能在流入地购买商品房或增强在流入地的购房意愿；[⑥]也有学者认为住房公积金虽然确实可以提高流动人口家庭对住房的支付能力，但其作用是有

① 参见丁浩：《就业稳定性、住房可及性与农民工家庭消费》，载《消费经济》2018 年第 1 期。

② 参见周战强、罗俊：《身份认同对农民工住房消费的影响》，载《海南师范大学学报（社会科学版）》2021 年第 3 期。

③ 参见冯长春、李天娇、曹广忠等：《家庭式迁移的流动人口住房状况》，载《地理研究》2017 年第 4 期。

④ 参见杨婷怡、叶倩、雷宏振：《农业转移人口住房实现模式与住房消费行为》，载《西北农林科技大学学报（社会科学版）》2021 年第 6 期。

⑤ 参见宋全成、张露：《生命历程视角下的青年流动人口住房选择及其影响因素研究》，载《东岳论丛》2023 年第 7 期。

⑥ 参见李君甫、孙嫣源：《住房公积金制度对流动人口购房的影响——基于国家卫计委 2013 年流动人口动态监测数据的研究》，载《公共行政评论》2018 年第 2 期；李帆、江波：《住房公积金对流动人口购房选择的影响研究》，载《调研世界》2022 年第 5 期。

限的[①]。

六、研究述评

在西方消费经济学、消费社会学兴起的背景下，国内学者也尝试运用相关理论对流动人口的消费问题进行了大量研究，取得了丰富的研究成果，为本研究提供了很好的理论基础和研究启示。但是，总的来说，目前对流动人口消费的既有研究主要还存在以下几点不足：第一，重点分析农民工的消费问题，忽视了流动人口中来自中小城市（镇）的非农业户口的流动人口；第二，以代际为视角，重点研究新生代农民工的消费水平、消费结构和消费观念，突出新生代农民工消费观念的转变、消费水平的提升等，忽视了老一代流动人口的消费问题；第三，着重研究流动人口在流入地的消费行为，忽视了他们在流出地的消费；第四，多为以政策性导向的对策讨论，而以全面系统的理论导向的实证研究还比较少；第五，市民化因素需要加以重视；第六，对流动人口住房研究还不够全面系统。在分析流动人口消费问题时，要认识到推进流动人口市民化对提高流动人口消费水平、促进经济发展的巨大作用。此外，研究对象通常局限在某一行业或某一地区、样本代表性不足等问题也依然存在。从允许农民自带口粮进城开始的30多年来，流动人口内部不仅出现了代际的分化，由于经济发展水平不同，不同城市之间的流动人口也存在较大差异。因此，非常有必要在全国范围研究流动人口的消费问题，把流动人口在流入地和流出地的消费结合起来进行研究，并对不同类型城市的流动人口进行比较，还要对流动人口跨地域消费背后的深层次原因进行分析，并系统分析流动人口的住房消费问题。

① 参见董昕、张翼：《农民工住房消费的影响因素分析》，载《中国农村经济》2012年第10期。

第三章　流动人口消费行为的现状与特征

本章将对流动人口在流入地和流出地的消费支出水平、消费结构等消费行为进行分析。首先，分析目前流动人口在流入地消费行为的现状、消费结构，再分析流动人口在流出地的消费行为。最后，把流动人口在流入地的消费行为与所在的城镇居民消费进行对比，结合流出地的消费行为，指出流动人口消费行为中存在的问题。

第一节　流动人口在流入地的消费支出现状和特征

一、在流入地的消费支出现状

流动人口在流入地的人均消费支出水平为每月

1045 元,2013 年全国城镇家庭居民消费水平为 1907 元,[①]流动人口在城市的消费水平仅为全国城镇居民的 54.80%。分城市来看(见表 3-1),人均月消费支出最高的城市是长沙,最低的是无锡。以在流入地的家庭为单位,家庭月消费支出最高的城市是武汉(3087 元),最低的是咸阳(1785 元)。有的流动人口住在单位宿舍,或者由工作单位提供食宿,加上受到在流入地的家庭人数的影响,导致流动人口的人均月消费支出没有呈现出与城市级别相一致的线性关系。除长沙和无锡以外,其他 6 个城市的人均月消费支出呈现出一定的东高西低的特征。从家庭月消费支出来看,流动人口的家庭月消费支出与城市级别、家庭人数保持较高的关联性。

社会融合专项调查 8 个城市的流动人口总消费支出均高于全国城镇家庭的水平。本书认为,这不仅是由于 8 个城市的经济发展水平较好,导致消费支出较高,还由于流动人口不得不因支付房租而拉高了消费水平。

表 3-1　流动人口在流入地的消费支出

项目	上海	武汉	长沙	西安	苏州	无锡	泉州	咸阳	均值
人均月消费支出/元	1134	1017	1260	988	1080	918	1003	880	1045
家庭月消费支出/元	2684	3087	2873	2402	2609	2504	2363	1785	2587
家庭人数(均值)/人	2.37	3.04	2.28	2.43	2.42	2.73	2.36	2.03	2.48

① 此数据根据《2014 中国统计年鉴》中城镇居民年人均消费支出计算得出。

二、职业特征与消费支出

(一)流动人口的职业特征

2013 年动态监测对流动人口的就业状况进行调查结果显示,8 个城市流动人口总的就业率为 90.60%,未就业人口占 9.40%。[①]因此,本部分只研究就业人口的消费行为。

1. 就业身份

就业身份是指从事经济活动的人雇用、受雇或自雇状况。动态监测将流动人口的就业身份分为雇员、雇主、自营劳动者和家庭帮工 4 种情况。[②] 在 2013 年全国流动人口 8 个城市社会融合专题调查中,雇员身份所占比例最高,为 64.43%;其次为自营劳动者,为 25.99%;雇主的比例仅为 6.67%;家庭帮工的比例最低,为 2.92%。

2. 职业分布

8 个城市的流动人口主要从事工业生产(22.35%)、经商(13.62%)和其他商业、服务业(12.89%)等工作。笔者根据最新职业分类大典,结合流动人口的实际情况,将职业类别为 6 类。第一类:党的机关、国家机关、群众团体和社会组织、企事业单位负责

---

① 笔者认为,流动人口的失业率非常低,而且更多的是一种主动失业而非被动失业。这可以从问卷中得到印证。问卷还就上个月是否找过工作进行了调查,有 88.28% 的未就业流动人口上个月没有找过工作。

② 流动人口动态监测调查技术文件对这个问题的 4 个选项进行了解释。(1)雇员是指为领取劳动报酬而为某一单位或雇主工作的人员。(2)雇主是指自负盈亏或与合伙人共负盈亏,具有企业经营决策权,其报酬直接取决于生产、经营利润的人员。雇主的基本特征是雇用其他人为自己工作并向被雇用人支付工资。(3)自营劳动者是指自负盈亏或与合伙人共负盈亏,具有经营决策权的人员。自营劳动者的特征是既不被雇也不雇用他人。如果有亲属帮忙但不支付工资,经营者本人仍属自营劳动者。(4)家庭帮工指家庭成员在自家经营的摊位、商店、门市部、工厂工作,但无经营决策权,不领取报酬的人员。例如,夫妻二人从事个体经营,妻子帮助丈夫打理生意,收入归家庭所有,丈夫并不给妻子发工资,妻子为家庭帮工。

人;第二类:专业技术人员、办事人员和有关人员;第三类:经商;第四类:社会生产服务和生活服务人员;第五类:生产、运输设备操作人员、建筑和其他有关人员;第六类,其他。按照此种划分方式,流动人口的职业分布主要集中在生产制造及有关人员(35.29%)、社会生产服务和生活服务人员(31.05%)这两大类,合计达66.34%,专业技术人员和办事员的比例仅为6.88%。

3. 单位行业

国家统计局将国民经济分成农林牧渔业、采矿业、制造业、建筑业、批发和零售业、交通运输、仓储和邮政业、住宿和餐饮业等20个行业类别。2013年流动人口动态监测根据流动人口的实际情况,设置成制造业、采掘业、农林牧渔业、建筑业、电煤水生产供应、批发零售业、住宿餐饮业等15个选项。为了便于分析,本研究把单位行业分为制造业、建筑业、社会服务业、批发零售业等8类。从表3-2中可以看出,流动人口在制造业、批发零售业、住宿餐饮业的分布位列前三,分别占38.10%、17.51%和12.13%。此外,还有11.18%的流动人口在社会服务业工作,6.18%的流动人口在建筑业工作,在交通运输等行业就职的比例较低。

表3-2 流动人口的行业分布

单位:%

单位行业	百分比	单位行业	百分比
制造业	38.10	住宿餐饮业	12.13
建筑业	6.18	科教文卫等行业	3.87
社会服务业	11.18	交通运输业	3.52
批发零售业	17.51	其他	7.51

4. 单位性质

总的来看,流动人口就业单位的性质中比例最高的是私营企业,占38.40%;其次是个体工商户,占36.98%。在中外合资企业业和港澳台企业工作的分别占5.04%和4.78%，而在国企和集体企业工作的仅占2.90%和2.22%。可见，流动人口主要在私营企业和个体工商户就业，民营企业已经成为吸纳流动人口就业的重要渠道。

(二)职业特征与消费支出

前文述及，由于流动人口的人均消费水平受到流入地的家庭人数，单位是否提供免费住房甚至伙食等因素的影响，笔者把不同职业类别流动人口的人均月消费支出和家庭月消费支出均展示出来。

1. 就业身份与消费水平

从人均月消费支出来看(见表3－3)，雇主的人均月消费支出最高，为1407元；没有工作的支出最低，为1029元；雇员和自营劳动者的相近，为1100多元。从家庭月消费支出来看，雇主和家庭帮工的消费支出较高，分别为3579元和3550元，雇员的家庭消费支出最低，为2169元。这表明，就业身份对流动人口的消费水平有很大影响。雇主的人均消费支出和家庭消费支出水平都比较高，家庭帮工的人均消费支出低而家庭支出较高。这说明能够进行自雇用的家庭其消费支出则较高。无论是个人还是家庭，雇员的消费水平都比较低。

表3－3　就业身份与流入地的消费支出　单位：元

类别	雇员	雇主	自营劳动	家庭帮工	没有工作
人均月消费支出	1123	1407	1188	1264	1029
家庭月消费支出	2169	3579	3122	3550	2925

2. 职业类别与消费水平

从人均月消费支出来看(见表3－4)，专业技术人员和办事员的月消费支出最高(1444 元),生产制造及有关人员的最低(1039 元)。从家庭月消费支出来看,经商的家庭消费支出最高(3526 元),生产制造及有关人员的支出最低(2097 元),二者相差近 1500 元。专业技术人员和办事人员与生产制造及有关人员分别以 2921 元和 2564 元位列其中。

表 3-4 职业类别与流入地的消费支出 单位:元

项目	专业技术人员和办事员	经商	社会生产和生活服务人员	生产制造及有关人员	其他
人均月消费支出	1444	1330	1177	1039	1098
家庭月消费支出	2921	3526	2564	2097	2494

3. 单位行业与消费水平

从人均月消费支出来看(见表 3-5),科教文卫等行业的流动人口消费支出最高,为 1478 元;制造业的支出最低,为 1078 元。住宿餐饮业和制造业的消费支出较低,可能与这类行业中的用人单位提供宿舍或饮食有一定关系。从家庭月消费支出来看,批发零售业和科教文卫等行业的家庭消费支出最高,均在 3200 元以上。这与前文分析的经商、专业技术人员和办事人员的家庭消费支出较高保持一致。制造业和住宿餐饮业的家庭月消费支出最低,分别为 2132 元和 2481 元。

表 3-5 单位行业与流入地的消费支出 单位:元

项目	制造业	建筑业	社会服务业	批发零售业	住宿餐饮业	科教文卫等	交通运输业	其他
人均月消费支出	1078	1198	1202	1268	1148	1478	1133	1140
家庭月消费支出	2132	2583	2594	3266	2481	3261	2608	2638

4. 单位性质与消费水平

从人均月消费支出来看（见表3－6），个体工商户最高，为1215元；无单位和其他的最低，为1044元。不过不同单位性质之间的差距不大，还不到200元。从家庭月消费支出来看，个体工商户的支出最高，为2997元；在私营企业工作的最低，为2246元。最高和最低相差751元。

表3－6　单位性质与流入地的消费支出　　单位：元

项目	国有集体企业	个体工商户	私营企业	外资合资企业	无单位和其他
人均月消费支出	1200	1215	1125	1184	1044
家庭月消费支出	2315	2997	2246	2273	2519

三、家庭特征与消费支出

（一）家庭特征

1. 迁移模式与家庭人数

人口迁移理论认为，人口迁移的路径通常是主要劳动力外出，在流入地站稳脚跟后，再逐步将配偶、子女、父母接到城市，以实现家庭团聚。目前，我国农村剩余劳动力的迁移类型主要有三类：第一类是夫妻在外务工经商，将子女留在老家交给父母照顾；第二类是年轻夫妻和父母、子女都在流入地，实现了举家迁移；第三类是家庭的主要劳动力如年轻的丈夫和其父亲外出，妻子和母亲在家照顾孩子。《中国流动人口发展报告2013》显示，家庭化迁移已成为人口流动迁移的主体模式。

总的来看，在流入地有2人的，占25.39%，两人通常为夫妻共同外出模式。3名家庭成员所占比例最大，为34.31%，4人的为14.35%，5人及以上的家庭仅为2.53%。如果以核心家庭（父母+子女)3~4人的规模来看,流动人口中48.66%的家庭在流入地实现了团聚。如果以主干家庭(父母+已婚子女+孙子女)5人及以上计算,则仅有2.53%的流动人口实现了家庭团聚。这表明,流动人口中虽然有半数已举家迁移到流入地,但这实际上是核心家庭的举家迁移,而不是主干家庭的迁移,他们的父母还在流出地,或者即使原先外出务工,现也已返回流出地。

分城市来看(见表3-7),以夫妻共同外出2人为主的城市有上海、泉州和咸阳。以3人或4人为主的有武汉、西安等省会城市和无锡市。1人在流入地最多的城市是长沙和咸阳。上海和泉州外来人口核心家庭化的比例较低,可能与长距离举家迁移成本较高、社会风俗习惯存在较大差异有一定关系。而咸阳可能与抽样误差有关或是对外来人口的吸引力不足而造成。

表3-7　流入地的家庭人数

单位:%

家庭人数	上海	武汉	长沙	西安	苏州	无锡	泉州	咸阳	合计
1人	24.68	6.35	34.36	27.00	22.35	13.97	29.00	38.78	23.42
2人	32.89	13.12	20.69	19.97	30.63	25.15	28.48	27.55	25.39
3人	27.67	53.41	29.97	37.22	33.01	39.57	24.51	26.53	34.31
4人	11.25	24.92	12.95	14.73	11.50	17.49	14.55	6.43	14.35
5人及以上	3.51	2.2	2.03	1.08	2.51	3.82	3.46	0.71	2.53
合计	100.00	100.00	100.00	100.00	100.00	100.00	100.00	100.00	100.00

2. 流入地的子女数和在学子女数

本研究对有子女的流动人口家庭,子女在流入地的数量进行了统计。从表3-8中可以看出,超过60%的流动家庭选择将子女带在身边,仅有35.10%的家庭把子女留在老家。在有子女的家庭中,有近42%的家庭子女在流入地上学,武汉和西安子女在流入地上学的比例最高,超过半数。分城市来看,把子女带在身边比例最高的流动家庭是武汉和西安这类省会城市,比例最低的是咸阳。

此外，上海和泉州的流动人口把子女带在身边的比例低于武汉、西安和苏州、无锡。在流入地的子女数、在学子女数都会对流动人口家庭的消费水平产生较大影响。

表 3－8　流入地的子女数、在学子女数　　单位：%

子女数	上海	武汉	长沙	西安	苏州	无锡	泉州	咸阳	合计
0 人	40.29	14.97	40.57	27.04	39.17	31.62	43.88	52.42	35.10
1 人	42.47	59.49	41.73	51.89	45.38	47.49	34.18	38.69	45.91
2 人	16.19	24.18	17.24	20.49	14.62	19.32	19.62	8.42	17.88
3 人及以上	1.05	1.36	0.46	0.58	0.83	1.57	2.32	0.47	1.11
合计	100.00	100.00	100.00	100.00	100.00	100.00	100.00	100.00	100.00
在学子女数	上海	武汉	长沙	西安	苏州	无锡	泉州	咸阳	合计
0 人	67.62	47.87	61.35	45.86	64.77	55	61.11	66.3	58.69
1 人	26.13	40.50	29.57	40.77	29.34	35.43	26.93	27.77	32.23
2 人	5.95	11.32	8.85	13.15	5.79	8.72	10.69	5.77	8.66
3 人及以上	0.3	0.31	0.23	0.22	0.1	0.85	1.27	0.16	0.42
合计	100.00	100.00	100.00	100.00	100.00	100.00	100.00	100.00	100.00

（二）家庭特征与消费支出

1. 家庭迁移模式与消费

就人均月消费支出而言（见表 3－9），一人外出的每月消费支出为 1537 元，两人外出的人均消费为 1211 元，三人及以上外出的为 1007 元。可以看出，在流入地的家庭成员人数越多，人均月消费支出反而越低，但三人及以上迁移与两人迁移的差别不大。从家庭月消费支出来看，两人迁移的家庭消费为每月 2421 元，三人及以上的为 3145 元。家庭月消费支出随着家庭迁移人数的增加而增加。从家庭月消费支出和人均月消费支出的一升一降可以看出，两人以上的迁移在一定程度上可以降低消费支出，如房租可以共享等。

表 3-9　流动人口的家庭人数与消费支出　　单位:元

项目	一人迁移	两人迁移	三人及以上迁移
人均月消费支出	1537	1211	1007
家庭月消费支出	1537	2421	3145

2. 在流入地子女数与消费支出

从图 3-1 中可以看出,在流入地没有子女的家庭,每月消费 2038 元;有 1 个、2 个、3 个及以上子女的家庭,每月消费分别为 3097 元、3334 元和 3496 元。没有子女在流入地上学的家庭,每月消费 2325 元;有 1 个、2 个、3 个及以上子女上学的家庭,每月消费分别为 3108 元、3387 元和 3598 元。这表明,子女随迁到流入地生活、上学,都会增加流动人口的家庭消费支出,尤其是有 1 个子女在流入地生活或上学,能显著提升家庭消费水平。

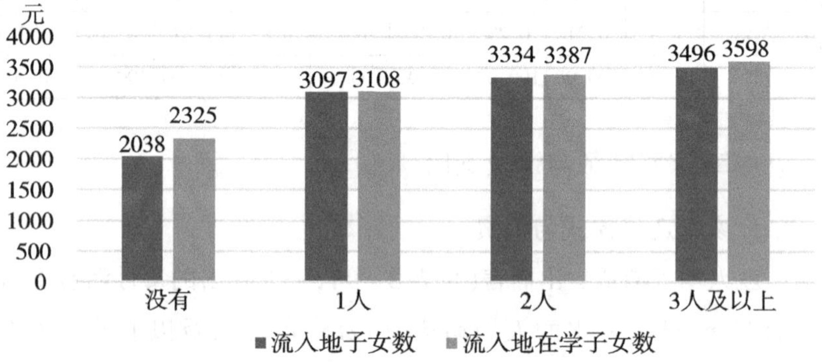

图 3-1　流入地子女数、在学子女数与消费支出

四、流动特征与消费支出

(一)流动特征

1. 流动人口的定居性

李若建根据人口普查资料的指标体系,按照居住时间的长短,将流动人口的定居性分为三个层次:高度定居性、高度流动性和过渡性。高度定居性是指人口普查时在同一地区居住了5年及以上；高度流动性是指人口普查时在同一地区居住不满2年；过渡性是指人口普查时在同一地区居住了2～4年。[①] 本书参考李若建的这一界定，将流动人口在现居地居住不满2年的群体界定为高度流动性，2～4年的界定为过渡性群体，5～10年的界定为定居性群体，10年以上的视为高度定居性群体。以此作为划分标准，研究流动人口的定居性问题。所谓定居性，是指外来流动人口在流入地居住时间的长短，与流动性相对。总的来看，流动人口中仍以高度流动性群体和过渡性群体为主，分别占29.82%和33.90%。定居性群体和高度定居性群体分别为26.19%和10.09%，高度定居性群体仅为10%左右，定居性总体上较弱。

分城市来看（见表3－10），长沙流动人口的流动性最强，2年以内的高度流动性群体所占比例高达48.63%，2～4年占37.82%。咸阳紧随其后，2年以内的占37.86%，2～4年的占41.02%。长沙和咸阳的流动人口流动性最强，而定居性最弱。定居性最强的是苏州、无锡和上海等沿海经济发达城市。流动人口中定居5～10年、10年以上的分别达到33.57%、33.25%、32.68%和14.41%、14.07%、11.20%，合计都在40%以上。相比之下，武汉、长沙、西安等省会城市流动人口的定居性较弱。10年以上的高度定居性群体所占比例较低，均不足7%。5～10年的定居性群体所占比例也低于苏州、无锡和上海，尤其是长沙，只占10.21%，仅为沿海经济发达城市的1/3。泉州作为福建省三大经济中心之一，交通便利、制造业发达，吸引了大量外来人口务工经商，流动人口的定居性较强，虽低于苏州、上海等经济发达城市，但高于武汉、长

① 参见李若建：《广东省外来人口的定居性与流动性初步分析》，载《人口研究》2007年第6期。

沙等省会城市。此外,由于泉州经济发展速度较快,吸引了大量外来流动人口前来工作和生活。因此,泉州 2 年以内的流动人口所占比例也较高,占 34%。而位于西北地区的咸阳外来流动人口的定居性最弱,定居性群体仅占 16.02%,高度定居性群体仅占 5.10%。流动人口的定居性从侧面说明咸阳的经济与泉州等沿海二线城市还存在较大差距,经济辐射力和吸引力较弱。

表 3-10 流动人口的定居性

单位:%

项目	上海	武汉	长沙	西安	苏州	无锡	泉州	咸阳	均值
2 年以内	25.71	33.16	48.63	30.13	21.60	21.06	34.00	37.86	29.82
2~4 年	30.41	35.31	37.81	41.89	30.42	31.62	30.03	41.02	33.90
5~10 年	32.68	24.76	10.21	21.05	33.57	33.25	24.46	16.02	26.19
10 年以上	11.20	6.77	3.35	6.93	14.41	14.07	11.51	5.10	10.09
合计	100.00	100.00	100.00	100.00	100.00	100.00	100.00	100.00	100.00

2. 来源地

流动人口来自全国各地,按照东、中、西来划分,有 22.30% 的流动人口来自东部地区、52.72% 的流动人口来自中部地区、24.98% 的流动人口来自西部地区。中部地区是人口流动的主力军。分城市来看(见表 3-11),上海流动人口中,来自东部、中部和西部的分别为 23.80%、57.15% 和 19.05%,西部地区的最少。武汉和长沙这两个中部省会城市的流动人口中,有 90% 以上都是来自中部地区的。同样,位于西部地区的省会城市西安和地级市咸阳,都是以西部地区流动人口为主,超过 70%。苏州的流动人口中来自中部地区的接近一半。无锡和泉州的流动人口中,来自中部地区的接近 40%。在泉州的流动人口中,来自西部地区的比例达到 31.42%,比无锡高十个百分点。泉州是除西安和咸阳外,来自西部地区流动人口所占比例最高的城市。

表3－11　流动人口的来源地

单位:%

项目	上海	武汉	长沙	西安	苏州	无锡	泉州	咸阳	均值
东部地区	23.80	5.20	1.65	6.78	37.75	39.01	30.29	11.12	22.30
中部地区	57.15	90.50	97.25	22.43	49.72	39.93	38.29	13.98	52.72
西部地区	19.05	4.30	1.10	70.79	12.53	21.06	31.42	74.90	24.98
合计	100.00	100.00	100.00	100.00	100.00	100.00	100.00	100.00	100.00

3. 流动范围

学界通常将跨县、跨省作为研究流动范围的标准。调查显示(见表3－12),苏州、无锡、泉州等经济发达的东部城市,以跨省流动人口为主,省内跨市和市内跨县流动人口的比例较低,苏州和无锡的流动人口除省际流入外,主要来自江苏省内的其他城市,本市内跨县流动的比例不足1%。由于抽样框设计的原因,上海都为跨省流动人口。中西部省会城市的武汉、长沙和西安,省际流动人口的比例较低,尤其是长沙,仅为7.41%。这三个城市都以省内跨市流动为主,所占比例分别为61.28%、73.49%和47.90%。说明省会城市对省内流动人口的吸引力较大,经济辐射范围主要在本省内。相比之下,作为西部地区的二线城市咸阳,其流动人口主要由省际流动人口和市内跨县流动人口组成,二者分别为36.84%和34.39%。这表明,流动人口在进行省内流动时,更倾向于流动到省会城市,或者选择在本市范围流动,其他地级市的吸引力较弱。

表3－12　流动人口的流动范围

单位:%

项目	上海	武汉	长沙	西安	苏州	无锡	泉州	咸阳	合计
跨省流动	100.00	24.24	7.41	39.78	73.04	69.40	72.39	36.84	56.63
省内跨市	—	61.28	73.49	47.90	26.40	30.14	16.46	28.77	34.54
市内跨县	—	14.48	19.10	12.32	0.56	0.46	11.15	34.39	8.83
合计	100.00	100.00	100.00	100.00	100.00	100.00	100.00	100.00	100.00

(二)流动特征与消费支出

1. 定居性与消费支出水平

从图3-2中可以看出,在流入地居住2年以内、2~4年、5~10年的流动人口,人均月消费支出为1100多元,10年以上的为1086元,相差并不大。从家庭月消费支出来看,最低的为2年以内的流动人口,家庭月消费支出2201元,最高的为10年以上的流动人口家庭月消费支出3033元,2~4年、5~10年的位居二者之间。可见,定居性不是影响流动人口人均消费支出的重要因素,但是和家庭月消费支出呈逐渐上升的线性关系,在流入地居住时间越长,家庭消费支出越高。

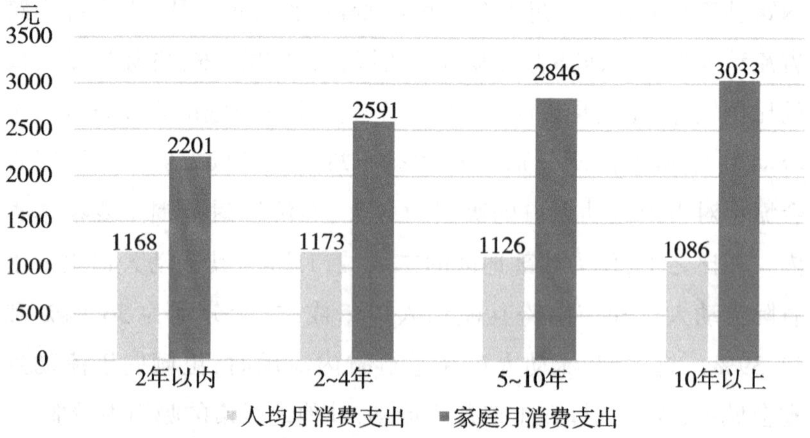

图3-2　流动人口的定居性与消费支出

2. 来源地与消费支出水平

从个人月消费支出水平来看,来自东部地区的流动人口月支出1224元,来自中部地区的月支出1156元,来自西部的月支出1073元,差别不大。不过以家庭为单位来看,来自东部地区的流动人口家庭月消费支出2838元,中部地区的2656元,西部地区的2213元。来自东部地区的家庭月消费支出比来自西部地区的高

625 元(见图 3 - 3)。无论是个人消费支出还是家庭消费支出,都表明来自东部地区的流动人口月消费支出更高。但从前文的分析可以看出,来自东部地区的流动人口主要集中在上海、苏州和无锡等长三角经济发达城市,来自西部地区的流动人口主要集中在西安、咸阳,可能是流入地的地域差别导致了消费支出的不同。

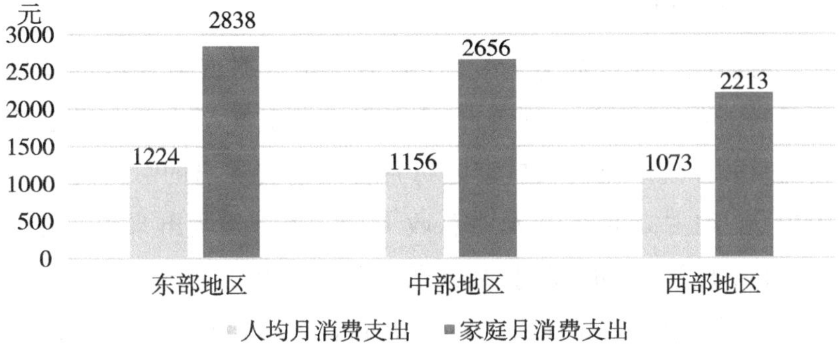

图 3 - 3　来源地与消费支出水平

3. 流动范围与消费支出水平

从人均月消费支出来看,跨省流动、省内跨市和市内跨县的消费支出相差不大,均在 1100 ~ 1200 元之间。从家庭月消费支出来看,省内跨市的流动人口家庭月消费支出最高,为每月 2705 元,跨省流动和市内跨县的流动人口家庭每月支出差不多,为 2500 多元(见表 3 - 13)。

表 3 - 13　流动人口的流动范围与消费支出水平　　单位:元

项目	跨省流动	省内跨市	市内跨县
人均月消费支出	1126	1182	1184
家庭月消费支出	2521	2705	2535

第二节　流动人口在流入地的消费结构

一、食品消费支出

俗话说,“民以食为天”。食品消费是消费者最基本也是最重要的消费,就流动人口而言,食品消费是其生活水平和生活质量的重要体现。流动人口家庭每月食品消费支出的总体均值为1070元,约占家庭在流入地总收入的1/6。分城市来看(见表3-14),上海、苏州、无锡、泉州等沿海经济发达城市,流动人口的食品消费支出非常相近,在1100元左右。在省会城市中,武汉的均值也与上海相近,但长沙和西安则显著低于武汉,分别为940元和874元。流动人口家庭食品消费月支出最少的是咸阳,仅为723元。这也可能与西部地区的物价水平较低有一定的关系。

恩格尔系数即食品消费占总支出的比例,恩格尔系数越大,表明一个家庭生活越贫困;反之,恩格尔系数越小,表明生活越富裕。8个城市流动人口恩格尔系数的均值为43.46%,远高于城镇居民的35.00%。分城市来看,流动人口家庭消费恩格尔系数最高的是泉州,为51.57%,食品消费支出超过了家庭消费支出的一半;其次是无锡和苏州,分别为48.82%和46.03%;而武汉、长沙和西安这三个省会城市的恩格尔系数最低,不到40%。虽然咸阳流动人口的食品消费金额与上海相差382元,但恩格尔系数与上海非常接近,相差不到1%(见表3-14)。

表 3 - 14　流动人口家庭每月食品支出和恩格尔系数

项目	上海	武汉	长沙	西安	苏州	无锡	泉州	咸阳	均值
食品消费/元	1105	1160	940	874	1147	1182	1170	723	1070
恩格尔系数/%	42.91	38.95	35.32	37.87	46.03	48.82	51.57	42.29	43.46

二、住房消费支出

流动人口来到城市后，住房问题的重要性不亚于吃饭问题。流动人口在流入地拥有自购房的比例非常低，租房或住在单位提供的房子里是解决居住问题的首选。流动人口每月房租支出的均值是 609 元。房租支出最高的长沙和武汉，分别为 867 元和 849 元。最低的是泉州和咸阳，分别为 379 元和 308 元（见表 3 - 15）。总的来看，房租占总支出的 23.54%。如果将房租和食品消费支出相加，二者所占比例超过家庭每月总支出的六成。这意味着流动人口家庭每月必须把六成以上的支出用于食品和住房消费。

三、交通通讯支出

交通通讯费用亦是生活水平的体现，流动人口家庭每月交通通讯费用平均为 252 元。随着手机成为生活必需品，在移动互联网的刺激下，通信费用几乎成为每个家庭的必备支出。由于全国各地的公共交通费用不同、通信资费不同，不同城市流动人口在交通通讯上的支出差异较大，上海的流动人口消费支出最高，为 297 元，比最低的咸阳高出 100 元（见表 3 - 15）。

表 3－15　流动人口的消费支出结构　单位:元

项目	上海	武汉	长沙	西安	苏州	无锡	泉州	咸阳	均值
房租	670	849	867	663	589	440	379	308	609
交通通讯	297	230	274	209	276	260	223	197	252
本人及配偶学习培训支出	431	334	360	258	330	257	236	262	312

四、学习培训支出

教育培训是提升人力资本的重要途径。教育培训费用在一定程度上可以反映出一个家庭对教育的重视程度,也是消费水平的重要体现。流动人口家庭的学习教育培训费用可以分为两类,一类是受访者本人及配偶在流入地每月用于学习、培训、教育的支出,另一类是子女每月在流入地的教育费用。从数据分析结果来看,流动人口本人及其配偶对自身的教育培训非常不重视:有79.20%的受访者及其配偶每月的学习培训费用为0元。另有13.89%的流动人口每月学习培训支出低于300元。流动人口在继续教育上的消费之低,将严重影响其人力资本的提升,对他们融入城市也会产生阻碍。

分城市来看,除去本人及配偶学习培训用费支出为0的样本外,仅对有学习培训费用的样本进行分析,可以得到:上海外来人口的学习培训支出费用最高,均值为431元;武汉、长沙和苏州的流动人口学习培训支出费用为300多元,这三个城市非常接近;而西安、无锡、泉州和咸阳每月学习培训的费用仅在250元左右。同是省会城市,西安比武汉和长沙都低,甚至比长沙低102元。同是长三角经济发达城市的无锡,每月仅为257元,比邻近的苏州低73元。无锡和泉州流动人口中每月学习培训费用为0元的比例最高，达到86%以上。这可能是因为，很多流动人口在无锡和泉州的首要目的是挣钱回乡。省会城市则有可能是希望通过提高自身技能，留在当地。

五、子女教育支出

本研究仅统计了有子女在流入地上学的流动人口家庭的子女教育支出，从均值来看，流动人口家庭中有1个子女在流入地上学，每月用在子女教育上消费的均值为524元。平均支出最低的是咸阳，为378元；最高的是长沙，为697元。在流入地上学的子女数量越多，每月的教育支出越多。有2个子女在流入地上学的家庭，用在教育消费上的支出显著高于1个子女家庭，均值为734元。最高的是长沙，为1047元；最低的是泉州为472元。由于有3个及以上子女的样本仅为1.04%，8个城市中有3个子女在流入地上学的家庭样本均低于30个，有的还是个位数，因此，暂不讨论有3个及以上子女家庭的教育支出，仅分析有1个或2个子女在流入地上学的家庭。

从表3－16中可以看出，长沙和武汉这两个省会城市的流动人口家庭在子女教育上的支出显著高于其他城市，这是由于长沙、武汉的流动人口更有可能把子女送去较好的学校读书，还是不得不承担更高的学习费用所导致的？有待进一步分析。上海作为特大城市，流动人口的教育支出远低于中部的长沙和武汉。这可能是与上海义务教育阶段的投入较大有关，只要符合入学条件的外来人口子女，就读公立学校享受与本地户籍学生同等的经费投入。也有可能是由于上海暂未放开异地高考，很多来沪人员子女回老家读高中，流动人口家庭不需要在流入地支出较高的高中阶段学习费用，导致子女教育消费较低。苏州、无锡、泉州等经济较发达城市流动人口的子女教育支出也远低于长沙和武汉。

表 3-16 在流入地的子女教育消费支出

单位：元

项目	上海	武汉	长沙	西安	苏州	无锡	泉州	咸阳	总体均值
1 个子女	591	637	697	534	474	419	417	378	524
2 个子女	727	928	1047	728	680	641	472	670	734

六、请客送礼支出

请客送礼是人们进行社会交往的重要方式。这方面的消费支出可以反映流动人口在社会支持网络建构等方面的有关情况。流动人口每年请客送礼支出的均值为 1341 元，[①]占流入地家庭总收入的 1.97%，可见中国人常见的人情问题在流入地给流动人口带来的压力不是很大。

分城市来看（见表 3-17），请客送礼支出也具有地域属性。上海、苏州等经济发达城市仍位居前列，武汉和长沙甚至是西安的两倍。无锡和泉州也远高于咸阳。从问卷的技术说明来看，流动人口请客送礼的支出就是人情支出。所谓“人情”，是在乡土社会“关系网”内习俗所认可的人际交往准则，是有关系的双方进行的互换劳务和物品，其并没有随着农业生产方式的变化而消失，反而起着加强人们之间的联系，建构所需要的社会支持网络，

① 这里的请客送礼是指流动人口在流入地的家庭成员在 2012 年一年中在流入地发生的用于请客送礼的支出，比如朋友孩子满月的礼金、过年给孩子们的压岁钱、参加朋友婚礼随的礼金、与朋友日常礼尚往来的支出、自家办喜事或搞庆祝活动请客的支出等。注意强调是在流入地发生的支出。

尤其是对农村家庭具有非正式保障的作用[①]。虽然流动人口在流入地用于请客送礼的支出较少,占家庭收入的比例还不足2%,但从人情消费的社会属性来看,这可能表明流动人口在流入地的社会支持网络较少,他们不需要很多人情消费去维持或拓展社会网络。

七、医疗相关支出

医疗支出可以反映出家庭负担的轻重,由于2013年动态监测调查的对象是15~59周岁处于劳动力年龄的人口,受访者的医疗支出的均值并不是很高,全年只有388元,如果把其他家庭成员医疗费用考虑在内,流动人口家庭全年医疗相关支出费用的均值为990元。其中,上海、武汉、苏州和无锡超过千元,而长沙、西安、泉州和咸阳则相对较低(见表3-17)。

表3-17 流动人口的请客送礼和医疗费用支出 单位:元

项目	上海	武汉	长沙	西安	苏州	无锡	泉州	咸阳	总体均值
请客送礼	1583	1536	1599	768	1575	1254	1257	605	1341
医疗支出	1132	1192	840	926	1005	1071	915	626	990

八、汇款

本书所使用的"汇款"一词,是泛指农民工寄回和带回家乡的钱,包括给夫妻双方老家的钱和物。由于"寄回和带回""钱和物"

① 参见曹锦清、张乐天:《传统乡村的社会文化特征:人情与关系网——一个浙北村落的微观考察与透视》,载《探索与争鸣》1992年第2期;黄玉琴:《礼物、生命仪礼和人情圈——以徐家村为例》,载《社会学研究》2002年第4期;易行健、张波等:《家庭社会网络与农户储蓄行为:基于中国农村的实证研究》,载《管理世界》2012年第5期。

等表达起来比较啰嗦，本研究借鉴李强的定义，称之为“汇款”。[①] 汇款的多少不仅是外出农民工挣钱能力的象征，还是他们与家乡联系程度的体现。笔者认为，汇款金额高，表示外出农民工与老家的联系紧密，老家需要赡养或抚养的人口多，或用于在老家建房或买房，可能说明这部分流动人口的回迁意愿高，在流入地的融合度较低。反之，汇款金额低，则表明流动人口与家乡的联系松散，回迁意愿低，在流入地的社会融合度较高，定居的可能性较高。汇款也是流动人口消费支出的重要组成部分。

仅从汇款金额来看（见表3－18），泉州、无锡和苏州流动人口的汇款金额最高，均值都在8000元以上，而武汉和西安的最少，分别为3131元和4384元。上海、长沙和咸阳都在7000多元。计算汇款金额占流动人口家庭在流入地年收入的比例后，本研究发现，虽然咸阳的汇款金额不是最高，但其比例最大，达到15.65%。表明咸阳的流动人口将更多的收入带回了家乡，而不是用于在流入地的消费。武汉的汇款占收入比的比例最低，仅为4.90%，说明武汉流动人口需要反馈家乡的较少，与家乡的联系较少，其社会融合度可能比较高。西安的流动人口汇款占收入的比重也仅为8.86%。武汉、西安等城市流动人口的汇款较少，说明与家庭的联系程度较低，留在流入地的可能性较大。上海、长沙、苏州、无锡和泉州等城市流动人口给老家的汇款占家庭收入的比例也都达到12%以上。总的来看，除武汉和西安这两个省会城市以外，流动人口把12%～15%的收入都寄回或带回了家乡。

---

① 参见李强：《中国外出农民工及其汇款之研究》，载《社会学研究》2001年第4期。

表 3－18　汇款及其占流入地家庭收入的比重

项目	上海	武汉	长沙	西安	苏州	无锡	泉州	咸阳	均值
汇款金额/元	7331	3131	7030	4384	8106	8440	8204	7573	6878
占家庭收入比/%	12.05	4.90	12.70	8.86	13.42	14.35	14.62	15.65	12.01

第三节　流动人口在流出地的消费支出特征

一、流出地消费支出现状

流动人口在流出地的消费水平不仅反映了与老家联系的紧密程度，甚至对流动人口在流入地的消费水平也有一定的影响。调查显示，流动人口在老家总支出的均值为 10,819 元/年。分城市来看，在老家总支出金额最高的是泉州，达到 18,809 元/年。其次是长沙、苏州和上海，均达到 1 万元以上。最低的是武汉，仅为 5646 元/年。

从四分位数来看（见表 3－19），第一四分位数为 2000 元，第二四分位数为 7000 元，第三四分位数为 15,000 元，这表明，有 1/4 的流动人口其老家的消费支出超过了 15,000 元，在老家的消费水平较高。

表 3－19　流出地的家庭消费支出水平　　单位：元

项目	均值	标准差	第一四分位数	第二四分位数	第三四分位数
家庭年支出	10,819	13,564	2000	7000	15,000

二、流出地消费行为的特征

(一)户籍性质、流出地区与消费水平

从户籍性质来看,具有农业户口的乡城流动人口在家乡的消费支出为10,450元,具有非农业户口的城城流动人口在家乡的消费支出为13,734元。可见,城城流动人口在家乡的消费支出高于乡城流动人口。

从流出地的区域来看,老家在东部地区的消费水平最高,为11,995元/年,中部地区为10,492元/年,略低于西部地区的10,516元/年。

(二)流出地的家庭特征与消费水平

从在家乡的子女数量来看(见图3-4),有1个或2个及以上子女的流动人口家庭,在流出地的消费水平分别比没有子女的高2516元和3477元。有1个或2个及以上正在上学的子女的,其在流出地的消费水平分别比没有子女在上学的高2402元和3984元。可见,流出地的子女数量、在学子女数量都会导致留守家庭消费支出的增加。

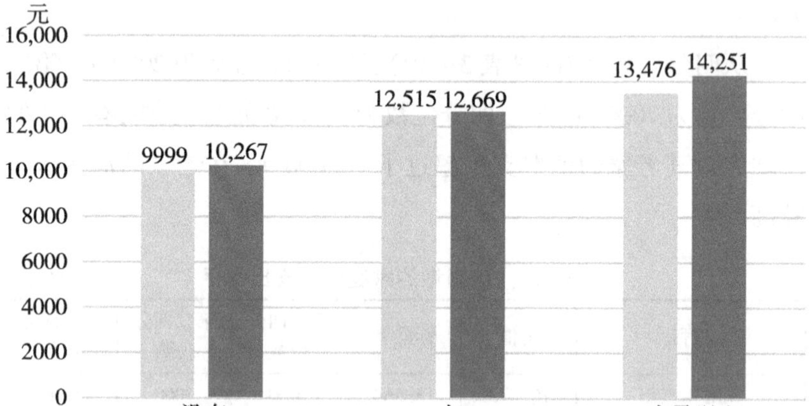

图3-4　流出地的子女数、在学子女数与消费支出

（三）住房、土地状况与流出地的消费水平

从家乡的住房面积来看，在家乡没有住房的消费支出最低，这些支出可能是回乡探亲或人情往来的支出。家乡住房面积在300平方米以上的，消费水平最高，为13,591元。150平方米及以下、151～300平方米的位居其中。从家乡的土地面积来看，对农业户口的流动人口来说，在家乡没有土地的消费水平最低，为8582元；有10亩以上土地的消费支出最高，为12,018元。有5亩以下、5.1～10亩的土地，家乡消费支出分别为10,410元和11,530元（见表3－20）。可见，有土地的流动人口家庭，在流出地的消费支出更多。

表3－20　在流出地的住房和土地情况与消费水平　　单位：元

住房面积				土地面积			
无	150平方米以下	151～300平方米	300平方米以上	无	5亩及以下	5.1～10亩	10亩以上
4132	10,311	11,576	13,591	8582	10,410	11,530	12,018

注：此表中土地与消费的关系不包括非农业户口的样本。

第四节　流动人口与城镇居民消费行为的比较分析

前文对流动人口的消费支出水平和消费结构进行了描述性分析。那么，与城镇居民相比，流动人口的消费水平处于何种状况呢？本小节将把流动人口在流入地的消费水平与城镇居民进行比较研究，从收入水平、人均消费支出、平均消费倾向等角度判断分析流动人口的消费行为处于何种水平。

一、流动人口的收入水平与城镇居民差距不大

(一)流动人口在流入地的收入水平

研究消费问题就不得不分析解流动人口的收入情况。凯恩斯认为,收入是影响消费的决定性因素。动态监测调查了流动人口在流入地的个人月收入和家庭月收入,包括工资收入、经营收入、财产收入和转移收入等。

从个人收入来看,8 个城市所有调查对象的月收入均值是 3192 元,转换成年收入为 38,304 元/年。各个城市间的差距不是很大,最高的是苏州,均值为 3404 元/月,最低的是西安,均值为 2936 元/月,两者相差 468 元/月(见表 3-21)。

从家庭月收入来看,8 个城市所有调查对象的均值是 5771 元(见表 3-21)。其中,上海以 6494 元高居榜首,咸阳以 4503 元排在最后。在省会城市中,武汉和长沙则分别以 5840 元、5723 元排在前列,而西安则以 4778 元居后。在沿海经济发达城市中,苏州的流动人口家庭以 6298 元仅次于上海,排在第二,无锡以 5960 元排在第三。泉州的流动人口每月 5415 元的家庭收入不仅低于苏州和无锡,也低于武汉和长沙,仅略高于西安和咸阳。把家庭月收入转化成年收入来看,与个人年收入相比,流动人口的家庭年收入存在两个问题。一是家庭年收入的差距更大,最高的上海比最低的咸阳高出 23,892 元;二是东部、中部和西部地区间的差距扩大,呈现出东部的上海、苏州、无锡为一级,中部的武汉、长沙为一级,西部的西安、咸阳为一级的阶梯性特征。

表 3－21 流动人口在流入地的收入水平 单位:元

项目	上海	武汉	长沙	西安	苏州	无锡	泉州	咸阳	均值
个人月收入	3388	2954	3353	2936	3404	3083	3039	3159	3192
个人年收入	40, 656	35, 448	40, 236	35, 232	40, 848	36, 996	36, 468	37, 908	38, 304
家庭月收入	6494	5840	5723	4778	6298	5960	5415	4503	5771
家庭年收入	77, 928	70, 080	68, 676	57, 336	75, 576	71, 520	64, 980	54, 036	69, 252

注:这是所有调查对象的月收入均值,包含没有工作的调查对象。此外,由于动态监测 8 个城市的社会融合专项调查中,上海只选取了松江区,可能造成一定的偏差,使得上海流动人口的个人月收入低于苏州。

(二)流动人口人均年收入与城镇居民的比较

从图 3－5 中可以看出,流动人口人均年收入最高的是上海,[①]为 35, 936 元/年,苏州、无锡和泉州紧随其后,最低的是武汉,为 25, 220 元/年。与流入地城镇居民人均收入相比,长沙和咸阳流动人口的人均年收入略高于城镇居民;与城镇居民收入差距最大的是无锡,比城镇居民低 10, 369 元/年。总的来看,流动人口的人均年收入主要位于流入地城镇居民和农村居民之间,虽然大多数都低于流入地城镇居民,但远高于当地的农村居民。

从流动人口人均年收入占城镇居民人均年收入的比例来看,上海、武汉、长沙、西安、苏州、泉州和咸阳这 7 个城市流动人口的人均收入占城镇居民的百分比都在 80% 以上,长沙和咸阳还超过了城镇居民。只有无锡略低,为城镇居民的 73. 41% 。从与城镇居民人均年收入的比较可以看出,流动人口的收入并不低,大约占城镇居民收入的八成以上。

① 流入地人均年收入 = 流入地家庭月收入/流入地家庭成员人数 × 12。

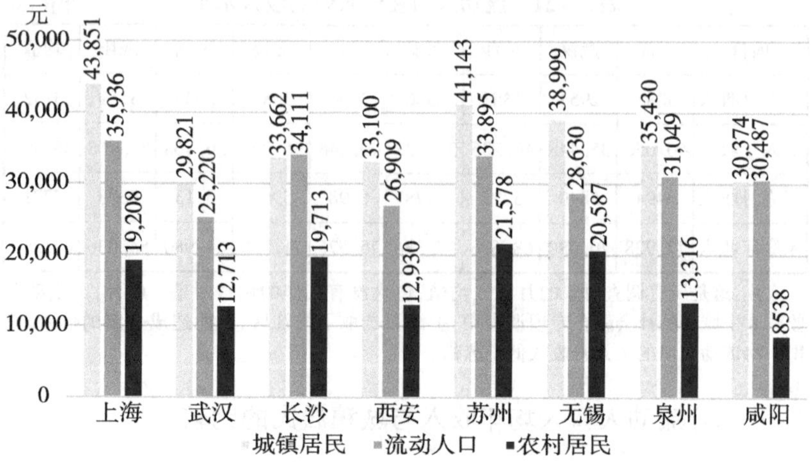

图 3－5　流动人口与城镇居民、农村居民收入的比较

资料来源：此图中，流动人口人均年收入由 2013 年动态监测调查数据计算得出，城镇居民、农村居民的人均年收入从各地统计公报，年鉴中查阅。

二、流动人口的消费支出远低于城镇居民

与流入地户籍居民人均消费支出进行比较后发现，不同类型的城市，流动人口的消费支出水平与当地居民消费存在较大差异，但都低于城镇居民，有的还低于农村居民。

在特大城市上海，流动人口的消费水平处于城镇居民和农村居民之间，流动人口的消费水平远低于城镇居民，略高于农村居民；流动人口的消费支出仅为城镇居民的 52. 88％。在武汉、长沙、西安等省会城市流动人口的消费支出也处于城镇居民和农村居民之间，但是与城镇居民的差距没有上海那么大；流动人口的消费支出分别为城镇居民的 64. 50％、75. 66％和 56. 97％。在长三角城市苏州和无锡，流动人口的消费支出分别为当地城镇居民的 55. 39％和 46. 34％，流动人口的消费支出不仅低于当地城镇居民，还低于农村居民。从表 3－22 中可以看出，苏州和无锡的农村居民消费

支出是8个城市中最高的，导致流动人口的消费水平低于当地的农村居民。泉州和咸阳流动人口的消费水平也位于城镇居民和农村居民之间，分别为城镇居民的62.08%和66.76%。总的来看，流动人口的消费支出远低于城镇居民，其消费支出为城镇居民的40%~70%，尤其是在苏州和无锡，流动人口的消费支出还低于当地的农村居民。

表3－22　流动人口人均年消费支出与流入地户籍居民的比较

人均年消费支出	上海	武汉	长沙	西安	苏州	无锡	泉州	咸阳
城镇居民/元	28,155	20,157	22,346	23,848	25,197	25,392	21,670	18,094
流动人口/元	14,888	13,002	16,908	13,587	13,956	11,766	13,452	12,079
农村居民/元	13,425	9127	11,586	8780	16,251	14,147	9526	6057
占城镇居民支出比/%	52.88	64.50	75.66	56.97	55.39	46.34	62.08	66.76

三、流动人口的平均消费倾向远低于城镇居民

凯恩斯的边际消费倾向（Marginal Propensity to Consume，MPC）理论阐述了收入和消费的关系，由于存在边际消费倾向随收入的增加而递减的规律，随着人们收入的提高，其消费率将会下降；此外，由于高收入阶层的边际消费倾向要比低收入阶层低，所以，收入分配差距的扩大会进一步降低整个社会的平均消费倾向。吴晓明、吴栋认为，收入分配状况是否能够影响人们的消费倾向和消费需求，与边际消费倾向是否和收入水平相关有很大的关系。[①] 时至今日，在关于边际消费倾向递减规律是否存在的问题上，各学

① 参见吴晓明、吴栋：《我国城镇居民平均消费倾向与收入分配状况关系的实证研究》，载《数量经济技术经济研究》2007年第5期。

派之间还存在争议。就我国居民收入和消费的研究表明,边际消费倾向与收入水平之间存在负相关关系,改善居民收入的分配状况,在一定程度上能提高平均消费倾向,从而能够扩大有效需求、提高总消费额。因此,本研究采用平均消费倾向而不是边际消费倾向分析流动人口的消费问题。所谓平均消费倾向(Average Propensity to Consume, APC),是指任一收入水平上消费支出在可支配收入中的比率,用公式可以表示为:APC = C/Y。

从平均消费倾向来看(见图 3 - 6),8 个城市城镇居民的平均消费倾向为60% ~70%,而流动人口则为40% ~50%,约比城镇居民低二十个百分点。从上文的分析中我们可以看出,流动人口的人均收入不低,约为城镇居民的八成,而平均消费倾向却比城镇居民低两成,他们远没有达到应有的消费水平。哪些原因导致流动人口在流入地收入不低但是平均消费倾向较低的局面值得深入研究。

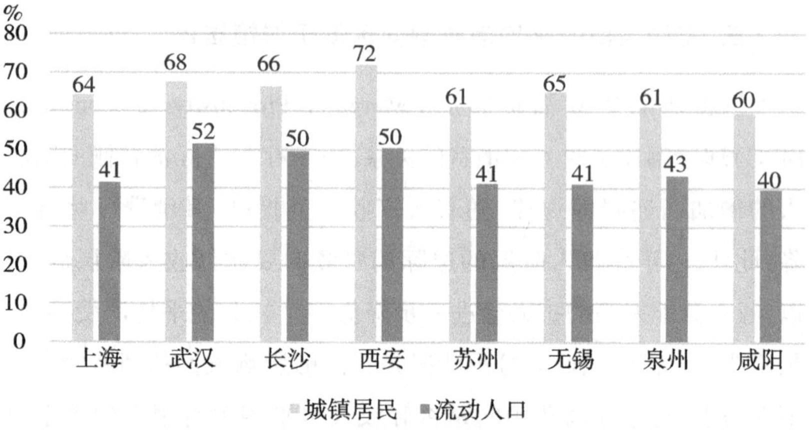

图 3 - 6　流动人口与城镇居民的平均消费倾向

从前文分析的流动人口上一年给家乡的汇款情况可知,除武汉和西安这两个省会城市以外,流动人口把 12% ~15% 的收入都寄回或带回了家乡。由于部分家庭成员(如父母、子女等)还在家乡,流动人口家庭还需要在家乡进行消费,剔除家乡消费支出为0的样本外,上一年家乡消费支出的均值为13,182元。分户籍性质来看,农业户口的在家乡的消费支出为126,995元,非农业户口的为17,093元。分地区来看,流出地为东部地区的流动人口家庭在家乡的消费支出为14,571元、中部地区为13,240元、西部地区为11,995元。由此我们可以看出,无论农业户口还是非农业户口,无论来自东部地区、中部地区还是西部地区,上一年度流动人口在家乡的消费支出均在万元以上。因此,先简单地把流动人口在家乡的消费支出分为两类:没有支出和有支出,与流入地的消费支出进行交叉分析,可以发现,在家乡没有消费支出的流动人口,其在流入地的消费支出要高于在家乡有消费支出的人群。因此,笔者推断,流动人口在家乡的消费制约了其在城市的消费,他们与家乡的密切联系,导致其不得不降低在流入地的消费水平,陷入了消费的二元困境中。即,在流入地不得不降低消费支出,在流出地不得不进行必要的消费支出。杨云彦、谭江蓉等(2014)认为,流动人口在城市节约日常支出,在家乡的消费支出除日常生活支出外,甚至还会进行炫耀性消费,以获得邻居和亲朋好友的认可和尊重,这表明流动人口消费陷入了一定的困境。[①] 本研究也从数据分析中发现,流动人口确实在一定程度上陷入了消费困境。

① 参见杨云彦、谭江蓉、褚清华:《留城还是返乡:流动人口的消费困局与社会融合》,华中科技大学出版社2014年版,第89~90页。

本章小结

本章首先从职业特征、家庭特征、流动特征等角度分析了流动人口在流入地的消费支出水平，分城市进行了比较，然后又分析了流动人口在流出地的消费行为。研究发现，流动人口家庭月消费总支出为2587元，人均消费支出水平为每月1045元，仅为城镇居民家庭的六成左右，在流入地的消费水平仍然偏低。具体研究结论如下。

（1）从职业特征来看，雇主的家庭消费水平较高，雇员的消费水平都比较低。专业技术人员和办事员、经商的消费支出最高，生产制造及有关人员的消费支出最低。科教文卫等行业的流动人口消费支出最高；在制造业、住宿餐饮业工作的流动人口消费支出低。个体工商户的消费水平最高，在私营企业工作的消费支出最低，不过不同单位性质之间的差距不大，还不到200元。从家庭特征来看，虽然越多的流入地的家庭成员人数，降低了人均消费支出，但是提高了家庭总支出，子女在流入地的家庭，消费支出显著高于子女不在当地的家庭。从流动特征来看，在流入地的定居性不是影响人均消费支出的重要因素，但是与家庭总消费支出呈逐渐上升的线性关系，在流入地居住的时间越长，家庭总消费的支出就越高。流动范围与流动人口的人均消费支出相差不大，不过就家庭总消费支出而言，省内跨市的流动家庭消费支出最高。

（2）从流入地的家庭消费结构来看，8个城市流动人口恩格尔系数的均值为43.46%，远高于城镇居民的35%。恩格尔系数最高的是泉州，为51.57%，食品消费支出超过了家庭消费支出的一半。

武汉、长沙和西安这三个省会城市的恩格尔系数最低，不到40%。房租占流动人口家庭总支出的23.54%。如将房租和食品消费支出相加，二者所占比例超过了家庭每月总支出的六成。流动人口对子女教育的投入较大，但是对自己和配偶的教育培训花费很少，近八成的流动人口在这一项上的支出几乎为零，流动人口在继续教育上的消费之低，将严重影响他们人力资本的提升。

（3）流动人口在老家总支出的均值为10,819元/年。泉州的流动人口，其留守家庭的消费支出最高，达到18,809元/年。其次是长沙、苏州和上海均达到1万元以上，最低的是武汉，为5646元/年。流出地在东部地区的流动人口，老家的消费支出最高。城城流动人口在家乡的消费支出高于乡城流动人口。有子女在老家的留守家庭的消费水平更高。

（4）虽然流动人口的人均年收入占城镇居民的80%以上，但是从平均消费倾向来看，8个城市城镇居民的平均消费倾向为60%～70%，流动人口为40%～50%，流动人口的平均消费倾向比城镇居民约低二十个百分点。

本章把流动人口在流入地的消费行为与当地城镇居民进行比较，再与流出地的消费行为相结合，用数据证实了流动人口中确实存在两栖性消费困境问题，后文将围绕这一核心问题展开。

第四章　流动人口消费行为的影响因素分析

上一章对流动人口在流入地和流出地的消费水平和消费结构进行了描述性分析，并将流入地的消费水平和当地城镇居民的消费水平、平均消费倾向进行比较后发现，流动人口的平均消费倾向远低于城镇居民，并提出了流动人口的消费行为存在两栖性问题。本章将主要研究流动人口在流入地和流出地的消费行为的影响因素，即哪些因素对流入地的消费行为有促进或制约作用，哪些因素左右了流动人口在流出地的消费行为。

第一节　流入地消费行为的影响因素分析

一、研究设计

（一）变量的选取

桑德斯(Peter Saunders)曾指出，家庭消费能力主要取决于家庭成员的挣钱能力、自我供给能力、享有的政府公共服务权利三大因素，尤其是政府在满足人们对教育、住房、交通和医疗等基本消费需求上所起的作用非常关键。[①] 本章将采用绝对收入理论、生命周期假说、持久收入假说和预防性储蓄假说等理论的主要思想对流动人口消费行为的影响因素进行实证研究。既有研究大都认为户主年龄、家庭规模和人口结构、持久收入、未来收入的不确定性、家庭财富是影响人们消费需求的主要因素。流动人口也不例外。由于流动人口还与流出地保持着密切的联系，甚至一部分家庭成员还居住在老家。他们一方面需要在城市进行消费，另一方面又不得不通过汇款等形式维持其他家庭成员在流出地的消费。因此，流动人口在流入地消费行为的影响因素非常复杂，既要考虑个体层面的因素（如户主的人口学特征）和家庭特征（如家庭规模、家庭结构、收入水平、财富水平等）；也要把流动人口的长期迁移意愿、与家乡的联系等因素包括在内。

1. 被解释变量

本章用消费支出水平代表流动人口的消费行为并进行回归分析。结合研究需要和 2013 年动态监测数据的具体情况，在上一章描述性分析的基础上，本章第一节把流动人口在流入地的人均消费水平和家庭消费水平都作为被解释变量。为了便于和后文进行比较，把月消费支出转化为年消费支出。即因变量为流入地的人均年消费支出和家庭年消费支出。[②]

---

① 参见［英］彼得·桑德斯：《社会理论与城市问题》，郭秋来译，江苏凤凰教育出版社 2018 年版，第 266 页。

② 人均年消费支出 = 家庭月消费支出/流入地家庭人数 × 12；家庭年消费支出 = 家庭月消费支出 × 12。

2. 主要解释变量

人口学特征。性别、年龄、婚姻状况、受教育程度、户口、收入、定居性、流动范围都是户主特征的重要体现。借鉴家庭生命周期理论和已有研究,本书也将户主年龄作为家庭年龄的代理变量,但是从代际视角对新老两代流动人口进行比较分析。本书以1979年为界,将改革开放后出生的视为新生代,之前的视为老一代,即2013年调查时35岁及以上的为老一代流动人口,35岁以下的为新生代流动人口。[①] 既有研究关于婚姻状况对农民工消费的影响没有统一的定论,有的文章认为已婚促进了消费,也有的文章认为婚否与农民工消费呈反向相关关系。[②] 受教育程度对消费的正向影响已基本形成定论,受教育程度越高,消费水平也就越高。虽然学术界对农民工的消费问题进行了大量研究,却忽视了大量的非农业户口流动者。在对8个城市的专项调查中,11.25%的流动人口是非农业户口。流动时间和工作时长也与消费水平有一定关系,在外流动时间和在流入地连续工作的时间越长,流动人口的家庭消费水平将会越高。[③]

职业特征。冯虹、李晨曦认为,随着农民工的职业身份由普通雇员转变成自营劳动者,甚至成为雇主,其社会关系网络也会变得

---

① 学术界通常将农民工分成新老两代进行比较,多数学者采用王春光的定义,即1980年及以后出生的农民工为新生代农民工,之前的为老一代农民工。为了便于比较,本研究也以代际为视角,将流动人口分成老一代和新生代两类。笔者在此基础上进行了微调。

② 参见孔祥利、粟娟:《我国农民工消费影响因素分析——基于全国28省区1860个样本调查数据》,载《陕西师范大学学报(哲学社会科学版)》2013年第1期;冯虹、李晨曦:《新型城镇化过程中农民工消费水平影响因素分析——基于2013年〈中国流动人口动态监测〉》,载《北京联合大学学报(人文社会科学版)》2016年第3期;刘伟:《基于WLS的中国农民工消费影响因素分析》,载《统计与决策》2011年第13期。

③ 参见谭苏华、朱宇、林李月等:《流动人口家庭的城市消费及其影响因素——基于全国流动人口动态监测调查数据》,载《人口与发展》2015年第1期。

愈加复杂,如原来只需要处理好和同事、主管的关系,在成为自营劳动者甚至雇主后,则需要面对更多的社会关系。这就需要增加消费支出以便建立、维护和发展更多的社会关系以促进事业的提升。① 孔祥利、粟娟也认为,工作职位变量与农民工消费呈正相关,具有中等管理职位以上的农民工要比非中等管理职位以上的农民工每年多支出数百元。② 虽然大多数流动人口仍在生产制造业、社会服务业的一线工作,但也有不少已经走上管理岗位和技术岗位。因此,把职业身份、职业类别和单位行业作为解释变量带入模型中是非常有意义的。

家庭特征。家庭收入是影响消费的最重要因素。李凯、曹广忠认为,未来收入的不确定性对农民工家庭在城市的消费行为影响显著,在城市所从事的工作越稳定,面临的收入的不确定性风险越弱,农民工家庭在城市的消费支出就越高。③ 家庭迁移模式也是分析流动人口家庭消费时必须考虑的因素,不仅对流入地的家庭消费水平会有影响,而且对个人消费也有影响。夫妻共同流动虽然会提高家庭的消费支出,但由于可以分担房租、伙食费,可能会降低人均消费支出。子女随迁尤其是有正在上学的子女,则会增加一笔较高的子女教育费用。

社会保障。社会保障因素可以考察外在的社会制度对流动人口的消费是否产生影响。从预防性储蓄理论可以推断,流动人口会因为收入的不确定性而有目的地进行预防性储蓄,而社会保障

---

① 参见冯虹、李晨曦:《新型城镇化过程中农民工消费水平影响因素分析——基于2013年〈中国流动人口动态监测〉》,载《北京联合大学学报(人文社会科学版)》2016年第3期。

② 参见孔祥利、粟娟:《我国农民工消费影响因素分析——基于全国28省区1860个样本调查数据》,载《陕西师范大学学报(哲学社会科学版)》2013年第1期。

③ 参见李凯、曹广忠:《农民工家庭城乡消费决策的影响因素——基于东部9城市抽样调查数据的分析》,载《人口与发展》2012年第5期。

制度能在一定程度上降低预防性储蓄的比例，进而提高人们的消费支出水平。[①] 卢海阳调查发现，养老、医疗、失业保险对农民工家庭在城市的消费具有显著的正向影响，工伤保险的影响却为负向。[②] 秦晓娟则认为城市的社会保障对农民工消费水平的提高没有显著影响，这是由于在农民工群体中，城市的医疗、养老等保障等的覆盖率太低，没能发挥城市社会保障应有的作用。[③] 本书将考察参加城镇职工养老保险、医疗保险、工伤保险和失业保险，对流动人口消费水平的影响。

身份认同。消费，实质上是人们对某种身份认同的消费。身份认同决定人们的消费行为，人们总是选择与自己所认同的群体（参照群体）相一致的消费行为方式或仿效社会阶层更高群体的消费行为。[④] 通常来说，流动人口的身份认同可以分为三类，第一类是认同自己是城里人（流入地人），第二类是认同自己是老家人（流出地人），第三类是不知道是自己哪里人。第三类主要是流动人口长期在流入地工作和生活，感觉自己好像是城里人，但是在流入地没有住房、户口和社保，好像自己还是流出地人，这就对自己的身份产生了困惑。不同的身份认同将会对流动人口在流入地的消费产生影响。如果认为自己是流入地人，那么就会把较多的收入用于在城市的消费，当然也有可能为了能在流入地购置房产而节约

① 参见冯虹、李晨曦：《新型城镇化过程中农民工消费水平影响因素分析——基于2013年〈中国流动人口动态监测〉》，载《北京联合大学学报（人文社会科学版）》2016年第3期。

② 参见卢海阳：《社会保险对进城农民工家庭消费的影响》，载《人口与经济》2014年第4期。

③ 参见秦晓娟：《城市对中国农民工消费行为影响的实证分析》，载《经济问题》2014年第9期。

④ 参见谭江蓉、徐茂：《城市融入背景下流动人口消费行为的影响因素——以重庆市为例》，载《城市问题》2016年第1期；杨云彦、谭江蓉、褚清华：《留城还是返乡：流动人口的消费困局与社会融合》，华中科技大学出版社2014年版，第136～137页。

消费支出。如果认为自己仍是流出地人，那么就会将较多的收入进行储蓄，用于在家乡养育儿女、赡养老人，甚至以备自己将来养老之用。个体的身份认同能够显著地影响农民工的文化娱乐消费，拥有市民身份认同的农民工有着更高的文化娱乐消费支出水平。[①] 本书把长期居住意愿、户口迁入意愿、养老和建房购房地点的选择作为身份认同的代表。

流出地的拉力。对绝大多数流动人口来说，虽然他们已经在外工作和生活多年，甚至举家迁移到城镇，但是他们仍然与流出地保持着千丝万缕的联系。家乡还有父母、子女和祖辈等亲人，及亲戚朋友、承包地、宅基地和房屋等。汇款也是家乡拉力的重要体现，是流动人口在流入地和流出地之间的纽带。由于多数农民工长期在外打工生活，所得收入除用于本人和在流入地的家庭成员日常消费外，同时也会把相当一部分用于储蓄，将其寄回或带回老家供留守在家乡的家人消费或作为未来长远消费的储备。这种收入的转移抑制了农民工在城市的消费。[②] 那么，汇款究竟在多大程度上影响流动人口在流入地的消费支出，是否存在线性关系？此外，家乡有无子女也是老家拉力的重要体现。

（二）模型的设定

由于被解释变量人均年消费支出和家庭年消费支出都是连续变量，因此本书采用线性回归模型研究流动人口消费水平的影响因素。考虑到前文把影响因素分为人口学特征、职业特征、家庭特征、社会保障、身份认同、家乡的拉力 6 类，因此线性回归的基准模

---

① 参见钱龙、卢海阳、钱文荣：《身份认同影响个体消费吗？——以农民工在城文娱消费为例》，载《南京农业大学学报（社会科学版）》2015 年第 6 期。

② 参见于丽敏：《农民工消费行为影响因素研究》，中南大学 2010 年博士学位论文，第 77 页。

型可以表示为：

$$\ln C = \alpha_0 + \beta_1 person + \beta_2 profession + \beta_3 family + \beta_4 security + \beta_5 identity + \beta_6 homepull + \mu \quad (1)$$

其中 C 表示被解释变量流动人口的消费支出，person 表示人口学特征，profession 表示职业特征，family 表示家庭特征，security 表示社会保障因素，identity 表示身份认同因素，homepull 表示家乡的拉力，μ 代表随机误差项。

人口学特征包括性别、年龄、婚姻状况、受教育程度[①]、户口、收入、定居性、流动范围 8 个变量。职业特征包括职业身份、职业类别、单位行业、单位性质 4 个变量。家庭特征包括家庭收入、夫妻是否共同流动、子女是否随迁、在学子女数 4 个变量。社会保障因素包括城镇职工养老保险、基本医疗保险、工伤保险和失业保险的参保情况 4 个变量。[②] 身份认同因素包括身份认同、长期居住意愿、户口迁入意愿、养老和建房购房地点的选择 5 个变量。[③] 家乡的拉力包括家乡所在地区（东部、中部、西部）、老家住房面积、有无土地、在老家有无子女、在老家上学的子女数和汇款 6 个变量。

如果将上述所有变量都加入模型中，可能会导致模型出现多重共线性问题，因此需要对模型进行检验和修正。如长期居住意

① 由于大学本科及以上的样本数量很少，在进行模型分析时把大学专科和大学本科及以上合并为大学专科及以上，具体赋值见表 4－1。

② 没有把生育保险放入模型的原因是，在 8 个城市的专项调查中，仅有 7.54% 的调查对象回答有生育保险，且都是女性。按照规定，用人单位应该为职工缴纳生育保险，无论男女。

③ 2013 年动态监测调查了流动人口的身份认同问题，并把身份认同分为 4 类，即本地人、新本地人、老家人和不知道自己是哪里人。为了便于比较，本书把这个问题设置成是否认同自己是本地人，把本地人、新本地人合并，老家人和不知道自己是哪里人合并。

愿和户口迁入意愿之间的相关系数为0.43,具有中等相关性,户口迁入意愿对消费支出的影响也不显著。在老家有无子女和正在老家上学的子女数存在共线性关系,所以用在老家有无子女表示老家的子女情况。由于样本中有11.25%的城城流动人口,他们在家乡没有土地,所以没把土地作为解释变量放入模型。结合逐步回归结果,把单位性质、户口迁入意愿、老家上学子女数、哪里养老、有无土地等不显著的变量去掉。样本的基本情况见表4-1。

表4-1　样本的基本情况描述

变量名称	变量值	均值	标准差
性别	男性=1,女性=2	1.47	0.50
代际	老一代=1,新生代=2	1.59	0.49
户口性质	农业=1,非农业=2	1.11	0.32
婚姻状况	未婚=1,已婚=2,离异或丧偶=3	1.81	0.42
受教育程度	小学及以下=1,初中=2,高中或中专=3,大专及以上=4	2.35	0.82
流入时间	连续变量	4.43	4.33
流动范围	跨省流动=1,省内跨市=2,市内跨县=3	1.52	0.65
就业身份	雇员=1,雇主=2,自营劳动者=3,家庭帮工=4,没有工作=5	1.99	1.33
职业类别	专业技术和办事人员=1,经商=2,社会生产生活服务人员=3,生产制造及有关人员=4,其他=5,没有工作=6	3.44	1.25
单位行业	制造业=1,建筑业=2,住宿餐饮社会服务业=3,批发零售业=4,科教文卫等行业=5,交通运输业等其他=6,没有工作=7	3.16	2.03
夫妻是否共同流动	否=0,是=1	0.76	0.43
子女是否随迁	否=0,是=1	0.48	0.50
家庭人均年收入	取对数	10.21	0.51
家庭年收入	取对数	11.00	0.52
养老保险	没有=0,有=1	0.23	0.42
医疗保险	没有=0,有=1	0.24	0.43

续表

变量名称	变量值	均值	标准差
失业保险	没有 =0,有 =1	0.18	0.39
工伤保险	没有 =0,有 =1	0.25	0.43
身份认同	本地人/新本地人 =1,否 =0	0.48	0.50
长期居住意愿	1 = 愿意,0 = 不愿意	1.56	0.50
本地购房意愿	1 = 愿意,0 = 不愿意	0.27	0.44
家乡有无住房	没有 =0,有 =1	0.98	0.15
家乡有无子女	没有 =0,有 =1	0.29	0.45
汇款	0 元 =1,5000 元以内 =2,5001 ~ 10,000 元 =3,10,001 ~ 50,000 元 =4	2.35	1.02

由于样本中有未婚、已婚未育、已婚已育等三类人群,有独自外出务工型、部分迁移型和举家迁移型,因此,结合家庭生命周期理论,在分析消费支出的影响因素时,把家庭年消费支出和人均年消费支出分别作为因变量来构建模型。

模型结果采取了多重共线性检验。一般来说,判断多重共线性的标准是:VIF 的最大值小于 10 和平均值大于 1,且两个标准必须同时满足。模型 1、模型 2 的 VIF 的平均值分别为 2.44 和 2.43,VIF 最大值均小于 10,说明这 2 个模型都不存在严重的共线性问题。使用怀特检验后发现模型存在异方差,于是采用稳健回归方法消除异方差对回归结果的影响。[①] 需要说明的是,为减少数据的波动与消除部分异方差,提高模型的平稳性与适用性,对因变量人均年消费支出、家庭年消费支出和解释变量个人月收入和家庭收入分别取自然对数。

① 参见陈强编著:《高级计量经济学及 Stata 应用》(第 2 版),高等教育出版社 2014 年版,第 93 页。

二、模型结果分析

从上一章对流动人口家庭在流入地消费结构的分析可以得出，恩格尔系数的均值为43.46%，食品消费仍然是流动人口家庭消费的主要支出。因此，本章把食品消费支出也作为被解释变量，与家庭年总消费支出、人均年消费支出进行印证。为了消除极端值的影响，对食品消费支出的两端在1%的水平上采用了缩尾处理，并对新生成的变量取对数后作为模型的因变量。VIF值为2.22和2.43，不存在共线性问题，模型可信度高。由此，得到了模型1、模型2和模型3共3个模型（见表4－2），模型的具体分析结果如下。

（一）个体因素对消费水平的影响

性别对流动人口的消费支出呈显著负向影响。以男性为参照，女性对人均年消费支出、家庭年消费支出和食品消费支出都具有负向影响。这与谭苏华等的研究结论不同，谭苏华等认为，女性流动人口的消费能力更强。[①] 本书认为，这可能与女性流动人口中未就业人口的比例高于男性有一定的关系。16.12%的女性流动人口没有工作，而男性没有工作的比例仅为3.38%。女性没有工作的原因主要是怀孕、哺乳、照顾家人等，如果随迁女性有工作的话，将会提高家庭收入，促进消费能力的提升。

从代际来看，相比老一代，新生代对流动人口的人均年消费支出、家庭年消费水平、食品消费支出均呈显著正向影响。新生代流动人口的消费水平略高于老一代流动人口。

---

① 参见谭苏华、朱宇等：《流动人口家庭的城市消费及其影响因素——基于全国流动人口动态监测调查数据》，载《人口与发展》2015年第1期。

户口性质对消费水平呈显著正向影响。城城流动人口的人均年消费支出和家庭年消费支出均高于乡城流动人口，但是户口性质对食品消费支出的影响并不显著。这表明城城流动人口比乡城流动人口具有更高的消费水平，不过在食品支出上，二者没有显著的差异。

已婚对流动人口的人均年消费支出呈显著正向影响，但是对家庭年消费支出和食品消费支出都没有显著影响。孔祥利、粟娟认为，已婚农民工比未婚农民工消费总额高。[①] 本研究认为已婚对人均消费支出有正向影响，对总消费支出没有影响，可能是未婚流动人口中有的与父母共同流动有关，而已婚流动人口需要更多地承担流入地的家庭责任有关。这也说明已婚流动人口在子女教育消费支出等方面面临较大的压力。这也与谭江蓉、徐茂对重庆市流动人口的研究结论不同，该文认为已婚流动人口的平均消费倾向低于未婚流动人口，而与老家有着更多的经济联系，老家的消费比重更高。[②] 可见，婚姻状况对流动人口消费的影响具有地区差异性。

从受教育程度来看，相对小学及以下文化程度者而言，初中对消费支出没有显著影响，高中或中专对人均年消费支出和家庭年消费支出均具有显著正向影响，但是对食品支出没有显著影响。大专及以上对人均年消费支出、家庭年消费支出和食品消费支出都呈显著正向影响。

就流动范围而言，以跨省流动为参照，省内跨市对流动人口消费水平的影响更为显著，且呈正向影响。这与马红旗、陈仲常的研究结论基本一致。马红旗、陈仲常认为，“六普”时，我国低学历流

① 参见孔祥利、粟娟：《我国农民工消费影响因素分析——基于全国28省区1860个样本调查数据》，载《陕西师范大学学报（哲学社会科学版）》2013年第1期。

② 参见谭江蓉、徐茂：《城市融入背景下流动人口消费行为的影响因素——以重庆市为例》，载《城市问题》2016年第1期。

动人口的流动范围要相对高于高学历流动人口，这与理论上认为的学历越高流动范围越广泛的观点并不一致。这主要是由两个方面的原因导致的：一是我国劳动力市场制度性障碍比较严重，二是低学历劳动力供给量远大于高学历，不得不远离家乡，寻找工作机会。[①] 本研究亦认为，高素质的人口更容易在省内尤其是省会等省内经济发达城市找到更好的工作，不必进行跨省迁移。同时，人口流动受到跨越行政距离的影响，省内流动人口具有较强的“内部优势”，身份认同状况优于跨省流动人口，[②]也有可能把更多的收入用于消费，提高生活水平。模型结果显示，省内跨市迁移的流动人口消费能力比跨省流动的人均消费水平、家庭消费水平都更高。对食品支出是负向影响，也表明省内跨市迁移的消费水平更高，会把更多的收入用于食品以外的消费支出。而市内跨县的影响并不显著。市内跨县流动对人均消费支出具有正向影响，对食品支出为负向影响。这都表明，省内流动人口的消费水平相对高于跨省流动人口。

流入地居住时间对消费支出都具有显著正向影响。流入时间每增加一个单位，其家庭年消费支出，能增加 0.003 个单位。这表明，流动人口在流入地的定居性越强，消费水平就越高。这也有可能是流动人口在流入地的居住时间延长后，配偶、子女也迁移过来，使家庭消费水平提高。

（二）职业因素对消费支出水平的影响

就业身份对消费水平影响显著，雇主、自营劳动者、家庭帮工和无工作者都对人均消费支出和家庭年消费支出呈显著正向影

---

① 参见马红旗、陈仲常：《我国省际流动人口的特征——基于全国第六次人口普查数据》，载《人口研究》2012 年第 6 期。

② 参见杨菊华、张娇娇、吴敏：《此心安处是吾乡——流动人口身份认同的区域差异研究》，载《人口与经济》2016 年第 4 期。

响。以食品支出为因变量，只有家庭帮工和无工作者与雇员相比是显著的。可见，雇主、自营劳动者的消费水平要显著高于雇员，但高出部分不是多在食品支出上，而是用在了其他方面。家庭帮工和无工作者都呈显著正向影响，表明这类人群家庭经济能力较强，在食品和总消费支出上都有更高的消费支出。

职业类别也对流动人口的消费水平有一定影响。以专业技术人员和办事员为参照，经商对消费支出的影响并不显著，而社会生产和生活服务人员、生产制造及有关人员及其他人员都对流动人口的家庭年消费支出呈显著负向影响。这表明，与专业技术人员和办事员相比，社会服务和生产制造行业从业人员的消费水平较低。不过，这些职业类别对食品消费支出并没有显著影响。

从单位行业来看，以制造业为参照，建筑业、餐饮住宿业、批发零售业、科教文卫业、交通运输业等行业对流动人口的人均消费支出和家庭年消费支出都有显著正向影响。就家庭年消费支出来看，能提高3% ~10%。从食品支出来看，仅有餐饮住宿业的影响显著且呈负向影响，这可能与很多餐饮行业如饭店、酒店提供员工餐有关。

（三）家庭因素对消费水平的影响

收入是影响消费最重要的因素，对流动人口也不例外。由于流动人口中九成左右是有收入的就业人口，个人收入与人均年收入和家庭年收入存在一定的共线性，因此，本研究把人均年收入作为人均年消费支出的解释变量（见模型1），把家庭年收入作为家庭年消费支出和食品消费支出的解释变量（见模型2和模型3）。人均家庭年收入每增加一个单位，人均消费水平将提高0.616个单位；家庭年收入每增加一个单位，家庭年总支出将提高0.595个单位，食品消费支出也能提高0.467个单位。可见，在流动人口中，收入仍是影响消费水平的最重要因素。

从家庭迁移模式来看,夫妻是否共同流动对消费支出影响也非常显著。夫妻共同流动对家庭年总消费支出和食品消费支出都有显著正向影响,而对人均消费水平有显著负向影响。这可能是夫妻共同流动可以分担食品和房租上的支出,降低了人均消费支出。子女是否随迁对家庭年消费支出和食品支出都有显著正向影响,有子女随迁的家庭消费支出和食品支出都显著高于没有子女随迁的家庭。

(四)社会保障因素对消费水平的影响

参加养老保险和医疗保险对流动人口的家庭消费水平和食品支出没有显著影响。从理论上来说,参加社会保险,可以缓解流动人口的后顾之忧,相应地,消费水平也能得到提高。但是由于流动人口尤其是农民工的身份特殊,工作流动性强等特点,社会保险的异地转移手续复杂,甚至无法转移,导致很多流动人口宁愿拿到手的钱多一点,也不愿意缴纳社会保险。用人单位出于用工成本的考虑,也没有为流动人口缴纳社保的积极性。陈冬梅、袁艺豪认为,部分农民工可能与企业"合谋",通过隐瞒用工人数和实际工资等方法,与企业"分享"本应该上缴的社保费用,目的是提高个人的现期收入。[①] 流动人口是否参加城镇职工社会保险,与单位的性质、是否正规,以及流入地的经济发展状况、体制机制等都有密切关系。[②] 因此,是否参加养老保险、医疗保险对消费支出的影响不

---

① 参见陈冬梅、袁艺豪:《为什么社保改革后农民工参保率依然相对低?——以上海市杨浦区为例的实证研究》,载《上海经济研究》2014 年第 10 期。

② 参见韩枫:《城镇流动人口社会保障参保率的影响因素研究——基于京津冀流动人口动态监测数据的分析》,载《人口学刊》2016 年第 1 期;石人炳、陈宁:《城－城流动人口养老保险参保影响因素研究——基于全国流动人口动态监测数据的分析》,载《人口研究》2015 年第 4 期。

显著就可以理解了。

失业保险对人均年消费支出、家庭年总支出和食品支出都有显著正向影响,大约能提高 5 个百分点。由于失业保险的保费由个人和单位共同缴纳,在“民工荒”的背景下,失业问题可能并没有引起流动人口足够的重视,用工单位更不可能重视这个问题。因此,能缴纳失业保险的,可能都是流动人口中的精英群体。把有无参加失业保险与个人年收入进行交叉分析发现,有失业保险的流动人口,其个人年收入的均值要比没有失业保险的高近 7000 元。所以,参加失业保险对流动人口的消费水平呈显著正向影响是这部分人群的收入比较高导致的。

工伤保险对人均年消费支出和家庭年总支出都呈显著负向影响。分别将工伤保险和收入的均值、消费水平的均值进行交叉分析发现,参加工伤保险的流动人口,其收入水平和消费水平都低于没有参保人员。这可能是由于购买工伤保险的流动人口本来就收入较低,而不是购买了工伤保险导致消费水平偏低。流动人口从事建筑、生产制造等风险较高但报酬较低的行业比较多,发生工伤的概率较高,很多用人单位更有可能给他们购买工伤保险,以减轻甚至规避单位的责任。这就导致参加工伤保险的流动人口收入较低,消费水平也比较低。

本研究发现的失业保险影响为正、工伤保险影响为负,这与卢海阳的研究一致。[①] 因此,笔者认为,城镇职工社会保险对流动人口中不同群体消费支出的影响存在差异。

(五)身份认同对消费水平的影响

身份认同对家庭消费支出没有显著影响。杨云彦、谭江蓉等

---

① 参见卢海阳:《社会保险对进城农民工家庭消费的影响》,载《人口与经济》2014 年第 4 期。

认为，流动人口在身份认同这个问题上普遍存在模糊性和不确定性。[①] 流动人口身份认同的困惑来源于中国城市化的不彻底和某些制度性约束。流动人口在身份认同上的尴尬处境，使其摇摆于城乡之间，反映在消费水平上，认为自己是本地人或新本地人并不能将更多的收入用于消费，提升自己在流入地的消费水平。

长期居住意愿对消费水平呈显著正向影响。愿意长期居住的流动人口的消费水平更高。相比不愿意在本地购房的，愿意在本地购房的对人均年消费支出和家庭年消费支出也都呈显著正向影响。流动人口从农村到城市的迁移定居不仅是我国城镇化的战略目标，也是流动人口自身的奋斗目标。如果他们希望在流入地定居乃至购房，可能会节省开支，增加储蓄，以便能早日在流入地买房安家，实现举家迁移。如果流动人口不希望在流入地长期定居，在流入地的主要任务是挣钱，那么在流入地的消费会比较少，会把较多的收入用于抚养在家乡的子女或在家乡建房购房。

此外，笔者还把户口迁入意愿带入模型中进行了分析，发现户口迁入意愿对消费水平的影响并不显著。除了与长期居住意愿可能存在共线性以外，这也表明户口问题已不再对流动人口在流入地的消费行为有影响。甚至，在农村户口“越来越值钱”的情况下，很多乡城流动人口不愿意把户口迁到城市。

（六）家乡的拉力对消费水平的影响

城市居民的主要消费地在城市，农村居民的主要消费地在农村，而流动人口却要在流入地和流出地之间往返，不仅要在流入地消费，还要回到家乡消费，因此，与城市居民和农村居民不同，流动

① 参见杨云彦、谭江蓉、褚清华：《留城还是返乡：流动人口的消费困局与社会融合》，华中科技大学出版社2014年版，第88页。

人口的消费策略除了受到生命周期的影响外，还需要在流入地和流出地之间进行跨地域分配。流动人口工作和生活在城市，必然要在流入地进行消费。很多流动人口的消费支出仍以食品、住房等基本生活需要为主，他们的目的主要是挣钱带回老家供留守家庭使用，或者是进行预防性储蓄，以备将来供养子女上学、回乡建房购房或进行生产投资，消费行为在流出地发生得比较多。也有不少流动人口在城市的消费水平和消费结构层次都比较高，甚至还能超过一些城市户籍居民家庭的消费水平和结构层次。这部分流动人口的消费地点主要在流入地，他们只将很少的收入寄回家乡，甚至不再汇款回乡。从模型结果来看，家乡的拉力对流入地消费行为仍具有一定的制约，给家乡的汇款越多，就越会降低流动人口在流入地的消费水平。

家乡有无住房对流动人口在流入地的消费水平呈显著负向影响。家乡有住房的流动人口，其在流入地的消费水平低于家乡没有住房的。

有无子女在老家对人均消费支出和家庭年消费支出都呈显著负向影响，但是对食品消费支出没有影响。表明流动人口并不会通过降低食品这一生存型支出抚养远在家乡的子女，而是会减少其他不必要的支出。

汇款是最能体现流动人口与家乡联系程度的变量之一。汇款金额越高，与家乡的联系度越高。汇款来源于流动人口在流入地的劳动所得，可以有两种假设：假设一，流动人口给老家的汇款越多，越有可能降低在流入地的消费水平；假设二，汇款越多，说明流动人口在流入地的收入高，给家乡的汇款才能高，不会影响其在流入地的消费水平。由于汇款金额为 0 的比例达到 21.78%，不符合正态分布趋势，因此把汇款分成 0 元、1～5000 元、5001～10,000 元、10,001～50,000 元 4 组。模型结果显示，与没有给老家汇款的相比，汇款金额在 5000 元以内对流动人口在流入地的消费水平没有显著性影响，而汇款金额为 5001 ~ 10,000 元、10,001 ~ 50,000 元，都会对人均年消费支出和家庭年支出产生显著负向影响。这表明每年给老家少量的钱物（5000 元以内），不会制约流动人口在流入地的消费；但是寄往家乡的汇款越多，越会降低流动人口在流入地的消费水平。

综上所述，流动人口与家乡的联系越密切，如家乡有住房、有子女在老家、需要给家乡不菲的汇款，就会显著降低他们在流入地的消费水平（见表 4－2）。

表 4－2 流动人口在流入地消费水平影响因素的回归分析结果

项目	模型 1	模型 2	模型 3
	人均年消费支出	家庭年消费支出	食品支出
性别	－0.016 *	－0.020 * *	－0.049 * * *
代际（以老一代为参照）			
新生代	0.026 * * *	0.019 * *	0.037 * * *
户口（以农业户为参照）			
农业户	0.035 * * *	0.029 * *	0.016
婚姻状态（以未婚为参照）			
已婚	0.029 *	－0.012	0.005
离婚或丧偶	0.029	－0.049	0
受教育程度（以小学及以下为参照）			
初中	0.018	0.008	－0.002
高中或中专	0.043 * * *	0.031 * *	－0.017
大专及以上	0.103 * * *	0.091 * * *	0.051 *
流入时间	0.002 * *	0.003 * * *	0.010 * * *
流动范围（以跨省流动为参照）			
省内跨市	0.031 * * *	0.028 * * *	－0.039 * * *
市内跨县	0.023 *	0.017	－0.054 * *
就业身份（以雇员为参照）			
雇主	0.082 * * *	0.095 * * *	0.031

续表

项目	模型1	模型2	模型3
	人均年消费支出	家庭年消费支出	食品支出
自营劳动者	0.095***	0.105***	-0.007
家庭帮工	0.158***	0.187***	0.060*
没有工作	0.117***	0.135***	0.088***
职业类别(以专业技术人员和办事员为参照)			
经商	0.023	0.022	-0.03
社会生产和生活服务人员	-0.029	-0.031*	-0.023
生产制造及有关人员	-0.077***	-0.077***	0.004
其他	-0.058**	-0.060**	0.003
单位行业(以制造业为参照)			
建筑业	0.038**	0.043**	0.022
住宿餐饮社会服务业	0.034**	0.033*	-0.071***
批发零售业	0.075***	0.077***	0.034
科教文卫等行业	0.093***	0.094***	0.019
交通运输业等其他	0.034**	0.034**	-0.031
人均家庭年收入	0.616***		
家庭年收入		0.595***	0.467***
夫妻是否共同流动	-0.221***	0.104***	0.123***
子女是否随迁	-0.016	0.142***	0.182***
养老保险	0.01	0.008	-0.005
医疗保险	0.02	0.016	-0.018
失业保险	0.042**	0.044***	0.069***
工伤保险	-0.040***	-0.037***	-0.012
身份认同	-0.005	-0.004	-0.023*
长期居住意愿	0.044***	0.042***	0.046***
本地购房意愿	0.044***	0.045***	0.024
老家有无住房	-0.074***	-0.076***	-0.089**
老家有无子女	-0.029**	-0.040***	-0.017

续表

项目	模型 1	模型 2	模型 3
	人均年消费支出	家庭年消费支出	食品支出
家乡的汇款(0 元为参照)			
5000 元及以下	-0.008	-0.015	-0.041***
5001~10,000 元	-0.025*	-0.036***	-0.027
10,001~50,000 元	-0.107***	-0.117***	-0.093***
_cons	3.263***	3.545***	4.105***
N	15,803	15,803	15,721
R2	0.493	0.568	0.287
R2_a	0.492	0.567	0.285

注:由于本表格较长,因此没有把标准误列出; * $p<0.05$, ** $p<0.01$, *** $p<0.001$。

三、流入地消费行为影响因素的城市类型比较

从第三章的描述性分析中,我们可以看,社会融合专项调查的8个城市流动人口在人均月消费支出、家庭年消费支出、食品消费支出等方面均存在差异。《中国流动人口发展报告 2016》指出,未来相当长一段时间,我国仍将处于城镇化的快速发展阶段。人口将继续向沿海、沿江、沿主要交通线地区迁移并聚集,超大城市和特大城市的人口数量还会进一步增加,中部和西部地区人口省内流动的比例还会明显提高。本小节将研究长三角城市、中西部省会城市、东南沿海城市(以泉州为代表)的流动人口消费水平及其影响因素,希望找出这些城市中哪些因素会提高流动人口的消费水平,不同类型城市之间有何差异。由于咸阳是西部地区的地级市,是人口流出地,而不是人口流动集聚的主要区域,因此不作为本小节的研究对象。消费是拉动经济发展的三驾马车之一。分析人口集聚区域流动人口消费水平的影响因素,对释放流动人口的消费潜力,促进经济长远健康发展,具有重要价值。

(一)研究设计

因变量为家庭年消费支出,按照长三角城市(上海、苏州和无锡)、省会城市(武汉、长沙和西安)和东南沿海城市(泉州),分别设计三个模型。解释变量为职业因素、家庭因素、社会保障因素、迁移意愿和家乡的拉力5类,并进行重点研究。控制变量为性别、年龄、受教育程度、婚姻状况和流动范围等个体性因素和流动性特征。每类城市的样本基本情况见表4-3。需要说明的是,结合本章上一节的分析,在比较三类城市流动人口的影响因素时,去掉了流入时间、就业身份、有无养老保险和身份认同4个解释变量。把婚姻状况变量中的未婚和离异、丧偶合并成无配偶,并作为参照组。三个模型的多重共线性检验结果都显示,VIF均值在2.0左右,最大值也没有超过10,可以判断不存在共线性问题。

表4-3 不同类型城市流动人口的基本情况描述

项目	长三角城市		中西部省会城市		东南沿海城市		最小值	最大值
	均值	标准差	均值	标准差	均值	标准差		
性别	1.50	0.50	1.46	0.50	1.43	0.50	1	2
代际	1.62	0.49	1.56	0.50	1.56	0.50	1	2
户口性质	1.13	0.33	1.11	0.32	1.06	0.23	1	2
婚姻状况	0.81	0.40	0.79	0.41	0.75	0.43	0	1
受教育程度	2.32	0.86	2.46	0.75	2.06	0.77	1	4
流动范围	1.22	0.42	1.91	0.62	1.39	0.68	1	3
职业类别	3.61	1.24	3.19	1.29	3.60	1.07	1	6
单位行业	2.81	2.16	3.95	1.65	2.11	1.79	1	7
夫妻是否共同流动	0.79	0.41	0.77	0.42	0.70	0.46	0	1
子女是否随迁	0.47	0.50	0.56	0.50	0.41	0.49	0	1
家庭年收入	11.09	0.51	10.94	0.52	10.96	0.48	9.73	13.08
医疗保险	0.40	0.49	0.08	0.26	0.13	0.33	0	1
工伤保险	0.36	0.48	0.09	0.28	0.30	0.46	0	1

续表

项目	长三角城市		中西部省会城市		东南沿海城市		最小值	最大值
	均值	标准差	均值	标准差	均值	标准差		
失业保险	0.32	0.47	0.06	0.24	0.05	0.21	0	1
长期居住意愿	1.57	0.49	1.61	0.49	1.37	0.48	1	2
本地购房意愿	0.26	0.44	0.33	0.47	0.13	0.33	0	1
家乡有无住房	0.98	0.13	0.96	0.19	0.99	0.10	0	1
家乡有无子女	0.32	0.47	0.21	0.41	0.36	0.48	0	1
汇款	2.44	1.07	2.12	0.89	2.58	1.11	1	4

（二）模型结果分析

本研究对长三角城市、中西部省会城市、东南沿海城市三类城市流动人口消费行为的影响因素作如下分析和比较（模型结果见表4－4）。

1. 职业因素对不同类型城市流动人口消费支出的影响

职业类别对不同类型城市的影响差异较大。经商对长三角城市、中西部省会城市流动人口的家庭消费有显著正向影响，对中西部省会城市的影响最大，但是对东南沿海城市则没有影响。社会生产和生活服务人员对长三角城市和东南沿海城市具有负向影响，而对中西部省会城市有显著正向影响。生产制造及有关人员对长三角城市和东南沿海城市有显著负向影响。此外，长三角城市和中西部省会城市中，没有工作的都是显著正向影响，但是东南沿海城市则没有影响。这表明，在中西部省会城市和长三角经济发达城市中，流动人口家庭如果能有不工作的人口，表明该家庭的收入较好，能够负担起不工作人口的日常消费，而不是因为不工作促进了消费。

以制造业为参照，建筑业、住宿餐饮社会服务业、批发零售业等其他行业类别都对长三角城市流动人口的家庭消费有显著正向影响。但是只有批发零售业对中西部省会城市流动人口的家庭消费有显著正向影响，系数为0.058。对东南沿海城市泉州来说，只有建筑业、住宿餐饮社会服务业和批发零售业有显著正向影响。这表明不同类型的城市，行业差异比较大，传导到流动人口的消费上有具有较大的差异。

2. 家庭因素对不同类型城市流动人口消费支出的影响

夫妻是否共同流动、子女是否随迁对三类城市的家庭消费都呈显著正向影响。从回归结果可以看出，夫妻共同流动对中西部省会城市流动人口的家庭消费支出影响最大，子女随迁对长三角城市和东南沿海城市的影响较大。

家庭年收入对三类城市的消费支出都呈显著正向影响。家庭年收入每增加一个单位，三类城市流动人口的家庭消费支出将分别增加0.577、0.65和0.574个单位。可见，家庭收入的增加对中西部省会城市流动人口的消费影响力更大。

3. 社会保障对不同类型城市流动人口消费支出的影响

医疗保险只对中西部省会城市流动人口的消费水平有正向影响，而对长三角城市、东南沿海城市则没有影响。工伤保险对三类城市流动人口的消费水平都呈显著负向影响。失业保险只对长三角城市流动人口的家庭消费有显著正向影响，对中西部省会城市和东南沿海城市的影响都不显著。这表明长三角城市的用工规范性较高，能缴纳失业保险的流动人口，其消费水平也更高。这也说明了缴纳失业保险在一定程度上能起到“定心丸”的作用，使他们敢于消费。

4. 迁移意愿对不同类型城市流动人口消费支出的影响

在流入地有长期居住意愿和购房意愿对长三角城市和中西部省会城市流动人口的家庭消费都呈显著正向影响，但是对东南沿海城市泉州的影响并不显著。不过迁移意愿的系数都比较小，对消费水平的影响比较微弱。

5. 家乡的拉力对不同类型城市流动人口消费支出的影响

家乡有住房仅对中西部省会城市流动人口的家庭消费有显著负向影响，对长三角城市和东南沿海城市都没有显著影响。而家乡有子女对三类城市流动人口的家庭消费都有显著负向影响。

汇款对不同类型城市的家庭消费影响不同，但主要都是负向影响。汇款金额在5000元以下的，仅对中西部省会城市的流动人口有负向影响。10,001～50,000元对三类城市都有显著负向影响，而5001～10,000元都没有影响。这表明，给家乡汇去万元以上较大金额时，都会降低三类城市流动人口在流入地的消费。

此外，性别、代际、流动范围等控制变量也对三类城市流动人口的家庭消费水平存在不同的影响。如省内跨市和市内跨县都对长三角城市流动人口的影响不显著，但省内跨市对中西部省会城市的流动人口有显著正向影响，市内跨县则只对东南沿海城市有显著正向影响。这表明，在中西部省会城市中，来自省内其他城市流动人口的消费水平最高，而在东南沿海城市泉州，来自本市下辖区县内的流动人口消费水平最高。而在长三角城市，省内跨市、市内跨县的流动人口的家庭消费并没有体现出这一特点。

综上所述，家庭收入仍然是影响三类城市流动人口消费水平的主要因素，系数最大。分城市类型来看，在长三角城市中，具有高中及以上文化程度，新生代非农业户口，以经商为业，在建筑业、住宿餐饮社会服务业、批发零售业、科教文卫等其他行业工作，有失业保险，家人在本地，有长期居住意愿的流动人口，其家庭年消费支出较高。如果家乡的拉力较大，如子女还在老家、需要给家乡万元以上的汇款等则会降低在流入地的消费。此外，社会生产和社会生活服务人员、生产制造及有关人员的家庭消费则比较低。就中西部省会城市来说，具有大专及以上受教育程度，省内跨市流动，以经商为业，在批发零售业工作，家人在本地等对家庭消费支出具有提升作用。对东南沿海城市而言，个体特征对流动人口的消费支出影响不太显著，而市内跨县流动，建筑业、住宿餐饮社会服务业和批发零售业等行业，夫妻共同流动、子女随迁都能促进家庭消费支出的增加。社会生产和生活服务人员、生产制造有关人员、子女在老家、给家乡的汇款数额在万元以上都会导致家庭消费支出的降低。

流动人口消费水平的区域差异已经显现。在流动人口不断向长三角地区、沿海经济发达地区和中西部省会城市集聚的背景下，怎样才能让他们敢于消费、提升消费水平对促进经济社会发展具有重要的研究价值。（见表4-4）

表4-4　不同类型城市流动人口家庭消费支出影响因素的回归分析模型

项目	模型1	模型2	模型3
	长三角城市	中西部省会城市	东南沿海城市
职业类别（以专业技术人员和办事员为参照）			
经商	0.076**	0.111***	0.042
社会生产和生活服务人员	-0.050*	0.053*	-0.114*
生产制造及有关人员	-0.101***	-0.016	-0.093*
其他	-0.039	0.013	-0.217**
没有工作	0.116***	0.112**	0.074
单位行业（以制造业为参照）			
建筑业	0.076***	0.009	0.115*
住宿餐饮社会服务业	0.106***	-0.024	0.139**
批发零售业	0.092***	0.058*	0.172***
科教文卫等行业	0.108***	0.010	0.179
交通运输业等其他	0.068***	0.038	0.009
家庭特征			
夫妻是否共同流动	0.085***	0.174***	0.113***

续表

项目	模型 1	模型 2	模型 3
	长三角城市	中西部省会城市	东南沿海城市
子女是否随迁	0. 174***	0. 082***	0. 190***
家庭年收入	0. 577***	0. 650***	0. 574***
社会保险			
医疗保险	0. 021	0. 072**	-0. 023
工伤保险	-0. 035**	-0. 084**	-0. 081***
失业保险	0. 057***	0. 015	0. 050
迁移意愿			
长期居住意愿	0. 058***	0. 042***	0. 040
本地购房意愿	0. 039**	0. 046***	0. 057
家乡的拉力			
家乡有无住房	-0. 035	-0. 069**	-0. 149
家乡有无子女	-0. 036**	-0. 036*	-0. 072**
汇款(0 元为参照)			
5000 元及以下	0. 013	-0. 041***	-0. 024
5001 ~10, 000 元	-0. 017	-0. 032	-0. 037
10, 001 ~50, 000 元	-0. 092***	-0. 132***	-0. 066*
控制变量			
流动范围(以跨省流动为参照)			
省内跨市	-0. 019	0. 026*	0. 035
市内跨县	0. 026	0. 020	0. 094**
其他控制变量	有	有	有
_cons	3. 492***	2. 984***	3. 770***
N	7521	5572	1742
R2	0. 577	0. 576	0. 565
R2_a	0. 575	0. 573	0. 557

注:性别、代际、户口、婚姻状态、受教育程度和流动范围 6 个控制变量都放入模型中运行; * p<0. 05, * * p<0. 01, * * * p<0. 001;受表格长度限制,没有报告标准误。

第二节　流出地消费行为的影响因素分析

前文研究显示，汇款金额在万元以上会显著降低流动人口在流入地的消费水平。那么，流动人口在流出地的消费行为受到哪些因素影响呢？本节将对这一问题展开研究。

一、研究设计

（一）变量的选取

1. 被解释变量

本节将主要研究流动人口在流出地的消费行为及其影响因素。2013年动态监测对流动人口在老家的消费行为进行了调查。用流出地的家庭年消费支出作为因变量，代表流动人口在流出地的消费行为。

2. 主要解释变量

家庭特征。家庭收入仍然是流动人口老家消费支出的重要因素。家庭收入不仅包括流动人口在外务工经商所得，当然也包括留守在家乡的家庭成员通过农业生产、务工、经商等方式获得的收入。老家有子女对流动人口在流入地的消费具有负向影响，那么，对老家的消费支出应当有显著正向影响，即子女在老家，会提升流出地的家庭消费支出。同样，如果家乡有需要赡养的老人，家庭消费支出也会比较高。

身份认同。虽然身份认同对流入地消费支出没有直接影响，但是在流入地的长期居住意愿和购房意愿对流入地的家庭支出有正向关系。身份认同通过居住意愿和购房意愿对消费支出发挥作用。同样，如果流动人口对家乡的认同较高，认为自己仍然是老家人,那么,他们有可能会把更多的收入用于支付家乡的消费支出,甚至在老家建房购房等。因此,本书把认为自己是哪里人、建房购房地点的选择作为身份认同的代表。

汇款。王美艳在江苏和安徽两省的调查显示,与没有收到汇款的农民家庭相比,收到汇款的农民家庭,食品、服装支出在总生活消费支出中的比例更高,住房、健康以及其他支出的比例较低。其他各类别支出在总消费支出中的比例,在收到汇款和没有汇款的农民家庭之间,则没有显著差异。因此,汇款主要被留守家庭用于当前消费性支出,而不是用作投资。[①] 李强、毛学峰等认为汇款是间接作用于农村社会经济发展的,用于留守家庭成员日常消费的汇款能够促进农村消费的增长。[②] 此外,举家外出务工经商对农民工的汇款行为有重要的影响,相比部分家庭成员外出务工经商,举家迁移的汇款概率大约会降低14%,不仅会减少汇款金额,还会降低在老家建造房屋、投资农业生产的意愿,不过举家迁移者会增加汇款用于赡养仍留守在农村的父母。

农村社会保障。新型农村养老保险和新型农村合作医疗保险是针对农村户籍人口设立的基本养老和医疗保障制度。[③] 贺立龙、姜召花对中国健康与养老追踪调查数据的分析显示,参加新农保对农村家庭日常消费支出的影响显著高于未参保农户。不过,新农保只是对日常生活支出有促进作用,对提高生活层次的需求(如

---

① 参见王美艳:《农民工汇款如何影响农户的生活消费支出——来自江苏和安徽农户调查数据的分析》,载《贵州财经学院学报》2012年第1期。

② 参见李强、毛学峰、张涛:《农民工汇款的决策、数量与用途分析》,载《中国农村观察》2008年第3期。

③ 新型农村养老保险和新型农村合作医疗保险现已更名为城乡居民基本养老保险和城乡居民基本医疗保险,为和调查时的题目保持一致,本书仍采用原说法,后文简称新农保和新农合。

旅游)、购买大件商品(如汽车)几乎没有作用。[①] 范辰辰、李文对山东省的研究发现,新农保对刺激农村居民消费有显著效应,主要是通过增强消费意愿促使农村居民增加消费,而事实上,新农保并没有提高他们消费的经济实力。[②] 岳爱、杨矗等在江苏、四川、陕西、河北和吉林5省进行的研究显示,新农保政策实施后,参保农民家庭的日常费用支出显著高于未参保家庭。[③] 张川川、Giles等的研究显示,新农保的养老金收入对农村老年人的收入水平有提升作用、降低了他们陷入贫困的风险,在某种程度上促进了家庭消费,尤其是健康状况较差的老年人受到新农保的影响更大。[④] 虽然,新农保对传统的家庭养老有一定的替代作用,但是就目前的效果来看,影响非常有限。[⑤] 白重恩、吴斌珍等对新农合与消费的研究显示,新农合使得非医疗支出类的家庭消费增加了约5.6个百分点,且在收入较低或健康状况较差家庭中的作用更强。[⑥] 从既有研究结果来看,新农保和新农合都对农村居民家庭消费有一定的影响,那么,对有劳动力外出务工经商的农村家庭,即流动人口在流出地的家庭消费支出是否有影响也值得研究。

---

① 参见贺立龙、姜召花:《新农保的消费增进效应——基于CHARLS数据的分析》,载《人口与经济》2015年第1期。

② 参见范辰辰、李文:《"新农保"如何影响农村居民消费——以山东省为例》,载《江西财经大学学报》2015年第1期。

③ 参见岳爱、杨矗、常芳等:《新型农村社会养老保险对家庭日常费用支出的影响》,载《管理世界》2013年第8期。

④ 参见张川川、John Giles、赵耀辉:《新型农村社会养老保险政策效果评估——收入、贫困、消费、主观福利和劳动供给》,载《经济学(季刊)》2015年第1期。

⑤ 参见张川川、陈斌开:《"社会养老"能否替代"家庭养老"?——来自中国新型农村社会养老保险的证据》,载《经济研究》2014年第11期。

⑥ 参见白重恩、吴斌珍、金烨:《中国养老保险缴费对消费和储蓄的影响》,载《中国社会科学》2012年第8期。

3. 控制变量

虽然在流出地的日常消费行为主要由在老家的家庭成员决定,但是流动人口的一些个体特征会对经济收入、家庭成员的消费观念产生影响。因此,本研究将性别、代际、户口、婚姻状况、受教育程度、流动范围、职业类别等个体性因素作为控制变量。

(二)模型设定

流动人口在老家的总支出可以反映出流动人口家庭在流出地的消费水平。在数据处理时,没有对样本中既有的缺失值进行填补,仍作为缺失值,仅对回答了这一项的样本进行了奇异值处理,再去除解释变量中的缺失值后,共得到关于老家消费支出的有效样本 13,274 个。由于因变量老家总支出中为 0 的比例达到 22.79%,不宜采用 OLS 线性回归模型进行分析,笔者采用了 Tobit 模型分析流动人口在老家的消费水平的影响因素。主要解释变量为流出地的家庭特征、身份认同、汇款和社会保障等。其中,家庭特征包含流出地的家庭收入、流入地的家庭收入、有无子女在老家、有无老人需要赡养、老家有无土地等变量。由于流入地的家庭收入与汇款有共线性关系,[①]所以没有把流入地的家庭收入作为独立变量放入模型中。社会保障包括是否参加了新农合和新农保,由于很多地方新农合和新农保的参保缴费都是以家庭为单位缴纳,甚至采用捆绑参保的方式,因此,本书用调查对象是否参加了新农保、新农合表示该家庭是否有参加新农保和新农合。解释变量和控制变量的说明及赋值见表 4 – 5。

① 如果只把流入地的家庭收入带入模型中,对流出地的家庭消费支出呈显著正向影响,但把汇款也带入模型后,流出地的家庭收入则不再显著,由此,判断二者存在共线性关系。

表4－5　样本的基本情况描述

变量名	说明及赋值	均值	标准差	最小值	最大值
老家的家庭收入	取对数	7.38	4.12	0	11.92
老家有无子女	没有＝0，有＝1	0.30	0.46	0	1
有无老人需要赡养	没有＝0，有＝1	0.76	0.43	0	1
有无土地	没有＝0，有＝1	0.86	0.34	0	1
身份认同	本地人/新本地人＝1，老家人＝2，不知道哪里人＝3	1.56	0.56	1	3
建房购房地点	老家建房＝1，老家大中小城市购房＝2，流入地买房＝3，没有打算＝4	2.32	1.15	1	4
汇款	0元＝1，5000元以内＝2，5001～10,000元＝3，10,001～50,000元＝4	2.37	1.02	1	4
有无参加新农合	没有＝0，有＝1	0.69	0.46	0	1
有无参加新农保	没有＝0，有＝1	0.25	0.43	0	1
控制变量					
性别	男性＝1，女性＝2	1.47	0.50	1	2
代际	老一代＝1，新生代＝2	1.58	0.49	1	2
户口性质	农业＝1，非农业＝2	1.10	0.29	1	2
婚姻状况	未婚、离异或丧偶＝0，已婚＝1	0.80	0.40	0	1
受教育程度	小学及以下＝1，初中＝2，高中或中专＝3，大专及以上＝4	2.34	0.80	1	4
流动范围	跨省流动＝1，省内跨市＝2，市内跨县＝3	1.52	0.65	1	3
职业类别	专业技术和办事人员＝1，经商＝2，社会生产生活服务人员＝3，生产制造及有关人员＝4，其他＝5，没有工作＝6	3.44	1.24	1	6

对Tobit模型的结果，使用命令tobcm检验扰动项是否服从正态分布。检验结果显示，CM值达到3685.2，故强烈拒绝“扰动项服从正态分布”的原假设。为此，考虑在非正态情况下也成立的“归并最小绝对离差法”（Censored Least Absolute Deviations，CLAD）对模型结果进行修正。CLAD仅要求扰动项为iid，即使在

非正态与异方差的情况下也能得到一致估计。①

伍德里奇(Wooldbridge)指出,如果 Tobit 模型的设定正确(比如,满足正态性与同方差性),则 CLAD 与 Tobit 的估计结果应相差不多。② 从这个角度来看,也可将 CLAD 的估计结果大致视为对 Tobit 模型的设定检验(specification test)。在本研究中,由于 CLAD 估计值与 Tobit 相差较大,故可认为 Tobit 模型的设定有误,并倾向于使用 CLAD 模型。表 4－6 报告了 OLS、Tobit 和 CLAD 这三个模型的估计结果。

二、模型结果分析

从表 4－6 报告的模型结果,本研究作如下分析。

(一)家庭因素对流出地消费水平的影响

流出地的家庭收入对消费支出具有显著正向影响。老家的总收入每增加一个单位,消费水平将增加 0.929 个单位。在 CLAD 模型中,老家总收入的系数是所有自变量中最大的。这表明,老家的收入才是影响留守家庭消费支出最重要的因素。

不过老家总收入并不高,均值仅为 17,285 元。如果把老家的收入水平划分为 1 万元及以下、1 万元～2 万元、2 万元～3 万元、3 万元～5 万元、5 万元以上 5 个档次。有 54.77% 的流动人口老家的收入不足万元。72.67% 的流动人口在老家的收入不足 2 万元,3 万元及以下的占到 83.86%。如要提高流动人口老家的消费支出、改善生活水平,提高流出地的家庭收入就显得尤为重要。

---

① 参见陈强:《高级计量经济学及 Stata 应用》(第 2 版),高等教育出版社 2014 年版,第 240 页。

② 转引自陈强:《高级计量经济学及 Stata 应用》(第 2 版),高等教育出版社 2014 年版,第 243 页。

子女在老家对家庭消费水平有正向影响。前文研究表明子女随迁能显著增加流动人口家庭在流入地的消费水平。那么,如果子女在老家,同样也会提高流出地的家庭消费水平。虽然 CLAD 模型修正过后,有无子女在老家这一变量的系数仅为 0.101,但是 OLS 模型和 Tobit 模型的这一变量的系数都在 0.5 以上,印证了子女在老家会显著增加家庭支出的结论。

老人赡养问题对消费支出有一定的正向影响。CLAD、OLS 和 Tobit 模型都是显著正向影响。这表明有老人需要赡养的家庭其消费支出比较高。不过,这实际上也是流动人口家庭负担的体现。由于目前新型农村养老保险的保障水平还比较低,在土地能产生的收益也十分有限的情况下,农村老人的赡养任务仍然主要由子代承担,即以传统的家庭养老的方式为主。子代仍然需要给父辈提供经济支持和生活照料。在外务工经商的流动人口也必须承担养老的重任。

有无土地也对家庭消费支出有一定的影响,不过提升的作用非常有限。在 CLAD 模型中,系数虽然为正,但并不显著。在农村剩余劳动力大规模外出务工经商的背景下,很多乡城流动人口会将承包地交给留守在家乡的老人或者转租给他人耕种,有的土地甚至被抛荒。因此,拥有土地虽然能在一定程度上提高家庭收入,但是作用有限。

(二)身份认同对流出地家庭消费水平的影响

CLAD 模型结果显示,以认为自己是流入地人为参照,认为自己是老家人,或不知道自己哪里人的,对流出地的家庭消费水平有显著正向影响。这表明,如果流动人口对流入地的认同越弱,就越有可能把较多的收入用于家乡的消费。前文研究显示,打算在流入地购房对流入地的消费支出有显著正向影响。同理,打算在家乡建房可能会对流出地家庭消费支出有正向作用。Tobit 模型结果显示,打算回乡建房对流出地家庭消费有显著正向影响。这表明,打算在家乡建房的流动人口,其与老家的联系更紧密,可能有更多的家庭成员在老家生活,即流出地的拉力较大,他们可能会把更多的收入用于在家乡的消费。

(三)汇款对流出地消费水平的影响

如前文所述,汇款是体现流动人口与家乡联系程度的重要标志之一,也是制约流入地消费水平的重要因素之一。汇款已成为外出劳动力与留守家庭联系最重要的经济纽带。[①] 从流出地来看,相对贫困的留守家庭从外出家庭成员那里获得的汇款多于那些富裕的家庭。[②] 随着劳动力工资水平的提升,流动人口给留守家庭汇款的金额也随之提高,说明外出流动人口与留守家庭之间的联系仍然非常紧密。[③] 农民工给老家汇款能够提高留守家人的经济福利水平。[④]

本研究显示,汇款对流出地家庭消费有显著正向影响。在 CLAD 模型中,以 0 元为参照,上一年给老家的汇款金额在 5000 元以内、5001 ~ 10,000 元、10,001 ~ 50,000 元均对留守家庭的消费水平呈显著正向影响。这表明,流动人口给老家的汇款确实能显著提高留守家庭的消费水平,不过汇款对留守家庭消费支出的影响

---

① See Jacques Bouhga-Hagbe, *Altruism and Workers' Remittances: Evidence from Selected Countries in the Middle East and Central Asia*, 6 IMF Working Papers 1 – 27(2006).

② See Jessica Hagen-Zanker & Melissa Siegel, *the Determinants of Remitances: A Comparison between Albania and Moldova*, SSRN Electronic Journal 147 – 186(2008).

③ See Theodore P. Lianos & Anastasia Pseiridis, *Remittances of Immigrants in Greece*, 15 Review of Development Economics 340 – 355 (2011).

④ 参见许琪、邹红:《工作稳定性对农民工汇款行为的影响——对共同保险理论的检验》,载《人口与发展》2016 年第 1 期。

力并不是很大(CLAD 模型的结果虽然显著,但系数较小)。这表明,汇款主要被用来作为留守家庭的日常生活消费,而不是生产投资。这也与李树茁等、王美艳等的研究结论一致,即汇款作为现金收入更多地被用在食品、日用品等日常生活支出上,而不是用来扩大生产、进行投资。①

(四)农村社会保险对流出地消费水平的影响

针对农民的基本社会保障主要有新型农村合作医疗和新型农村养老保险。其中,新农合于 2003 年起开始试点,参保率要高于新农保。CLAD 模型结果显示,参加新农合对留守家庭的消费水平有显著正向影响。相对新农保而言,新农合的目的是以大病统筹为主,小病补偿为辅,重点在于防止因病致贫、因病返贫。随着新农合筹资标准的提高,尤其是 2012 年开始在新农合基础上建立的大病保险制度,进一步提高了报销比例、扩大了报销范围,在一定程度上减轻了参合农民的后顾之忧。由于参加新农合的效果立竿见影,因此,参加新农合能在一定程度上提高流动人口的家庭消费支出,这与白重恩、吴斌珍等的研究结论一致。②

参加新农保对流出地留守家庭消费水平没有显著影响,这与既有研究结论不尽相同。这可能与样本中新农保的参保率较低有关,也可能与新农保的保障标准过低有关。

就控制变量来看,从 CLAD 模型结果来看,在个体性因素中,

---

① 参见李树茁、李聪、梁义成:《外出务工汇款对西部贫困山区农户家庭支出的影响》,载《西安交通大学学报(社会科学版)》2011 年第 1 期;王美艳等:《农民工汇款如何影响农户的生活消费支出——来自江苏和安徽农户调查数据的分析》,载《贵州财经学院学报》2012 年第 1 期。

② 参见白重恩、吴斌珍、金烨:《中国养老保险缴费对消费和储蓄的影响》,载《中国社会科学》2012 年第 8 期。

代际和受教育程度都对流出地的家庭消费水平有显著负向影响,而性别、有无配偶的影响不显著。从代际视角来看,相对老一代流动人口,新生代流动人口对家乡的消费水平呈显著负向影响。这与前文分析的新生代流动人口对流入地的消费水平呈显著正向影响正好相反。这表明,老一代流动人口由于赡养老人、抚养子女、在老家建房购房、帮助子女成家等重要生命历程事件,在家乡不得不消费更多,而新生代流动人口在这方面的压力较小,其留守家庭的消费支出相对较低。

相对小学及以下文化程度,初中、高中或中专、大专及以上文化程度对流动人口老家的消费支出呈显著负向影响。这可能说明,从流出地来看,如果外出务工经商的家庭成员文化程度较低,其留守家庭的消费水平反而高于外出家庭成员文化程度较高的家庭,这可能是文化程度较低的流动人口在城市的迁移定居能力较低,留守在家乡的家庭成员较多,使得老家的消费支出更高。文化程度较高的流动人口,由于其在流入地的定居能力较强,能将配偶、子女甚至父母和其他家庭成员带到流入地共同生活,因而降低了流出地家庭的消费水平。

从流动范围来看,相对跨省流动而言,省内跨市、市内跨县则对流出地的家庭消费水平没有显著影响。这表明,留守家庭的消费水平不受家庭成员流动范围类型的影响。

综上所述,老家的家庭收入、子女在老家、汇款、对家乡的认同及参加新农合等因素能促进流动人口老家消费水平的提升。(见表4-6)

表 4-6 流出地消费行为影响因素的回归分析模型

项目	模型 1	模型 2	模型 3
	OLS	Tobit	CLAD
老家的收入	0.658 * * *	0.756 * * *	0.929 * * *
有无子女在老家	0.511 * * *	0.590 * * *	0.101 * * *
是否操心老人赡养问题	0.282 * * *	0.371 * * *	0.031 *
有无土地	0.347 * * *	0.485 * * *	0.029
身份认同(以流入地人为参照)			
是老家人	0.034	0.042	0.027 *
不知道	0.018	0.034	0.095 * *
哪里买房(以在流入地买房为参照)			
回乡建房	0.104 *	0.129 *	0.028
回乡市镇购房	0.090	0.100	0.030
没有打算	-0.060	-0.069	0.033
家乡的汇款(以 0 元为参照)			
5000 元及以下	0.630 * * *	0.844 * * *	0.057 * * *
5001~10,000 元	1.036 * * *	1.270 * * *	0.130 * * *
10,001~50,000 元	1.182 * * *	1.398 * * *	0.109 * * *
有无参加新农合	0.036	0.040	0.031 *
有无参加新农保	-0.032	-0.041	-0.011
性别	-0.065	-0.080	-0.018
代际	-0.117 * *	-0.146 * *	-0.032 *
户口	0.178 * *	0.206 *	0.070 * *
有无配偶	-0.242 * * *	-0.272 * * *	0.003
受教育程度(以小学及以下为参照)			
初中	-0.139 *	-0.181 * *	-0.073 * * *
高中	-0.241 * * *	-0.313 * * *	-0.114 * * *
大专及以上	-0.080	-0.135	-0.101 * * *
流动范围(以跨省流动为参照)			
省内跨市	-0.055	-0.074	0.034 * *
市内跨县	-0.016	-0.028	0.019

续表

项目	模型 1	模型 2	模型 3
	OLS	Tobit	CLAD
职业类别(以专业技术人员和办事员为参照)			
经商	-0.247**	-0.288**	-0.060*
社会生产和生活服务人员	-0.186*	-0.214*	-0.042
生产制造及有关人员	-0.027	-0.044	-0.024
其他	-0.096	-0.124	-0.059
没有工作	-0.055	-0.055	-0.043
_cons	1.772***	0.547**	0.030
N	13,274	13,274	11,730
R2_a/Pseudo R2	0.698	0.2242	0.356

注：* $p<0.05$，** $p<0.01$，*** $p<0.001$；限于表格长度，没有报告标准误。

三、流出地消费行为影响因素的地区比较

在上一小节研究的基础上，本小节采用 CLAD 模型对流出地消费行为的影响因素进行地区之间的比较，把流出地区分为东部地区、中部地区和西部地区三类地区。解释变量为老家的家庭收入、有无子女在老家、身份认同、购房意愿、汇款、社会保险等，控制变量为性别、代际、户口、受教育程度等，与上一小节相同。解释变量和控制变量的具体赋值见表 4-5。

表 4-7 是运用 CLAD 模型分析的结果，可以得出以下结论：(1)老家的收入是东、中、西部地区家庭消费最主要的影响因素。老家的收入对三类地区家庭消费行为的影响系数分别为 0.941、0.930 和 0.938，系数都是最大的。对东、中、西部的留守家庭来说，老家的收入每增加一个单位，家庭消费支出都能增加 0.9 个单位以上。(2)子女在老家对中部地区的留守家庭消费影响最大，西部次之，东部最小。这表明，中部地区的留守家庭在子女上的消费支

出最多。(3)有无土地对东部地区留守家庭的消费行为有显著正向影响,而对中部、西部的留守家庭则没有影响。(4)汇款对东部和中部地区的留守家庭消费都有显著正向影响,对西部地区的则没有影响。汇款金额在5001~10,000元的对留守家庭消费行为的影响最大,而不是汇款金额越高,留守家庭的消费支出就越高。这表明10,000元及以下的汇款很可能被东部、中部地区的留守家庭用于日常消费,而10,000元以上汇款中的一部分可能被留守家庭用于储蓄,而不是全部用来消费。汇款对西部地区留守家庭消费的影响不显著,是被用作储蓄,还是其他原因导致的,还有待进一步研究。(见表4-7)

表4-7 流出地消费行为影响因素的地区比较

项目	模型1	模型2	模型3
	东部地区	中部地区	西部地区
老家的收入	0.941***	0.930***	0.938***
有无子女在老家	0.058***	0.140***	0.101***
是否操心老人赡养问题	-0.011	0.033	0.027
有无土地	0.047*	0.028	0.019
身份认同(以流入地人为参照)			
是老家人	0.023	0.000	-0.008
不知道	-0.079	-0.029	0.101*
哪里买房(以在流入地买房为参照)			
回乡建房	0.016	0.012	0.054
回乡市镇购房	-0.007	0.015	-0.005
没有打算	0.027	-0.015	0.019
家乡的汇款(以0元为参照)			
5000元及以下	0.099***	0.058*	0.014
5001~10,000元	0.200***	0.154***	0.058
10,001~50,000元	0.174***	0.101***	0.051
有无参加新农合	0.050***	0.002	-0.002

续表

项目	模型 1	模型 2	模型 3
	东部地区	中部地区	西部地区
有无参加新农保	0.022	-0.013	-0.028
性别	-0.045***	-0.015	-0.028
代际	-0.067***	-0.042*	-0.046*
户口	-0.052*	0.036	0.054
其他控制变量	有	有	有

注：其他控制变量与表 4-6 相同，本表不再列出；* $p<0.05$，** $p<0.01$，*** $p<0.001$。

本章小结

本章分别研究了流动人口在流入地和流出地消费行为的影响因素，主要得出如下结论。

（1）新生代、非农业户口（城城流动人口）、高中及以上文化程度、省内跨市流动、流入地居住时间都对流动人口在流入地的家庭消费水平有显著正向影响。

（2）就业身份对流入地的消费水平影响显著，雇主、自营劳动者的家庭消费水平较高，雇员较低。从职业类别来看，专业技术人员和办事员、经商的家庭消费水平较高，而社会生产和生活服务人员、生产制造及有关人员、其他都对流动人口的家庭年消费支出呈显著负向影响。从单位行业来看，以制造业为参照，建筑业、餐饮住宿业、批发零售业、科教文卫业、交通运输业等行业对流动人口在流入地的人均消费支出和家庭年消费支出都有显著正向影响。

（3）收入仍然是影响流动人口在流入地消费水平最重要的因素，家庭收入每增加 1 个单位，消费水平能提高近 0.6 个单位。从家庭迁移模式来看，夫妻共同流动、子女随迁虽然对人均消费水平有显著负向影响，但是对家庭总消费支出和食品支出都有显著正向影响。

（4）从社会保障来看，参加养老保险和医疗保险对流动人口在流入地的家庭消费水平和食品支出没有显著影响。失业保险对人均年消费支出、家庭年总支出和食品支出都呈显著正向影响。能缴费失业保险的，可能都是流动人口中的精英群体。工伤保险对人均年消费支出和家庭年总支出都呈显著负向影响。这表明城镇职工社会保险对流动人口中不同群体消费支出的影响存在差异。

（5）长期居住意愿对消费水平呈显著正向影响，但身份认同、户口迁入意愿对家庭消费支出没有显著影响。这表明，消费水平与是否愿意迁入户口的关系已经不大，而重在是否愿意在流入地长期居住。

（6）流动人口与家乡的联系越密切，如家乡有住房、有子女在老家、需要给家乡不菲的汇款，就会显著降低他们在流入地的消费水平。给老家少量的钱物，不会制约流动人口在流入地的消费行为；但是寄往家乡的汇款越多，越会降低他们在流入地的消费水平。

（7）不同类型城市之间流动人口消费行为的差异已经显现，影响因素也存在差异。家庭收入仍然是影响三类城市流动人口消费水平的主要因素，而且系数最大。在长三角城市中，具有高中及以上文化程度，新生代非农业户口，以经商为业，在建筑业、住宿餐饮社会服务业、批发零售业、科教文卫等其他行业工作，有失业保险，家人在本地的，有长期居住意愿的流动人口，其家庭年消费支出较高。对中西部省会城市的流动人口而言，具有大专及以上受教育程度，省内跨市流动，以经商为业，在批发零售业工作，家人在本地等对家庭消费支出都具有提升作用。对东南沿海城市而言，个体特征对流动人口的消费支出影响不太显著，而市内跨县流动，建筑业、住宿餐饮社会服务业和批发零售业等行业，夫妻共同流动、子女在本地都能促进家庭消费支出的增加。而有子女在老家，给老家的汇款超过10,000元等家乡的拉力对三类城市流动人口在流入地的家庭消费水平都有显著负向影响。

(8)流出地的家庭收入是影响流动人口在流出地消费行为即留守家庭消费支出最重要的因素。有子女在老家、有老人需要赡养都会对留守家庭消费水平产生正向影响，会增加其消费支出。是否拥有土地对流出地家庭的消费支出影响有限。从汇款对流出地消费行为的影响以及地区间的比较来看，10,000元以内的汇款更多被用来维持流出地家庭的日常生活消费，而10,000元以上的汇款其中的一部分则可能被用来进行预防性储蓄，而不是全部用于消费。

(9)参加新农合对留守家庭的消费行为具有显著正向影响，与既有研究结论保持一致。但新农保对留守家庭的消费行为没有显著影响。此外，老一代流动人口、小学及以下文化程度的流动人口在流出地的家庭消费水平都比较高。

第五章　市民化对流动人口消费行为的作用研究

本章将探讨市民化对流动人口消费行为的影响。由于流动人口没有享受到与城市户籍人口同等的社会保险，在义务教育、保障性住房等其他基本公共服务方面，他们也没能获得均等的市民权利。[①] 提高流动人口的市民化水平，将会提高他们的消费潜能，促进经济增长和社会发展。随着对流动人口研究的深入，越来越多的学者认识到市民化才是流动人口在城市的融入目标。只有提高他们的市民化水平，转变其落后的消费观念，改变其单一的消费模式，提升消费结构和消费层次，进而达到扩大内需，规避“中等收入陷阱”，促进经济增长的目的。[②] 虽然提高市民化程度对于转变流动人口的消费行为进而对扩大内需具有重要作用已达成共识，但是对流动

① 参见蔡昉：《农民工市民化与新消费者的成长》，载《中国社会科学院研究生院学报》2011 年第 3 期。

② 参见王昭、杨洁、薄婷婷等：《基于市民行为的中国市民化进程测度与比较》，载《经济问题探索》2014 年第 6 期。

人口市民化进程评估的还不多，与该命题相关的实证研究也比较鲜见。本章将在既有研究的基础上，建立流动人口市民化测量指标体系，对流动人口市民化程度进行描述性统计分析，利用回归模型讨论市民化程度对流动人口消费行为的影响，再从四分位数的角度探讨市民化程度与消费行为的关系。

第一节　流动人口市民化程度的指标建构与测量

目前我国流动人口尤其是农民工市民化进程缓慢，仍然处于城市的边缘或社会的底层。一些学者开始尝试构建农民工市民化水平的指标体系，还有的学者在建立指标体系后还进行了测量，试图对农民工群体的市民化水平进行量化分析。本节将在总结和回顾既有农民工市民化指标系统建立和测量的基础上，建立测量流动人口市民化的指标体系，并进行相对标准化计算，再分析和描述流动人口市民化的现状和特征。

一、流动人口市民化指标体系的构建

流动人口中农民工的市民化程度指标体系最先受到关注。徐建玲构建了农民工市民化进程的指标体系，既包括了农民工的市民化意愿和市民化能力，也包括了外在的制度性因素，并计算出农民工市民化进程基本上在50%左右。[①] 刘传江、程建林把个体性特征添加到指标体系中，他们建立的指标体系包括个人素质、收入水

① 参见徐建玲：《农民工市民化进程度量：理论探讨与实证分析》，载《农业经济问题》2008年第9期。

平、在城市中定居的时间以及自我认同4个因素，测算结果显示，武汉老一代农民工的市民化程度为31.30%，新生代农民工已经达到50.23%左右。[①] 王桂新、沈建法等把经济生活、居住条件、社会关系网、政治参与和心理认同作为测量农民工市民化程度指标体系的5个维度，并进行了测量，他们认为，从总体上来说在上海的农民工其市民化水平已达到54%，而且在心理认同、社会关系网等非物质性维度上的市民化水平已接近或达到60%。[②] 张斐将语言也作为一个重要的指标纳入反映新生代农民工市民化水平的社会层面指标。[③] 任娟娟从经济生活、政治参与、社会交往以及文化心理4个维度建立了新生代农民工市民化程度的指标体系，采取等权重法进行测算。测量结果显示，目前新生代农民工市民化大多处于中等偏下水平，尚未实现“半市民化”，市民化4个维度之间的发展也不均衡。[④] 沈映春、王泽强等基于综合指标法建立了北京农民工市民化的评价指标系统，一级指标为居住条件、经济条件、社会融入、政治参与和心理适应5个维度，结果显示，北京农民工在经济条件方面的市民化水平比较高，而居住条件、政治参与、心理适应、社会融入以及总体水平方面的市民化水平仍然比较低。[⑤] 王晓丽基于社会融合理论和指标体系的构建原则，建立了市民化综合指数，包括市民化意愿、市民化行为、市民化能力、居住市民化、

① 参见刘传江、程建林：《第二代农民工市民化：现状分析与进程测度》，载《人口研究》2008年第5期。

② 参见王桂新、沈建法、刘建波：《中国城市农民工市民化研究——以上海为例》，载《人口与发展》2008年第1期。

③ 参见张斐：《新生代农民工市民化现状及影响因素分析》，载《人口研究》2011年第6期。

④ 参见任娟娟：《新生代农民工市民化水平及影响因素研究——以西安市为例》，载《兰州学刊》2012年第3期。

⑤ 参见沈映春、王泽强、焦婕等：《北京市农民工市民化水平及影响因素分析》，载《北京社会科学》2013年第5期。

基本公共服务市民化5个方面。结论认为全国乡城流动人口市民化平均水平为0.478。[①] 刘松林、黄世为从社会指标和自身指标2个方面建立农民工市民化进程测量指标体系,从收入水平、消费开支、住房面积、承受房价占相应市民的比例进行测量,结果发现全国的农民工市民化的平均水平为39.99%,但各地之间差距较大,进度不一。[②]

此外,包括农民工在内的农业转移人口的市民化也得到了学者的关注。上官卉彦等从外部社会环境、自身条件等方面构建针对新生代农业转移人口市民化指标体系,通过对福州市的定量分析发现:目前新生代农业转移人口要实现市民化转变,仍然受到现有社会制度的排斥;而且他们本身的市民化意愿也比较低,主要处于被动市民化的局面。[③] 朱冬梅、赵晨把经济发展推动力、就业与社保支持力、公共服务保障力"三力"引入市民化指标中,使用主成分法、AHP法等统计分析方法进行研究发现,四川省农业转移人口市民化水平总体呈上升态势,发展形势良好。[④] 张心洁、周绿林等基于森的可行能力理论,结合因子分析方法和模糊评价方法,对近年来农业转移人口市民化水平进行动态评估和综合分析。研究发现,2013年我国农业转移人口市民化水平比2012年继续提高,但仍处于平均水平范围以下,且明显低于同时期同区域的城镇居民

---

① 参见王晓丽:《中国人口城镇化质量研究》,南开大学2013年博士学位论文,第87页。

② 参见刘松林、黄世为:《我国农民工市民化进程指标体系的构建与测度》,载《统计与决策》2014年第13期。

③ 参见上官卉彦、伍博炜、曾月娥等:《新型城镇化背景下新生代农业转移人口市民化程度探讨——以福州市为例》,载《福建师范大学学报(自然科学版)》2015年第2期。

④ 参见朱冬梅、赵晨:《农业转移人口市民化评价指标体系的实证研究——以四川省为例》,载《南京人口管理干部学院学报》2013年第4期。

的社会福利水平。[①] 辛宝英运用 AHP 方法从文化融合、经济地位、社会适应和心理认同 4 个维度构建农业转移人口市民化测评指标体系，该研究认为 2014 年我国农业转移人口市民化程度为 46.98%，市民化程度还是比较低的。[②]

（一）既有指标体系中存在的问题

现阶段流动人口市民化评价体系已经取得了一些研究成果，但是存在的问题也不少。如王桂新等建立的包括经济生活、居住条件、社会关系网络、政治参与和心理认同 5 个维度的指标体系，内容较为全面，并从“农民工距离市民还有多近，水平已有多高”这个全新的出发点测量和分析农民工市民化水平，但所有维度采用等权重法或专家意见法，各子系统的权重均为 0.2，[③]这种赋值法很难得到学术界的普遍赞同。宁光杰、李瑞对流动人口市民化意愿和市民化能力的指标建构也是采用等权重法，[④]同样难以令人信服。在刘传江、程建林构建的农民工市民化进度测量指标体系中，农民工个体和群体的指标均采用几何平均数的方法，[⑤]这种做法也遭到不少学者的质疑，被认为说服力欠佳。周密、张广胜等采用 Biprobit 模型，从供给和需求的角度估计新生代农民工市民化程

---

① 参见张心洁、周绿林、曾益：《农业转移人口市民化水平的测量与评价》，载《中国软科学》2016 年第 10 期。

② 参见辛宝英：《农业转移人口市民化程度测评指标体系研究》，载《经济社会体制比较》2016 年第 4 期。

③ 参见王桂新、沈建法、刘建波：《中国城市农民工市民化研究——以上海为例》，载《人口与发展》2008 年第 1 期。

④ 参见宁光杰、李瑞：《城乡一体化进程中农民工流动范围与市民化差异》，载《中国人口科学》2016 年第 4 期。

⑤ 参见刘传江、程建林：《第二代农民工市民化：现状分析与进程测度》，载《人口研究》2008 年第 5 期。

度，但是用“农民工到手的工资收入比当地城市户籍居民人均可支配收入高时，则所在城市政府将希望他们在当地定居”这一假设评估农民工市民化的供给，[①]这个假设本身就存在可疑之处，所以，结论需要进一步推敲。魏后凯、苏红键从政治权利、公共服务、经济生活、文化素质4个维度建立了农业转移人口的评价体系，[②]不过也采用了赋值法处理指标权重，让人难以信服。徐建玲虽然从外部制度因素、市民化意愿、市民化能力3个方面讨论了农民工市民化进程测度指标，分析了测量方式，[③]但是只测量了市民化意愿，并没有运用具体调查数据进行分析论证。郧彦辉虽然界定了农民市民化的基本内容，建立了状态、行为、态度3个子系统用以确定市民化的指标体系，[④]但是并没有运用调查数据对这一指标体系进行验证，因此，指标仍停留在主观层面，实施的可能性值得怀疑。

总的来看，虽然不少学者从不同层次提出了农业转移人口或流动人口市民化的评价指标体系及测量方法，但是还没有形成一致的做法，仍然存在三个方面的问题。(1)市民化程度评价指标层次的设定、变量的选取和权重的测定都存在主观性较强的问题，如采用等权重法、专家赋值法等。(2)绝大多数研究只建立了基本的指标体系，并没有进行实证检验，这些指标实施的可能性及效果有待商榷。(3)调查地区集中在少数城市或者使用小范围调研数据，

① 参见周密、张广胜、黄利：《新生代农民工市民化程度的测度》，载《农业技术经济》2012年第1期。

② 参见魏后凯、苏红键：《中国农业转移人口市民化进程研究》，载《中国人口科学》2013年第5期。

③ 参见徐建玲：《农民工市民化进程度量：理论探讨与实证分析》，载《农业经济问题》2008年第9期。

④ 参见郧彦辉：《农民市民化程度测量指标体系及评估方法探析》，载《学习与实践》2009年第8期。

缺乏对全国整体情况的调查，样本数量也非常有限，代表性不足，难以全面反映流动人口市民化的真实情况。

(二)流动人口市民化指标体系的建立

纵观国内外文献，我们可以清楚地看到研究流动人口市民化的重要性，尤其是建立科学合理、可测量可量化的评价指标体系，将有助于更准确地测算现阶段我国流动人口的市民化水平。尽管上述研究都对农民工市民化的现状进行了分析和讨论，取得了一些重要的结论，但是学术界对流动人口市民化水平还没有达成有效共识，既有的指标体系还需要进一步完善。因此，要研究市民化程度对流动人口消费行为的影响，首先就要分析流动人口市民化的现状。因此，构建一个较为科学、合理的指标体系就显得尤为必要。

本研究将从经济生活、公共服务、社会融入和市民化意愿4个方面建立流动人口市民化指标体系，每个一级指标由各与其相对应的二级指标构成，二级指标同样由能反映其基本特征的三级指标，即基础调查指标构成(见表5-1)。

表5-1 流动人口市民化程度指标体系

一级指标	二级指标	三级指标
经济地位	收入水平	个人年收入
		人均家庭年收入/所在城市人均可支配收入
	居住条件	现住房属于何种性质
		目前居住在什么样的社区中
公共服务	社会保险	有无城镇职工养老保险
		有无城镇职工基本医疗保险
		有无工伤保险
		有无失业保险

续表

一级指标	二级指标	三级指标
社会融入	社区参与	去年在本地是否参加过社区文体活动
		去年在本地是否参加过社区公益活动
		有无参加选举活动(村/居委会、工会选举)
	社交语言	对本地话的掌握程度
		在与人交流时,一般说哪个地方的话
	心理归属	对目前居住的城市有归属感
		觉得本地人愿意接受自己成为其中一员
市民化意愿	身份认同	认为自己现在已经是哪里人
	迁移意愿	家庭迁移意愿
		户口迁入意愿

具体来看,经济地位由相对收入水平和居住条件两个二级指标构成。由于市民化水平不仅有个体因素的作用,也受到家庭因素的影响,因此本研究把受访者的年收入、家庭人均年收入与流入地城镇居民人均可支配收入的比例作为构成相对收入水平的三级指标,前者体现了流动人口的个人经济能力,后者体现了与流入地城镇居民相比较的水平,更能体现与城镇居民的差距。赵晔琴、梁翠玲认为,农民工的住房消费与阶层认同存在一定的正向关系,即人均住房面积越大、人均住房支出的比例越高,其社会阶层地位的认同度越高。但她们同时也认为,农民工的住房消费与身份认同不是单方面的因果关系,身份认同在一定程度上会影响农民工的住房消费,而住房消费又会影响农民工的身份认同。[①] 王玉君、杨文辉等认为,居住年限长、与当地居民互动频率高、有长期定居意愿的已婚务工人员(特别是自营工商业者)更有可能转向市场住房,即

① 参见赵晔琴、梁翠玲:《融入与区隔:农民工的住房消费与阶层认同——基于 CGSS 2010 的数据分析》,载《人口与发展》2014 年第 2 期。

市民化程度与住房类型有一定的联系。[①] 可见,对流动人口来说,住房性质、社区类型,如居住在城中村、城乡结合部还是商品房社区,不仅是经济能力的体现,也是市民化程度高低的重要标志之一。

在流入地是否享有基本公共服务是评价市民化水平的基本要素,尤其是有无社会保险是流动人口实现城市融入,完成市民化转变的重要保障。因此,本研究把社会保险作为二级指标,选取有无参加城镇职工养老保险、医疗保险、工伤保险、失业保险作为三级指标。

社会融入程度以社区参与、社交语言和心理归属 3 个二级指标予以体现。有无参加过社区公益、文体活动和选举活动,既能体现流动人口是否享受流入地的公共服务,也能体现流动人口在流入地社会参与的积极性。社交语言也是衡量流动人口社会融入程度的重要指标。[②] 对本地话的掌握程度,即流入地的方言能不能听懂、会不会说,与人交流时使用普通话、当地方言还是家乡话,不仅可以反映流动人口的社会位置、社会距离,也能反映他们的社会融入度。由于语言作为社交沟通的媒介,在社会建构和运作中起到了重要作用。[③] 本研究把流动人口对流入地语言的掌握程度和与人交流时,说哪个地方的话作为社交语言的 2 个三级指标。心理归属是指流动人口是否对所在城市有归属感。流动人口的城市归属感是其定居决策的关键性影响因素,也是市民化水平的重要测量维度,决定了其最终能否实现市民化。[④] 来自他人的看法尤其是

---

① 参见王玉君、杨文辉、刘志林:《进城务工人员的住房变动及其影响因素——基于十二城市问卷调查的实证分析》,载《人口研究》2014 年第 4 期。

② See Dowell Myers, Xin Gao & Amon Emeka, *The Gradient of Immigrant Age-at-Arrival Effects on Socioeconomic Outcomes in the U. S.*, 43 International Migration Review 205 – 229 (2009).

③ 参见张斐:《新生代农民工市民化现状及影响因素分析》,载《人口研究》2011 年第 6 期。

④ 参见才国伟、张学志:《农民工的城市归属感与定居决策》,载《经济管理》2011 年第 2 期。

流入地市民的接纳程度也会影响流动人口对城市的归属感。因此，本研究把对目前居住的城市有归属感、觉得本地人愿意接受自己成为其中一员作为心理归属的2个三级指标。

从流动人口的个体角度来看，市民化意愿，即是否愿意融入当地、成为市民是完成市民化的关键。本研究用身份认同和迁移意愿这2个二级指标表示。身份认同是心理融合的重要指标。辛宝英认为，农业转移人口转入城镇社会后需要解答两个问题：一是是否继续认为自己是老家人、保持对家乡社会的归属感；二是能否建立起流入地居民的身份认同和对社会的归属感。[①] 本研究把流动人口认为自己是流入地人还是老家人，即认为自己现在已经是哪里人，作为测量身份认同的三级指标。从迁移意愿来看，家庭成员全部还是部分在本地也是市民化水平的体现。人口流动的家庭化，实际上是人口流动的更高级阶段，与短期流动不同，流动家庭特别是已经完成迁移的家庭在城市定居的意愿更加强烈。[②] 他们留在城市的可能性更大，举家完成市民化的可能性最大。户口性质以及附加在其上的社会保障、社会福利制约了流动人口尤其是农民工的市民化进程，加快提高户籍人口城镇化率已经成为党的十八届五中全会提出的全面建成小康社会的目标要求。流动人口尤其是乡城流动人口愿意把户口从农村迁入城市，才能实现至少形式上的市民化。因此，本研究用家庭迁移意愿和户口迁入意愿作为迁移意愿的2个三级指标。

二、流动人口市民化程度的测量

鉴于既有研究存在的问题，本研究利用主成分因子分析法，建

① 参见辛宝英：《农业转移人口市民化程度测评指标体系研究》，载《经济社会体制比较》2016年第4期。

② 参见盛亦男：《中国的家庭化迁居模式》，载《人口研究》2014年第3期。

立流动人口市民化的指标体系。使用 Stata13.0 软件，提取流动人口市民化因子，将方差贡献率占比作为权重，计算市民化水平。主成分分析是应用最为普遍的提取公因子的方法。它通过探求变量之间的线性组合，从实测变量之中提取最大方差。它还是最常用的获得权重的方法，可有效应对其他方法难以应对的、极其复杂的权重问题。从理论上讲，第一个主要成分就是潜在变量的线性函数，反映因子分析的多个变量的最基本的方差。[①] 由于主成分分析完全基于样本本身的数据结构和特点确定权重，因而具有较强的客观性，可避免因主观化处理（如专家赋权法、等权重法）所带来的人为因素的干扰。[②]

（一）指标的处理

郧彦辉认为在建立农民市民化指标综合评价体系时，由于指标性质和计量单位不同，不能直接进行比较，应当先对指标的变量值进行无量纲化处理。[③] 所谓无量纲化，就是把不同计量单位的指标数值改造成可以直接汇总的同度量化值。无量纲化方法有很多种，由于前文所列的指标体系中既有正指标，又有逆指标，而且既有定类变量，又有定距变量，因此，本研究首先对 18 个三级指标进行正向定序处理，处理结果见表 5－2。

---

① See Deon Filmer & Lant Pritchett, *the Effect of Household Wealth on Educational Attainment: Evidence from 35 Countries*, 25 Population & Development Review 85 – 120 (1999).

② 参见杨菊华：《数据管理与模型分析：STATA 软件应用》，中国人民大学出版社 2012 年版，第 105 页。

③ 参见郧彦辉：《农民市民化程度测量指标体系及评估方法探析》，载《学习与实践》2009 年第 8 期。

表5-2　指标变量的定义与描述性统计

指标变量	变量值	均值	标准差
个人年收入	取对数	10.53	0.45
相对收入水平	人均家庭年收入/所在城市人均可支配收入①	0.85	0.47
住房性质	1=就业场所、其他;2=租房居住;3=单位/雇主提供免费住房;4=政府提供的廉租房/公租房;5=已购房含商品房保障房	2.32	0.90
社区类型	1=农村社区;2=城郊结合部;3=城中村/棚户区;4=机关事业单位/经济适用房社区;5=别墅区或商品房社区	2.65	1.61
养老保险	1=没有;2=有	1.23	0.42
医疗保险	1=没有;2=有	1.24	0.43
工伤保险	1=没有;2=有	1.25	0.43
失业保险	1=没有;2=有	1.18	0.39
社区文体活动	1=没有;2=有	1.16	0.37
社区公益活动	1=没有;2=有	1.15	0.36
选举活动	1=没有;2=有	1.05	0.21
本地语言	1=不懂本地话;2=听得懂一些但不会讲;3=听得懂,也会讲一些;4=听得懂且会讲	2.46	1.02
社交语言	1=家乡话;2=普通话;3=本地话;4=视情况而定	2.16	0.70
归属感	1=完全不同意;2=不同意;3=基本同意;4=完全同意	3.30	0.68
他人看法	1=完全不同意;2=不同意;3=基本同意;4=完全同意	3.29	0.65
身份认同	1=是老家人;2=不知道自己是哪里人;3=是新本地人;4=是本地人	2.11	1.15
家庭迁移意愿	1=不迁来;2=视情况而定;3=是,带一部分来;4=是,全部都带来;5=已都在本地	3.15	1.55
户口迁入意愿	1=不愿意;2=愿意	1.55	0.50

① 相对收入水平的计算公式为:相对收入水平=流动人口的人均家庭年收入/所在城市城镇居民年人均可支配收入,如在上海的流动人口相对收入水平用其人均家庭收入除以上海市民年人均可支配收入,其他7个城市类推。为了消除两端极值的影响,对相对收入水平这一变量进行了1%水平上的缩尾处理。

因子分析(factor scores)是通过将每个变量标准化为平均数等于0和方差等于1,然后以因子分系数进行加权合计为每个因子构成的线性组合(linear composites)。基于最近的rotate或factor运算结果,Stata软件中的predict命令会自动进行这些计算,算出了7个因子的得分。[①] 因此,本研究没有在模型运算前对指标变量进行标准化处理。

(二)因子分析过程

Bartlett球度检验是经常用来判断数据是否适合可以因子分析的统计学方法。通过对流动人口市民化水平的4个结构性因素(经济地位、公共服务、社会融入和市民化意愿)进行KMO检验(Kaiser-Meyer-Olkin)和Bartlett球形检验,能很好地判断这4个结构因素对总体满意度的代表性和适合性程度。经检验,KMO检验值为0.7405;Bartlett球形检验给出的相伴概率为0.000,小于显著性水平0.01,因此在1%显著性水平上拒绝Bartlett球形检验的零假设。KMO值大于0.7和Bartlett球形检验都表明这些数据具有良好的结构化效度,[②]适合对流动人口市民化程度进行主成分分析。(见表5-3)

表5-3 因子的特征值、方差贡献率和权重

因子	特征值	方差贡献率	累积方差贡献率	权重
Factor1	3.168	0.176	0.176	0.265
Factor2	1.606	0.089	0.265	0.134
Factor3	1.578	0.088	0.353	0.132

① 参见[美]劳伦斯·汉密尔顿:《应用STATA做统计分析》(第2版),郭志刚等译,重庆大学出版社2011年版,第288页。

② KMO测量值越接近于1,表明因子分析对所用数据越有用。如果其值小于0.5,则因子分析结果就往往用处不大了。参见郭志刚:《社会统计分析方法SPSS软件应用》(第2版),中国人民大学出版社2015年版,第95页。

续表

因子	特征值	方差贡献率	累积方差贡献率	权重
Factor4	1.528	0.085	0.438	0.128
Factor5	1.525	0.085	0.523	0.128
Factor6	1.326	0.074	0.596	0.111
Factor7	1.219	0.068	0.664	0.102

通过主成分分析法和最大方差旋转法从这18个项目中抽取7个特征值大于1的因子，这些因子累积方差贡献率为0.664（见表5－3），因子载荷较高，表明这些因子对流动人口市民化程度具有一定的解释力。这7个因子分别命名为社会保障因子、市民化意愿因子、归属感因子、社区参与因子、收入因子、社交语言因子和居住因子。然后，本研究采用因子的方差贡献率占累积方差贡献率的比例作为该因子的权重，这种做法避免了专家赋权法、等权重法等方法的主观性，得到的权重更为客观和科学。表5－4报告了各因子得分。

表5－4 因子得分系数矩阵

变量名	Factor1	Factor2	Factor3	Factor4	Factor5	Factor6	Factor7
个人年收入	-0.020	0.121	-0.046	-0.011	0.581	-0.064	-0.078
相对收入水平	-0.008	-0.123	0.029	0.001	0.571	0.044	-0.005
住房性质	-0.029	0.007	-0.014	-0.073	-0.022	-0.143	0.651
社区类型	-0.044	-0.088	-0.022	0.043	-0.060	0.089	0.646
养老保险	0.288	0.012	0.000	-0.014	-0.018	0.059	-0.002
医疗保险	0.294	-0.002	-0.002	-0.015	-0.026	0.034	-0.012
工伤保险	0.268	-0.033	-0.004	0.025	0.011	0.010	-0.099
失业保险	0.288	-0.005	0.006	-0.017	-0.014	0.050	-0.004
社区文体活动	0.005	0.004	-0.042	0.544	-0.029	-0.069	-0.121
社区公益活动	0.006	-0.002	-0.031	0.500	0.018	-0.007	-0.069
选举活动	-0.035	-0.055	0.026	0.351	-0.013	-0.078	0.123

续表

变量名	Factor1	Factor2	Factor3	Factor4	Factor5	Factor6	Factor7
本地语言	-0.020	0.051	0.009	0.028	0.011	0.500	-0.012
社交语言	0.087	-0.095	-0.062	-0.105	-0.024	0.695	-0.045
归属感	0.002	-0.032	0.557	-0.006	-0.013	-0.043	-0.033
他人看法	-0.002	-0.091	0.576	-0.016	-0.006	-0.028	-0.003
身份认同	0.009	0.308	0.081	-0.043	0.024	0.161	0.002
户口迁入意愿	0.010	0.504	-0.077	-0.027	0.015	-0.087	-0.068
家庭迁移意愿	-0.036	0.527	-0.101	0.004	-0.032	-0.075	-0.035

再将每个因子值乘以其相应权重后相加，得到流动人口市民化水平(F)的方程，其计算公式为：

$$F = f1 \times 0.265 + f2 \times 0.134 + f3 \times 0.132 + f4 \times 0.128 + f5 \times 0.128 + f6 \times 0.111 + f7 \times 0.102$$

这样就可以得到综合因子 F，即流动人口市民化程度，从图 5-1中可以看出，这个综合因子并不是一个标准正态分布，而是一个小于0 的值占多数的偏态分布。

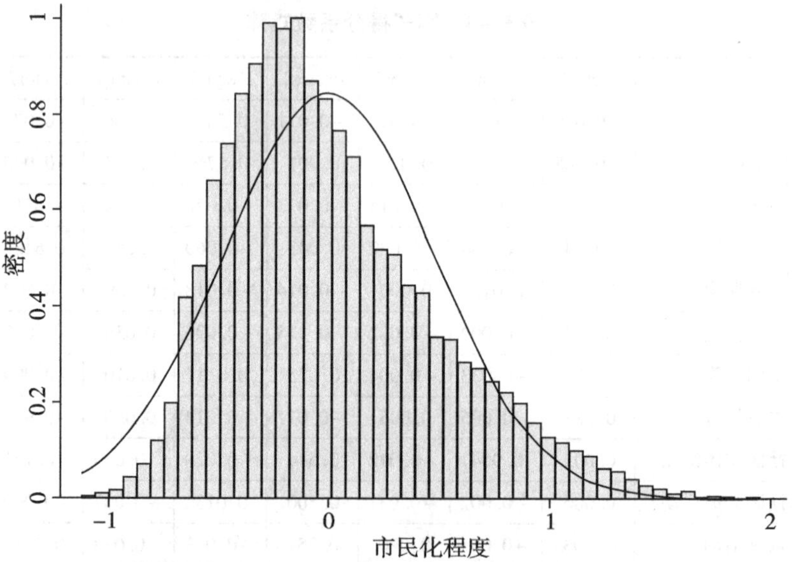

图 5-1　流动人口市民化程度的分布

三、流动人口市民化的现状和特征

在因子分析的基础上，本研究用标准化公式把流动人口的各因子计算成百分制，再乘以各自的权重，计算出流动人口市民化程度的百分制水平。标准化公式如下：

$$\mathrm{MI} = \frac{I_n + \max\limits_{1 \leqslant k \leqslant n} |I_k|}{2 \max\limits_{1 \leqslant k \leqslant n} |I_k|} \times 100$$

经过相对标准化计算后，得出流动人口市民化程度的最高分为 75 分、最低分为 35 分，均值为 49 分。虽然低于王桂新、沈建法等的研究结果，高于张斐的研究结论，但是与既有研究结论仍在大体上保持一致，[①]即流动人口的市民化程度仍然不高。结合本研究的需要，从代际、户籍性质等角度对流动人口市民化程度的现状和特征作简要描述。

（一）新生代流动人口的市民化程度相对较高

从代际视角来看（见表 5－5），新生代流动人口的市民化程度略高于老一代流动人口，新生代流动人口市民化程度的平均分为 49.5 分，老一代流动人口市民化程度的平均分为 48.6 分，新生代比老一代高 0.9 分。从四分位数来看，老一代流动人口在 0%～25% 区间的比例最高，占 28.53%；新生代流动人口在 75%～100% 区间的分布最多，为 26.37%。可见，老一代流动人口的市民化程

① 参见王桂新、沈建法、刘建波：《中国城市农民工市民化研究——以上海为例》，载《人口与发展》2008 年第 1 期；张斐：《新生代农民工市民化现状及影响因素分析》，载《人口研究》2011 年第 6 期；刘传江、程建林：《第二代农民工市民化：现状分析与进程测度》，载《人口研究》2008 年第 5 期；李荣彬、袁城、王国宏等：《新生代农民工市民化水平的现状及影响因素分析——基于我国 106 个城市调查数据的实证研究》，载《青年研究》2013 年第 1 期；任娟娟：《新生代农民工市民化水平及影响因素研究——以西安市为例》，载《兰州学刊》2012 年第 3 期。

度尤其是在最高组明显低于新生代流动人口。

表 5 – 5　代际与流动人口的市民化程度

项目	均值	0% ~25%	25% ~50%	50% ~75%	75% ~100%
老一代	48.6	28.53%	26.41%	24.15%	20.91%
新生代	49.5	25.30%	23.48%	24.85%	26.37%

(二)城城流动人口的市民化程度较高

从户籍性质来看(见表 5 – 6),乡城流动人口的市民化程度显著低于城城流动人口,乡城流动人口的均值仅为 48.5 分,比城城流动人口低 4.9 分。乡城流动人口在最低组 0% ~25% 区间分布的比例最高,在最高组 75% ~100% 区间的分布最低,仅为 21.07%;而城城流动人口在 75% ~100% 区间的比例达到 48.18%,比乡城流动人口高出 27.11 个百分点。这表明,城城流动人口的市民化程度相对比较高。

表 5 – 6　户口性质与流动人口的市民化程度

项目	均值	0% ~25%	25% ~50%	50% ~75%	75% ~100%
乡城流动人口	48.5	28.50%	25.60%	24.83%	21.07%
城城流动人口	53.4	11.94%	17.47%	22.41%	48.18%

(三)大专及以上文化程度的流动人口市民程度最高

市民化程度与受教育程度有线性增长关系,受教育程度越低、市民化程度越低,受教育程度越高、市民化程度越高(见表 5 – 7)。其中,小学及以下文化程度的市民化程度仅为 46.4 分,大专及以上为 54.8 分,差距较大。

表 5-7　受教育程度与流动人口的市民化程度

项目	均值	0%～25%	25%～50%	50%～75%	75%～100%
小学及以下	46.4	40.59%	26.06%	22.41%	10.94%
初中	47.9	30.17%	27.23%	25.25%	17.35%
高中或中专	50.3	19.95%	23.09%	26.44%	30.52%
大专及以上	54.8	9.95%	14.29%	18.91%	56.85%

（四）长三角城市的流动人口市民化程度相对较高

分城市类型来看（见表 5-8），长三角城市流动人口的市民化程度最高，为 50.5 分，东南沿海城市的市民化程度最低，仅为 45.9 分，中西部省会城市和西部地级市居中。长三角城市的流动人口在 75%～100% 区间的分布达到 35.89%，而东南沿海城市在这一区间的分布仅为 9.39%，中西部省会城市、西部地级市的比例也仅在 15% 左右。这说明，中西部省会城市、东南沿海城市和西部地级市的流动人口市民化水平仍然比较低，尤其是在最高组的分布比较少。

表 5-8　城市类型与流动人口的市民化程度

项目	均值	0%～25%	25%～50%	50%～75%	75%～100%
长三角城市	50.5	25.85%	19.43%	18.83%	35.89%
中西部省会城市	48.5	21.06%	29.93%	34.53%	14.49%
东南沿海城市	45.9	43.60%	28.69%	18.32%	9.39%
西部地级市	47.8	31.63%	28.16%	24.80%	15.41%

（五）东部地区流动人口市民化程度更高

从流动人口的来源地看（见表 5-9），来自东部地区的流动人口市民化水平最高，为 51.2 分，来自西部地区的最低为 47.9。来自东部地区的流动人口在 75%～100% 区间的比例为 36.86%，比来自中部地区和西部地区的流动人口分别高出 14.81% 和 19.74%。

表 5－9　流出地区与流动人口的市民化程度

项目	均值	0%～25%	25%～50%	50%～75%	75%～100%
东部地区	51.2	20.91%	20.14%	22.09%	36.86%
中部地区	48.7	27.52%	25.09%	25.34%	22.05%
西部地区	47.9	29.87%	27.87%	25.13%	17.12%

第二节　市民化对流动人口在流入地消费行为的影响分析

一、模型建立与结果分析

在市民化水平主成分因子分析的基础上，已经得出收入因子、居住因子、社会保障因子、市民化意愿因子、归属感因子、社区参与因子和社交语言因子是流动人口市民化程度的核心因子。

从理论假设来看，市民化程度对流动人口在流入地和流出地的消费具有显著影响。流动人口的市民化程度越高，对流入地的认同感和归属感越强，越把自己视为城市居民，就越有可能把更多的收入用在城市消费，而不是带回家乡消费。反之，如果流动人口的市民化水平较低，对城市的认同感就会越低，就越有可能把更多的收入带回老家消费。因此，本节把市民化程度作为解释变量，[①]又由于市民化水平指标体系中已经包含了流动人口的收入水平、家庭成员迁移情况、身份认同和迁移意愿等变量，为了避免共线性问题，不再把家庭特征、社保特征、迁移特征等因素作为自变量，而

① 由于相对标准化后计算出的分数值可能会产生偏差，这里的市民化程度仍是本章第一节各个因子加权计算后得出市民化程度，即变量 F。

是把性别、年龄、户口、受教育程度、婚姻状况、流动范围、流动时间和职业类别等个体性因素作为控制变量,婚姻状况用有无配偶表示。

由于因变量消费水平是连续变量,本研究采用多元线性回归来分析市民化水平对流动人口消费行为的影响。为了便于分析比较,笔者将人均年消费支出和家庭年消费支出作为因变量,分别得到模型1和模型2。为了检验市民化对消费的影响,笔者把恩格尔系数也作为因变量,作了回归分析,得到模型3,以便比较。为了避免数据的波动,仍然对3个因变量都作了对数处理。回归结果总体是显著的(F检验的P值是0),调整后的R方别达到0.166、0.280和0.068,说明模型的解释力度较高。对模型结果也作了多重共线性检验,检验结果显示,方差膨胀因子VIF值均低于10,表明模型中各变量之间不存在严重的多重共线性问题,模型结果较好。

从表5-10中可以看出,控制住性别、年龄、户口、受教育程度、婚姻状况等个体性特征后,市民化程度对流动人口在流入地的人均年消费支出和家庭年消费支出在0.001水平上都具有显著正向影响。如果以人均年消费支出为因变量,流动人口的市民化水平每增加一个单位,将会促进消费水平提升0.278个单位。如果以家庭总消费支出作为因变量,流动人口的市民化水平每增加一个单位,将会促使在流入地的消费水平增加0.289个单位。从恩格尔系数来看,市民化程度有显著负向作用,市民化程度每提高一个单位,恩格尔系数将会下降0.072个单位。虽然下降的幅度不是很大,但是也能体现市民化程度较高的流动人口,其家庭的恩格尔系数较低。可见,流动人口市民化程度的提高,能降低食品消费占家庭总消费支出的比例,即能降低生存型消费的比例,提高发展型和享受型消费的比例,也能大幅提高流动人口本人或其家庭在流入地的总消费水平。

表 5-10 市民化对流入地消费行为影响的回归分析结果

项目	模型 1	模型 2	模型 3
	人均消费水平	家庭总消费水平	食品支出水平
市民化程度	0.278 ***	0.289 ***	-0.072 ***
性别	-0.036 ***	-0.032 ***	-0.026 **
年龄（以 15~19 岁为参照）			
20~29 岁	0.095 ***	-0.023	-0.001
30~39 岁	0.084 ***	0.001	-0.013
40~49 岁	0.077 **	-0.042	-0.056 *
50~60 岁	0.036	-0.152 ***	-0.027
户口性质	0.085 ***	0.049 ***	-0.013
有无配偶	-0.288 ***	0.419 ***	-0.012
受教育程度（以小学及以下为参照）			
初中	0.024	0.008	-0.022
高中或中专	0.074 ***	0.007	-0.063 ***
大专及以上	0.194 ***	0.120 ***	-0.064 **
流动范围（以跨省流动为参照）			
省内跨市	-0.011	-0.012	-0.074 ***
市内跨县	-0.054 ***	-0.094 ***	-0.059 ***
流入时间（以 2 年以下为参照）			
2~4 年	-0.020 *	0.070 ***	-0.000
5~10 年	-0.028 **	0.129 ***	0.043 ***
10 年以上	-0.040 **	0.172 ***	0.071 ***
职业类别（以专业技术人员和办事员为参照）			
经商	0.117 ***	0.286 ***	-0.179 ***
社会生产和生活服务人员	-0.015	0.036 *	-0.073 ***
生产制造及有关人员	-0.101 ***	-0.136 ***	0.110 ***
其他	-0.076 **	-0.011	0.010
没有工作	-0.025	0.129 ***	-0.021
_cons	9.507 ***	9.766 ***	-0.805 ***
N	14,972	14,972	14,898

续表

项目	模型 1	模型 2	模型 3
	人均消费水平	家庭总消费水平	食品支出水平
R2	0.167	0.281	0.069
R2_a	0.166	0.280	0.068

注：$*p<0.05$，$**p<0.01$，$***p<0.001$；受表格长度限制，没有报告标准误。

二、市民化对流入地消费行为影响的代际比较

从代际视角来看（见表 5－11），控制住性别、户口、受教育程度、婚姻状况等个体性特征后，虽然市民化程度对老一代和新生代流动人口的人均年消费支出和家庭总消费支出在 0.001 水平上都具有显著正向影响，但亦体现了代际特征。如果以人均年消费支出水平为因变量，老一代和新生代流动人口的市民化水平每增加一个单位，将会促进消费水平分别提升 0.289 和 0.270 个单位。对新生代流动人口人均年消费水平的提升作用略低于老一代。如果以家庭总消费支出作为因变量，老一代和新生代流动人口的市民化程度每增加一个单位，将会促使在流入地的家庭总消费支出增加 0.339 和 0.256 个单位。这表明，从代际角度来看，老一代流动人口与新生代流动人口的市民化程度对流入地的人均消费支出均具有显著正向影响，但二者影响力的区别不大。不过，市民化程度对老一代流动人口家庭总消费支出的影响力度要大于新生代流动人口，具有更大的促进作用。这意味着，对 35 岁以上的流动人口来说，提高他们的市民化程度，能有效提升他们在流入地的消费水平。

表 5-11 市民化对不同代际流动人口消费行为影响的回归分析

项目	模型 1	模型 2	模型 3	模型 4
	老一代	新生代	老一代	新生代
	人均年消费水平	人均年消费水平	家庭总消费水平	家庭总消费水平
市民化程度	0.289*** (0.018)	0.270*** (0.014)	0.339*** (0.018)	0.256*** (0.014)
性别	-0.024 (0.013)	-0.046*** (0.010)	-0.006 (0.013)	-0.045*** (0.010)
其他控制变量	有	有	有	有

注:括号内的数字是标准误, $*p<0.05$, $**p<0.01$, $***p<0.001$,其他控制变量不再列出。

三、市民化对流入地消费行为影响的城市类型比较

市民化程度对不同类型城市的流动人口所起作用是否相同?是长三角地区流动人口市民化程度对消费水平的提升作用更大,还是西部地级市市民化程度对消费水平的作用更大?不同区域、不同类型城市之间是否存在一定的差异?把市民化水平作为解释变量,对长三角城市(上海、苏州、无锡)、省会城市(武汉、长沙、西安)、东南沿海城市(泉州)和西部地级市(咸阳)这 4 类城市分别进行回归,因变量为流入地的家庭总消费支出,控制变量除性别、年龄、受教育程度等个体特征外,还加入了配偶是否在本地、有无子女在本地等两个变量,分别得到模型 1、模型 2、模型 3 和模型 4(见表 5-12)。

从表 5-12 中可以看出,控制住个体和家庭因素后,市民化程度对中西部省会城市(武汉、长沙、西安)流动人口的消费水平影响力度最大,系数为 0.392,对东南沿海城市(泉州)的影响最小,系数为 0.146。对长三角城市、西部地级市影响系数分别为 0.241 和 0.228。这意味着,中西部省会城市的流动人口,如果其市民化水平提高 1 个单位,其家庭消费支出将能提高 0.392 个单位,对消费

的促进作用最为突出。在东南沿海城市，流动人口的市民化程度每提高 1 个单位，其家庭消费水平只能提高 0.146 个单位，比中西部省会城市低约 0.25 个单位。这表明，中西部省会城市的流动人口，其家庭消费水平受到市民化程度的影响较大，如果提高他们的市民化程度，将会大大促进他们在流入地的家庭消费。对长三角城市和西部地级市来说，提高流动人口的市民化程度，将能促进流动人口消费水平提升 20% 以上。对东南沿海城市来说，提高流动人口的市民化程度，仅能提升 14.6% 的家庭消费水平。因此，如果要提升流动人口在流入地的消费水平，应当因城施策。

表 5－12　市民化对不同类型城市流动人口消费行为影响的回归分析

项目	模型 1	模型 2	模型 3	模型 4
	长三角城市	中西部省会城市	东南沿海城市	西部地级市
市民化程度	0.241 ***	0.392 ***	0.146 ***	0.228 **
性别	－0.033 **	－0.035 **	－0.030	－0.041
年龄（以 15～19 岁为参照）				
20～29 岁	－0.000	－0.023	0.071	0.078
30～39 岁	－0.009	－0.004	0.106 *	0.074
40～49 岁	－0.057	0.015	0.030	0.090
50～60 岁	－0.084 *	－0.075	－0.109	－0.016
户口性质	0.094 ***	－0.015	0.117 **	－0.069
有无配偶	－0.007	0.018	－0.035	0.013
受教育程度参照				
初中	0.025	0.013	－0.014	－0.221 **
高中或中专	0.064 **	0.046	0.028	－0.214 **
大专及以上	0.230 ***	0.114 **	0.060	－0.246 **
流动范围（以跨省流动为参照）				
省内跨市	－0.034 **	－0.004	0.021	－0.020
市内跨县	0.073	－0.046 *	0.046	－0.079 *
流入时间（以 2 年以下为参照）				

续表

项目	模型 1	模型 2	模型 3	模型 4
	长三角城市	中西部省会城市	东南沿海城市	西部地级市
2～4 年	0.049***	0.012	0.006	0.091**
5～10 年	0.086***	0.013	0.037	0.052
10 年以上	0.102***	0.023	0.107**	0.128
职业类别(以专业技术人员和办事员为参照)				
经商	0.214***	0.249***	0.218***	0.215***
社会生产和生活服务人员	0.013	0.079**	-0.055	0.047
生产制造及有关人员	-0.159***	0.026	-0.147***	0.050
其他	-0.048	0.030	-0.145*	0.046
没有工作	0.081**	0.071	-0.152	0.163*
配偶是否在本地	0.425***	0.491***	0.408***	0.310***
有无子女在本地	0.247***	0.152***	0.288***	0.175***
_cons	9.636***	9.720***	9.667***	9.794***
N	7199	5003	1827	943
R2	0.433	0.354	0.401	0.295
R2_a	0.431	0.351	0.393	0.278

注：* $p<0.05$，** $p<0.01$，*** $p<0.001$；受表格长度限制，没有报告标准误。

第三节　市民化对流动人口在流出地消费行为的影响分析

流动人口在流出地的家庭消费水平的影响机理除了受家庭特征、汇款等因素影响外，是否还受到其他因素的制约呢？在上一节中，本研究分析得出市民化程度会对流动人口在流入地的消费水平产生较大的促进作用。那么流动人口的市民化程度会不会对其家乡的消费水平产生影响呢？如果流动人口的市民化程度较高，那么他们会更倾向于增加在流入地的消费，更有可能迁移到城市，减少在家乡的消费。反之则亦然。

一、模型建立与结果分析

由于因变量老家总支出中为0的比例达到22.79%，本节仍采用Tobit模型分析市民化程度对流动人口在老家的消费水平的影响。主要解释变量为流动人口的市民化程度，控制变量为个体特征、流出地的家庭特征和汇款等。Tobit模型的结果，使用命令tobcm检验扰动项是否服从正态分布。检验结果显示，CM值达到3575.1，故强烈拒绝“扰动项服从正态分布”的原假设，用归并最小绝对离差法（简写为CLAD）对模型结果进行修正。由于上一章已经对Tobit、CLAD模型原理、计算过程和关系进行了介绍和探讨，本节不再赘述。表5-13报告了OLS、Tobit和CLAD这三个模型的估计结果。

从模型结果来看，在Tobit和CLAD模型中，市民化程度对流动人口在老家的家庭消费水平都具有显著负向影响，系数分别为-0.271和-0.216。这表明，在CLAD模型中，流动人口在流入地的市民化程度每增加一个单位，其在流出地的家庭消费水平将降低0.216个单位。流动人口市民化程度的提高，会有效降低他们在家乡的消费。而在目前流动人口市民化程度较低的情况下，他们会把较多的收入用于在家乡的消费。反过来，这也限制了他们在城市的消费水平。按照新型城镇化战略目标，流动人口应当在城市进行更多的消费，最终在城市定居，而不是仍然把大量的经济收入带回家乡消费。有效破解这种流入地和流出地的消费困境具有重要意义，这不仅能促进新型城镇化的发展，也能增加消费在拉动

经济增长中的作用。(见表5－13)

表5－13　市民化对流出地家庭消费水平影响的回归分析

项目	模型1	模型2	模型3
	OLS	Tobit	CLAD
市民化程度	－0.042**	－0.271***	－0.216***
性别	－0.029**	－0.067	－0.054
代际	－0.054***	－0.157**	－0.122**
户口性质	0.029	0.245**	0.207**
婚姻状况	－0.005	－0.252***	－0.226***
受教育程度(以小学及以下为参照)			
初中	－0.034*	－0.111	－0.084
高中	－0.063**	－0.204*	－0.157*
大专及以上	－0.022	－0.036	－0.005
流动范围(以跨省流动为参照)			
省内跨市	0.030**	－0.053	－0.035
市内跨县	0.038*	－0.027	－0.012
职业类别(以专业技术人员和办事员为参照)			
经商	－0.003	－0.361***	－0.306***
社会生产和生活服务人员	－0.031	－0.290**	－0.247***
生产制造及有关人员	－0.004	－0.081	－0.057
其他	0.029	－0.233	－0.186
没有工作	0.015	0.042	0.035
流出地家庭年收入	0.939***	0.759***	0.661***
有无子女在老家	0.116***	0.629***	0.545***
家乡有无土地	0.024	0.508***	0.364***
汇款(以0元为参照)			
5000元及以下	0.035*	0.964***	0.725***
5001～10,000元	0.107***	1.345***	1.095***
10,001～50,000元	0.115***	1.482***	1.247***
_cons	0.071	0.672***	1.861***
N	11,220	12,752	12,752

注：$*p<0.05$，$**p<0.01$，$***p<0.001$；受表格长度限制，没有报告标准误。

二、市民化对流出地消费行为影响的代际比较

市民化对不同代际流动人口在流出地消费行为的影响有何不同，需要分类进行比较研究。因变量仍为流出地的家庭支出水平，主要解释变量为市民化程度，控制变量为性别、户口、受教育程度、流动范围、有无子女在老家等。先采用 Tobit 模型分别进行回归，得到模型 1 和模型 2，并运用命令 tobcm 检验扰动项是否服从正态分布，检验结果显示，都存在 CM 值比较大的情况，故强烈拒绝“扰动项服从正态分布”的原假设，用归并最小绝对离差法（简写为 CLAD），对模型结果进行修正，得到模型 3 和模型 4（见表 5－14）。

表 5－14　市民化对不同代际流动人口在流出地消费行为影响的回归分析

项目	模型 1	模型 2	模型 3	模型 4
	老一代	新生代	老一代	新生代
	Tobit	Tobit	CLAD	CLAD
市民化程度	－0.270*	－0.193**	－0.064*	－0.000
性别	－0.120	－0.061	0.004	－0.000
户口性质	0.535***	0.121	0.045	0.000
婚姻状况	0.104	－0.138**	0.068	－0.000
受教育程度（以小学及以下为参照）				
初中	－0.032	－0.259*	－0.020	－0.000
高中	－0.386**	－0.277*	－0.063	－0.000
大专及以上	－0.170	－0.153	0.024	－0.000
其他控制变量	有	有	有	有
_cons	－0.926**	0.550**	－0.132	0.000
N	5368	7384	4738	7444

注：* $p<0.05$，** $p<0.01$，*** $p<0.001$；为避免表格过长，控制变量没有全部报告，也没有报告标准误。

从代际视角来看，Tobit 模型的运行结果显示，市民化对老一代流动人口和新生代流动人口都有显著负向影响，系数分别为 -0.270和 -0.193。但是经过 CLAD 模型修正后，市民化仅对老一代流动人口在5%的水平上有显著负向影响，而对新生代流动人口在流出地的消费行为则没有显著影响。这表明，老一代流动人口的市民化程度越高，其在流出地的消费水平越有可能降低；而在新生代流动人口中则没有体现出这种特征。与本章第二节市民化对流入地消费行为影响的代际比较研究相结合可以发现，老一代流动人口的市民化程度越高，将越能促进其增加在流入地的消费，而相应减少其在流出地的消费。

第四节　市民化与流动人口消费行为的关系探讨

前文分析了市民化程度对流动人口在流入地和流出地消费行为的影响，流动人口的市民化程度越高，对流入地消费行为具有促进作用，而对流出地留守家庭的消费支出起制约作用。从上文我们也已经知道，由于代际、户籍性质、所在城市类型、来源地区的不同，流动人口的市民化程度也不同。那么，消费行为是否也因此存在差异？市民化程度是否会对流动人口的消费决策产生影响？市民化程度越高的流动人口，是否会在流入地进行更多的消费？

一、市民化与流入地的消费行为

以代际为切入点，可以看出，新生代流动人口的市民化程度较高，其消费水平也比较高（见表5－15）。新生代流动人口的人均年消费支出比老一代流动人口高出近2000元，食品消费支出也高于老一代流动人口。由于家庭总消费支出与流入地的家庭人数有直接关系，新生代流动人口的家庭人数比老一代少0.5个人，导致了家庭总消费支出比老一代低。因此，虽然新生代流动人口的家庭总消费支出低，但并不能说明他们的消费水平低。而且，从人均消费支出来看，新生代流动人口的消费水平是相对比较高的。

从户口性质来看，乡城流动人口的人均消费支出、家庭年消费支出和人均食品支出分别比城城流动人口低4468元、8775元和1178元，乡城流动人口的恩格尔系数比城城流动人口高3.29个单位。可见，较低的市民化程度制约了乡城流动人口的消费水平，使其消费水平和消费质量都低于城城流动人口。

从受教育程度来看，流动人口的受教育程度越高，市民化水平就越高，其消费水平也越高。大专及以上文化程度流动人口的人均消费支出、家庭年消费支出和人均食品支出分别比小学及以下高出7643元、9256元和2220元。虽然大专及以上文化程度流动人口在流入地的家庭人数比小学及以下少0.6人，但是家庭总消费支出还高出9256元，可见大专及以上文化程度由于其较高的市民化水平，消费水平确实相对较高。从人均食品支出和人均消费支出也可以看出，虽然大专及以上流动人口的人均食品支出仅比小学及以下高2220元，但是人均年消费支出要高出7643元。这多出来的5000多元，也说明大专及以上的流动人口，由于具有较高市民化程度，不仅消费水平相对较高，也实现了以食品消费为主的生存型消费结构向发展型、享受型消费结构的转变，实现了家庭消费结构的升级。

从流动范围来看，跨省流动的市民化程度略低于省内流动。

相应地,跨省流动的人均年消费支出低于省内流动人口,但是人均食品支出和恩格尔系数都高于省内流动。省际流动人口的市民化程度较低,其消费支出水平比较低,消费结构也有待提高。

从城市类型来看,就人均年消费支出来看,中西部省会城市流动人口的人均年消费支出最高,西部地级市最低。由于城市规模和地域的差异性,人均消费支出的绝对数与市民化没有相关性。不过,从恩格尔系数来看,中西部省会城市最低,东南沿海城市泉州最高。泉州的恩格尔系数与市民化程度具有高度一致性。前文用回归模型分析了不同类型城市市民化程度对消费的作用力度,市民化对消费具有显著促进作用,这都体现了市民化程度对消费结构的促进作用。

从流出地区来看,来自不同地区流动人口的消费水平与其市民化程度有紧密关系。市民化程度越高,人均年消费支出和家庭消费支出都比较高。市民化程度越低,消费支出越低。数据结果体现了市民化程度对消费水平的影响力。

从职业类别来看,专业技术人员和办事人员的市民化程度最高,达到54.8分。生产制造及有关人员、经商、社会生产和生活服务人员和其他的市民化程度都非常接近,在48~49分之间。专业技术人员和办事人员的人均年消费支出也是最高的,为17,331元。经商家庭的总消费支出最高,恩格尔系数最低,为37%,生活最富裕,但是其市民化程度较低,与社会保障参保率较低有关。如果经商人口的市民化程度能够进一步提高,其消费水平还能进一步提升、消费潜力还将进一步释放。(见表5-15)

表 5－15　流动人口的市民化程度与消费支出

项目	市民化程度	人均消费支出/元	家庭年消费支出/元	人均食品支出/元	恩格尔系数/%	家庭人数/人
代际						
老一代	48.6	12,784	32,859	5281	43.43	2.78
新生代	49.5	14,523	29,747	6030	43.47	2.27
户口性质						
农业户口	48.5	13,303	30,044	5588	43.83	2.49
非农业户口	53.4	17,771	38,819	6766	40.54	2.37
受教育程度						
小学及以下	46.4	11,379	29,594	5137	46.61	2.8
初中	47.9	12,719	29,749	5416	44.36	2.6
高中或中专	50.3	14,990	31,090	5938	41.55	2.3
大专及以上	54.8	19,022	38,850	7357	40.11	2.2
城市类型						
长三角城市	50.5	13,637	31,182	5976	45.96	2.5
中西部省会城市	48.5	14,456	33,396	5177	37.41	2.6
东南沿海城市	45.9	13,452	28,358	6637	51.57	2.4
西部地级市	47.8	12,079	21,415	5003	42.29	2
流动范围						
跨省流动	48.7	13,514	30,258	5937	45.88	2.5
省内跨市	49.6	14,183	32,455	5449	40.45	2.5
市内跨县	49.4	14,205	30,423	5393	39.62	2.4
来源地						
东部地区	51.2	14,689	34,056	6202	44.57	2.5
中部地区	48.7	13,870	31,874	5607	42.52	2.5
西部地区	47.9	12,883	26,551	5530	44.44	2.3
职业类别						
专业技术人员和办事员	54.8	17,331	35,048	7049	42.70	2.3
经商	48.6	15,964	42,311	5493	36.54	2.9
社会生产、生活服务人员	48.2	14,122	30,762	5444	40.21	2.4

续表

项目	市民化程度	人均消费支出/元	家庭年消费支出/元	人均食品支出/元	恩格尔系数/%	家庭人数/人
生产制造及有关人员	49.2	12,465	25,165	5974	49.11	2.2
其他	48	13,175	29,929	5570	43.38	2.6
没有工作	48.7	12,343	35,103	5098	43.41	3

总的来看,来自东部地区、大专及以上文化程度、在长三角城市工作、专业技术人员和办事人员,其市民化程度最高,也促进了其消费水平的提高和消费结构的升级,而那些来自西部地区、省际流动的低学历的乡城流动人口,其市民化程度最低,也制约了消费水平的提升。不过,虽然城城流动人口的市民化程度比乡城流动人口高,但是仍然有待提升。

二、市民化与流动人口的消费决策

由于流动人口在迁移流动的过程中受到乡村和城市的双重影响,前文已经提及流动人口在家乡消费的均值超过了310,000元。所以,研究流动人口家庭的消费行为,不仅需要将其在流入地的消费和老家的消费分别进行研究,还要将流入地的消费和老家的消费结合在一起进行研究。本小节将以市民化为视角研究流动人口的消费决策,即流动人口消费的跨地域分配问题。研究假设为:流动人口的市民化程度越高,其在流入地的消费支出越多,即流入地的家庭消费占总支出的比例越大,在流出地的消费支出就会越少。流入地的家庭消费支出比例按如下公式进行计算:

$$P = \frac{C_{流入地}}{C_{流入地} + C_{流出地}} \times 100\%$$

其中,P 表示流入地的家庭消费支出占流动人口总消费支出的比例。

从计算结果来看，流动人口在流入地的家庭消费占总消费支出的比例为75.49%。流入地的消费占总消费支出的3/4左右，与李凯、曹广忠的研究结论基本一致。[①] 分城市类型来看，长三角城市流动人口家庭消费占总消费支出的比例为75.31%，中西部省会城市为80.31%，东南沿海城市泉州为62.25%，咸阳为70.33%。不同类型城市，流动人口在流入地的消费比例差异较大，消费比例最高的是中西部省会城市，最低的是东南沿海城市泉州。那么，流动人口这一消费决策的作用机制是什么呢？

从前文已经知道，市民化程度对流入地的消费有促进作用，对流出地的消费有负向影响。那么，市民化程度的高低会不会对消费决策有不同的影响？本研究把流动人口的市民化程度进行四等分，对不同市民化程度流动人口的消费决策进行比较。最低组（0%～25%）的市民化程度均值为41.8分，中等偏下组（25%～50%）的均值46.49分，中等偏上组（50%～75%）的均值为50.2分，最高组（75%～100%）的均值为58.6分。最高组比最低组的市民化程度高出近17分，说明流动人口的市民化程度差异较大。

市民化程度最低组在流入地的消费比例为0.71、最高组在流入地的消费比例为0.75，中等偏下组和中等偏上组的比例分别为0.76和0.80（见表5－16）。看起来这似乎不符合市民化程度越高，流入地消费支出越多的研究假设。但从人均消费支出来看，流动人口的人均消费支出与市民化呈线性关系，即市民化程度越高，人均消费支出越高，市民化最高组比最低组多3164元。由于流入地的总消费支出受家庭人数的影响，中等偏下组和中等偏上组的家庭在流入地的人数比最高组分别多0.14人和0.28人（见表5－16），

① 参见李凯、曹广忠：《农民工家庭城乡消费决策的影响因素——基于东部9城市抽样调查数据的分析》，载《人口与发展》2012年第5期。

导致家庭总消费支出较高，也使流入地的消费比例较高。①

表 5－16 市民化程度与流动人口的消费决策

市民化	人均消费支出/元	家庭总消费支出/元	流入地消费比例	老家消费总支出/元	流入地家庭人数/人	老家子女数/人
0% ~25%	12,488	36,323	0.71	11,275	2.57	0.53
25% ~50%	13,298	40,404	0.76	10,263	2.83	0.36
50% ~75%	13,932	44,133	0.80	9655	2.97	0.27
75% ~100%	15,652	45,935	0.75	12,108	2.69	0.31
均值	13,806	41,572	0.75	10,821	2.77	0.37

从流出地的家庭消费支出来看，也将其分成四等份，并与流动人口市民化程度进行交叉分析，可以看出：市民化程度最低组的流动人口，其流出地家庭消费支出在中等偏上组（50% ~75%）的分布最多，为29.62%；市民化程度最高组也是在中等偏上组分布得最多，占28.8%，在最高组的分布也比较高，达到25.56%。市民化程度处于中等偏下组和中等偏上组的流动人口，其流出地家庭消费支出都在最低组（0% ~25%）分布最多，分别为27.94%和34.02%，在最高组的分布最低（见表5－17）。市民化程度最低组的流动人口在流出地的家庭消费支出均值也高于中等偏下组和中等偏上组（见表5－16），与市民化程度越高、流出地的消费比例越高保持一致。

但有一个现象值得关注，即市民化程度最高组的流动人口，流出地家庭消费在中等偏上组和最高组分布较高，而消费支出的金额最高。这似乎与研究假设不符，笔者深入分析后发现，市民化程度最高组的流动人口，来自东部地区的比例较大，而最低组的来自

① 由于问卷题目的原因，流出地的家庭人数不能准确判断，因此，无法用人均消费支出比例进行计算，于是用流入地家庭消费支出占总消费支出的比例研究流动人口的消费决策问题。

西部地区的比例较大,东西部地区之间经济生活水平差异较大,导致了东部地区消费水平总体较高。同时,流出地的子女数等因素也会影响家庭消费支出。此外,市民化程度最高组的流动人口,其收入也是相对最高的,他们更有可能也更有能力在家乡维持较高的消费水平甚至进行炫耀性消费。以上原因共同导致,市民化程度较高的流动人口,其流出地家庭消费支出也比较高。这也很好地解释了,市民化程度最高的长三角城市流动人口,其流入地消费比例低于中西部省会城市,东南沿海城市市民化程度最低,其流入地的消费支出比例也是最低的。

表 5－17　流动人口市民化程度与流出地家庭消费支出分布　单位:%

市民化程度	流出地家庭消费支出				
	0% ~25%	25% ~50%	50% ~75%	75% ~100%	合计
0% ~25%	21.58	24.73	29.62	24.07	100.00
25% ~50%	27.94	25.74	25.58	20.74	100.00
50% ~75%	34.02	24.50	22.71	18.77	100.00
75% ~100%	23.30	22.35	28.80	25.55	100.00
合计	26.65	24.36	26.71	22.28	100.00

总的来看,市民化程度对流动人口家庭的消费决策具有显著影响。市民化程度越高,越会把更多的收入用于在流入地的消费支出;市民化程度越低,越会把较多的收入用于老家的消费支出。此外,我们还可以发现,虽然市民化程度较高的流动人口,其在流出地和流入地都保持了相对较高的消费水平,但流出地的消费仍然受家庭因素和所在地区社会经济发展水平的影响。市民化程度处于中间水平的群体,由于其家庭成员在流入地比较多,所以在流入地的消费支出也占较大比例。

本章小结

本章首先梳理了流动人口(或农民工)市民化的指标设立,在既有研究的基础上,从经济地位、公共服务、社会融入、市民化意愿4个维度构建了流动人口市民化的指标体系,运用主成分因子分析法,提取了社会保障因子、居住因子、经济因子、社交语言因子等7个因子。然后,根据各个因子的方差贡献率计算出因子所对应的权重,加权计算出流动人口的市民化程度。这一方法不仅避免了市民化指标体系中指标设置的随意性,也尽最大可能避免了等权重法、专家赋权法等主观方法导致权重不科学的问题。经过相对标准化计算后,流动人口市民化程度的均值为49分,处于市民化的中等程度,与既有研究结论基本保持一致。

其次,本章深入分析了市民化程度对流动人口在流入地和流出地消费水平的影响。研究结果显示,市民化程度对流动人口在流入地的家庭人均消费支出、家庭总消费支出都有显著正向影响,对恩格尔系数有负向影响。这表明,流动人口的市民化程度越高,其在城市的消费水平就越高。流动人口市民化程度对流出地的家庭消费支出呈显著负向影响。从城市类型来看,不同类型城市,流动人口的市民化程度存在一定的差异,消费决策也由此存在很大不同。市民化程度最高的长三角城市流动人口,既在城市具有相对较高的消费水平,又在流出地的消费行为也保持了较高的消费水平。市民化程度最低的东南沿海城市的流动人口,其在城市的消费水平最低,而在老家的消费支出相对较高。从代际视角来看,老一代流动人口市民化水平的提升对其在流入地的消费行为的正向影响更大，老一代流动人口的市民化程度越高，越能降低其在流出地的消费支出；而新生代流动人口市民化水平的提升只能促进其在流入地消费水平的提升，而对其在流出地的消费水平几乎没有影响。

最后，从市民化与流动人口消费行为的关系来看，来自东部地区、大专及以上文化程度、在长三角城市工作、专业技术人员和办事员，其市民化程度最高，在流入地的消费水平也最高。来自西部地区、省际流动的低学历的乡城流动人口市民化程度最低，消费水平也最低，同时也制约了其消费水平的提升。

此外，市民化对流动人口家庭的消费决策具有显著影响。流动人口市民化程度越高，在流入地的消费支出水平越高；市民化程度越低，越会把更多的收入用于家乡的消费。值得注意的是，流出地的消费支出受家庭规模等因素和所在地区社会经济水平的影响，导致来自东部地区的流动人口，虽然其市民化程度最高，但其流出地的家庭消费水平也比较高。

第六章　流动人口的住房消费行为研究

住房是流动人口能够在城市安居乐业的重要保障。由于城乡二元性的社会制度、住房转轨制度以及自身因素，流动人口尤其是乡城流动人口的住房状况仍然与城市户籍人口存在较大差异，拥有自购房或租住公房的比例大幅偏低。[①] 从现实情况看，虽然最新研究表明流动人口住房的整体水平与本地居民的差距并不悬殊，但人口流入集聚的在东部沿海，尤其是京津冀、长三角和珠三角等经济较发达地区，流动人口的居住环境仍较为拥挤，且房屋老旧、设施缺乏，基本被排斥在保障性住房体系之外。[②] 既有研究还显示，在流入地的住房条件较好尤其是有自有住房对流动人口的健康状况、社会地位都有显著正向影响，[③]但随着近年来城市居住成本的不断上升，

---

① 参见杨菊华：《制度要素与流动人口的住房保障》，载《人口研究》2018 年第 1 期。

② 参见王宇凡、柴康妮、卓云霞等：《中国城市流动人口住房质量的空间分异与影响因素》，载《地理学报》2021 年第 12 期。

③ 参见李荣彬：《安居何以安康？青年流动人口的住房获得与健康不平等》，载《中国青年研究》2023 年第 8 期。

住房问题不仅关系到流动人口本身的发展，也成为制约城市进一步发展的瓶颈。[①] 本书第三章的分析显示，住房消费是流动人口在流入地的一项非常重要的支出，流动人口每月房租支出的均值是609 元，住房消费支出占家庭总消费支出的比重为23.54%，接近日常消费支出的1/4。人口净流入对流入地经济发展有显著促进作用，无论是城城人口流动还是乡城人口流动，都对经济发展有促进作用。[②] 流动人口在城市的住房状况是关系到其在流入地能否稳定地工作和生活的重要基础，不仅关系到流动人口在流入地的生活质量，还关系到他们在流入地的社会融入。因此，研究流动人口在流入地的住房消费水平、已购房情况、购房意愿等住房消费情况，对促进流动人口的社会融合、提高其市民化水平，促进城市化水平的进一步提高具有重要意义。本章将从住房性质、住房消费支出水平及其影响因素、在流入地的购房行为、购房意愿及其影响因素等方面分析流动人口的住房状况。

第一节　流动人口的住房消费现状

2016 年流动人口动态监测调查数据是关于流动人口住房消费最全面的数据，该调查显示，流动人口在流入地的住房消费支出的均值为平均每月 772 元，占家庭总消费支出的 21.51%。如果去除

---

① 参见李含伟、王贤斌、刘丽：《流动人口居住与住房视角下的社会融合问题研究》，载《南方人口》2017 年第 5 期。

② 参见柯文前、肖宝玉、林李月等：《中国省际城乡流动人口空间格局演变及与区域经济发展的关系》，载《地理学报》2023 年第 8 期。

没有住房消费支出的样本，流动人口平均每月花在住房上的支出为1044元，占家庭消费支出的29.12%。从住房性质来看，58.70%的受访者租住私房，租住在单位/雇主房的占3.39%，住在政府提供廉价房的为0.15%，住在政府提供公租房的为0.65%，住在单位/雇主提供免费住房(不包括就业场所)的为7.79%，住在自购房的为23.01%，借房住的比例是1.61%，1.73%的住在就业场所，还有2.76%的住在自建房中(见表6-1)。这表明，租房仍是流动人口最主要的居住形式，租住私房和租住在单位/雇主房的合计达到62.09%。排在第二位的是住在自购房(占23.01%)，排在第三位的是由单位/雇主提供免费住房(占7.79%)。能够获得政府提供的廉价房或公租房的比例非常低，二者合计仅为0.80%。由于住房性质的项目较多，本书把相近的项目进行合并，合并后的住房性质分为自购房、租房、单位/雇主房、保障性住房、就业场所、其他共6类。[①] 从户籍、代际、流动特征、职业特征等角度分析流动人口住房消费支出水平和住房性质情况，并进行对比。

表6-1　流动人口的住房性质

住房性质	频数	频率/%
租住单位/雇主房	5646	3.39
租住私房	97,762	58.70
政府提供廉价房	251	0.15
政府提供公租房	1081	0.65
单位/雇主提供免费住房(不包括就业场所)	12,973	7.79
自购住房	38,320	23.01
借住房	2678	1.61

① 租住单位/雇主房、租住私房合并为租房，政府提供廉价房、政府提供公租房合并为保障性住房，借住房、自建房和其他非正规居所合并为其他，合并后共得到自购房、租房、单位/雇主房、保障性住房、就业场所、其他共6类。

续表

住房性质	频数	频率/%
就业场所	2878	1.73
自建房	4603	2.76
其他非正规居所	346	0.21
合计	166,538	100.00

一、流动人口在流入地住房消费的基本特征

住房消费与流动人口的户籍、代际、受教育程度等基本特征有密切关系，本书将从这三个方面分析流动人口住房消费的支出水平和住房性质。

(一)户籍性质与流动人口的住房消费

当前，流动人口的主体仍然是从农村到城市的农民，即乡城流动人口，2016 年动态监测调查中占 83.52%，但是也有一部分从小城镇、中小城市流动到其他城市的城城流动人口，占 16.48%。[①] 乡城流动人口和城城流动人口在住房消费上存在哪些区别呢？

1. 户籍性质与住房性质

从表 6－2 来看，乡城流动人口排在前三位的住房形式是租房、自购房和由用人单位或雇主提供的免费住房，分别占 65.21%、19.51% 和 8.10%，租房是乡城流动人口最重要的住房形式。

对城城流动人口来说，排在前三位的也是租房、自购房和由用人单位或雇主提供的免费住房，分别占 46.27%、40.76% 和

① 2016 年流动人口动态监测调查对户籍性质的调查有农业、非农业、农业转居民、非农业转居民、居民、其他共 6 个选项，本章在处理数据时把农业和农业转居民合并成农业，占 83.13%，非农业和非农业转居民合并成非农业，占 15.15%，居民和其他合并成一类，占 1.72%。由于居民这一类的比例很低，本章只用农业和非农业户口进行比较分析。

6.23%。虽然租房也是城城流动人口的首要住房形式,但是城城流动人口住在自购房的比例达到40.76%,这意味着四成多的城城流动人口已经住在自有商品房中,比乡城流动人口高21.25%。住在单位/雇主提供的免费住房的城城流动人口比乡城流动人口低2.30%。可以在一定程度上说明城城流动人口的住房条件好于乡城流动人口。

表6-2　乡城流动人口和城城流动人口的住房性质　单位:%

户口性质	自购房	租房	单位/雇主房	保障性住房	就业场所	其他	合计
农业户口	19.51	65.21	8.10	0.69	1.85	4.64	100.00
非农业户口	40.76	46.26	6.23	1.37	1.12	4.26	100.00

2. 户籍性质与住房支出

从住房消费支出水平来看,乡城流动人口平均每月用于房租的支出为715元,而城城流动人口每月的住房支出为1057元。去除住房消费支出为0的样本后,乡城流动人口的住房支出为每月948元,城城流动人口的住房支出为每月1604元。可见,城城流动人口的住房消费支出水平更高。

(二)代际与流动人口的住房消费

前文分析显示新生代流动人口的消费水平要高于老一代流动人口。那么,在住房消费上,是否也体现出这种特点呢?

1. 代际与住房性质

从住房性质来看,老一代流动人口的租房比例为60.40%,略低于新生代流动人口的63.30%;老一代流动人口自购房的比例为25.51%,比新生代流动人口的21.23%高出4.28%。住在单位/雇主房、保障性住房、就业场所等其他几种住房类型的比例都较为接近。

2. 代际与住房消费支出

从2016年动态监测数据来看,老一代流动人口的比例为

41.68%，新生代流动人口的比例为58.32%，新生代流动人口已经超过老一代而成为重要的流动主体。从在流入地的住房消费支出来看，老一代流动人口的住房消费支出水平为每月708元，而新生代流动人口的住房消费支出为每月817元。把住房消费支出为0的样本都去掉后发现，老一代流动人口平均每月住房消费支出是989元，新生代流动人口的是1082元。可见，新生代流动人口的住房支出水平比老一代要高一点，每月多100元左右。

（三）受教育程度与流动人口的住房消费

在2016年流动人口动态监测调查中，流动人口的受教育程度仍然以初中及以下为主，占47.32%，高中或中专的占22.40%，大学专科的为9.83%，大学本科及以上的仅为6.26%，还有14.19%的为小学及以下文化程度。本书前文也已指出，受教育程度对流动人口的消费水平有显著正向影响，那么对住房消费支出的影响如何呢？

1. 受教育程度与住房性质

从受教育程度与住房性质的交叉分析来看（见表6-3），小学及以下和初中受教育程度的流动人口，租房居住的比例都比较高，分别为64.78%和66.89%，这两个群体自购房的比例也最低，分别为16.71%和18.60%。大学本科及以上学历的流动人口，租房的比例最低，仅为43.39%，而其拥有自购房的比例最高，达到44.20%。从住房性质来看，受教育程度越高，租房的比例越低，自购房的比例也越高。这说明，受教育程度在大学专科及以上的流动人口，经济实力较强，更有能力在流入地购买商品房。与对住房消费支出水平的分析一致，随着流动人口受教育程度的提高，其经济收入水平更高，能够承担较多的房租或房贷，居住条件更好。不可忽视的一点是，小学及以下受教育程度的流动人口住在就业场所和其他（含借住房、自建房和其他非正规居所)的比例最高。这表明,文化程度越低,越有可能为了减轻经济负担,不得不把就业场所当作住所,或者不得不采取借住、自建等方式解决居住问题。

表6-3 受教育程度与流动人口的住房性质

单位:%

受教育程度	自购房	租房	单位/雇主房	保障性住房	就业场所	其他	合计
小学及以下	16.71	64.78	7.16	1.04	2.08	8.23	100.00
初中	18.60	66.89	7.81	0.55	1.93	4.22	100.00
高中/中专	24.78	60.54	8.19	0.87	1.76	3.86	100.00
大学专科	35.83	50.55	8.12	0.98	1.01	3.51	100.00
大学本科及以上	44.20	43.39	7.11	1.63	0.42	3.25	100.00

2. 受教育程度与住房消费支出

数据分析结果显示,流动人口的住房消费支出水平与受教育程度密切相关,去除住房消费支出为0的样本后,小学及以下受教育程度的流动人口,其住房消费支出每月仅为754元,初中、高中或中专、大学专科、大学本科及以上每月住房消费支出为882元、1121元、1496元和2060元,这表明,随着受教育程度的上升,流动人口的住房消费支出水平也随之提高。

二、职业特征与流动人口的住房消费

(一)职业类别与流动人口的住房消费

1. 职业类别与住房性质

我们把流动人口的职业类别分成专业技术人员和办事员、经商商贩、商业服务业人员、生产运输建筑人员、其他共5类。这其中,专业技术人员和办事员中住在自购房的比例最高,达到了34.14%,租房的比例相对较低,只有47.97%。以经商和商贩为职业的流动人口,租房比例最高的,达到69.94%,住在自购房的比例为23.14%。商业服务业人员住在自购房的为19.14%,租房的为67.31%。生产运输建筑人员住在自购房的比例最低,仅有14.70%,租房的为60.90%,住在单位或雇主提供的免费住房中的比例最高,达到19.08%。这表明,流动人口的住房性质与他们的职业类别有一定的关联性,专业技术人员和办事员住在自购房的比例最高,也较有可能获得单位或雇主提供的免费住房,而生产运输建筑人员住在自购房的比例最低,他们住在单位或雇主提供的免费住房的比例也是最高的,经商商贩租房居住的比例是最高的,他们也是最有可能住在就业场所中的。

2. 职业类别与住房消费支出

从职业类别来看,去除住房消费支出为0的样本后,专业技术人员和办事员的住房消费支出为每月1541元,经商商贩的住房支出每月为1287元,商业和服务业人员的住房支出为每月1016元,生产运输建筑人员为640元,其他的为957元。可见,专业技术人员和办事员的住房消费支出水平最高,生产运输建筑人员的住房支出水平最低。

(二)单位行业与流动人口的住房消费

1. 单位行业与住房性质

我们把单位行业分成制造业、建筑业、批发零售业、住宿餐饮娱乐业、社会服务业、高端服务业和农林牧渔业共7类。从单位行业来看(见表6-4),从事高端服务业的流动人口住在自购房的比例最高,达到33.57%,租房的比例为54.30%;从事住宿餐饮娱乐业的流动人口租房居住的比例最高,为70.12%;在制造业工作的流动人口住在单位或雇主免费提供的住房的比例最高,达到23.97%,他们住在自购房的比例最低,只有14.23%。同时,我们还可以看出,高端服务业的流动人口住在保障性住房比例虽然只有1.40%,但还是高于其他行业的流动人口,这表明,高端服务业的流动人口更有可能获得保障性住房。此外,农林牧渔行业的流动人口住房性质最为复杂,租房的只有28.68%,有28.32%的住房性质为其他。(见表6-4)

表6-4　单位行业与流动人口的住房性质　单位:%

单位行业	自购房	租房	单位/雇主房	保障性住房	就业场所	其他	合计
制造业	14.23	58.25	23.97	0.67	0.84	2.04	100.00
建筑业	20.20	62.17	9.49	0.72	2.18	5.24	100.00
批发零售业	23.62	68.62	1.45	0.45	3.14	2.72	100.00
住宿餐饮娱乐业	14.94	70.12	9.46	0.44	2.38	2.66	100.00
社会服务业	22.24	65.45	5.74	0.78	2.04	3.75	100.00
高端服务业	33.57	54.30	6.43	1.40	0.82	3.48	100.00
农林牧渔业	33.14	28.68	7.06	1.16	1.64	28.32	100.00

2. 单位行业与住房消费支出

去除住房消费支出为0的样本后,在制造业工作的流动人口每月住房消费支出为700元,建筑业的为每月863元,批发零售业的为1223元,住宿餐饮娱乐业的为每月1034元,社会服务业的为1004元,高端服务业的为每月1585元,农林牧渔业的为690元。可见,在高端服务业工作的流动人口每月住房消费支出最高,在制造业和农林牧渔业等行业工作的流动人口住房消费支出较低。

三、流动特征与流动人口的住房消费

(一)流动时长与流动人口的住房消费

1. 流动时长与住房性质

从流动时长来看,在流入地居住0~5年、6~10年和10年以上的流动人口,住在自购房中的比例分别是18.08%、28.45%和

34. 42%，租房的比例分别是 65. 14%、60. 14% 和 53. 00%，住在单位/雇主房的比例分别是 10. 22%、4. 47% 和 3. 09%。这表明，流动人口在流入地的时间工作和生活得越久，住在自购房的比例越高，租房和住在单位/雇主房免费提供住房的比例也会随之下降。

2. 流动时长与住房消费支出

去除住房消费支出为 0 的样本后，在流入地居住 0～5 年的流动人口，其每月住房消费支出为 995 元，居住 6～10 年即定居性比较强的流动人口，其每月住房支出为 1122 元，居住 10 年以上即定居性非常强的流动人口，住房支出为每月 1142 元。可见，在流入地工作和生活的时间越久，即定居性越强，流动人口的住房消费支出越多。

（二）流动范围与流动人口的住房消费

前文研究显示，省内跨市流动对流动人口的消费支出水平有显著正向影响，那么，省内流动、跨省流动对流动人口的住房消费有没有不同的影响呢？

1. 流动范围与住房性质

从流动范围和住房性质的交叉分析来看（见表 6－5），跨省流动的租房比例最高，为 67. 38%，超过省内跨市的 58. 05% 和市内跨县的 54. 88%，住在单位/雇主免费提供的住房的比例也是最高的，为 9. 38%，超过省内跨市的 6. 47% 和市内跨县的 5. 80%。同时，自购房的比例是最低的，仅有 17. 37%，低于省内跨市流动人口的 26. 82% 和市内跨县流动人口的 31. 68%。由此可见，跨省流动人口在流入地主要以租房为主，还有近 10% 的选择住在由单位/雇主提供的免费住房里，他们在流入地住在自购房的比例是最低的，还不足两成。虽然省内跨市和市内跨县流动的也主要是租房住，但其比例要低于跨省流动人口，且住在自购房的比例比跨省流动人口都要高出百分之十几。

表 6 - 5 流动范围与流动人口的住房性质

单位:%

流动范围	自购房	租房	单位/雇主房	保障性住房	就业场所	其他	合计
跨省流动	17.37	67.38	9.38	0.46	1.78	3.63	100.00
省内跨市	26.82	58.05	6.47	1.38	1.63	5.65	100.00
市内跨县	31.68	54.88	5.80	0.66	1.76	5.22	100.00

2. 流动范围与住房消费水平

去除住房消费支出为 0 的样本,跨省流动、省内跨市、市内跨县的流动人口,平均每月住房消费支出分别为 1079 元、1046 元和 931 元。可见,跨省流动和省内跨市流动的人口住房消费支出水平相差无几,没有明显区别,市内跨县流动人口的住房消费支出最低。

四、流入地区与流动人口的住房消费

(一)流入地区与住房性质

国家统计局把全国划分成东部、中部、西部和东北 4 个部分,本书在此基础上,把辽宁划入东部、黑龙江和吉林划入中部,把全国划分成东部、中部和西部三个地区。[①] 从流入地区来看(见表 6 - 6),东部地区流动人口租房的比例最高,达到 65.97%,住在单位/雇主提供的免费住房的比例也是最高的,为 10.81%,住在自购房的比例最低,仅有 18.38%。中部地区流动人口租房的比例为 57.41%,住在单位/雇主房的比例为 6.67%,自购房的比例最高,为 29.69%。

① 本书在参考国家统计局对东部、中部和西部划分的基础上,把辽宁划入东部、吉林和黑龙江划入中部。国家统计局:《经济地带是如何划分的?》,载国家统计局网 2021 年 2 月 18 日,https://www.stats.gov.cn/zt_18555/zthd/lhfw/2021/rdwt/202302/t20230214_1903926.html。

西部地区流动人口租房的比例为60.10%、住在单位/雇主房的比例为4.63%，住在自购房的为24.69%。可见，东部地区流动人口主要是以租房为主，也会在意单位/雇主能不能提供免费住房。中部地区流动人口自购房的比例较高，租房的比例最低。西部地区流动人口租房居住和住在自购房的比例都处在东部和中部的中间。把流入地区和流动范围进行交叉分析后，我们发现，东部地区流动人口中跨省流动的比例最高，达到七成，省内流动的比例较低；中部流动人口中跨省流动的比例最低，仅有21.87%，省内跨市和市内跨县流动的比例最高，分别为45.80%和32.33%，可见中部地区的流动人口八成是来自省内，越有可能在流入地购买住房；西部流动人口中跨省流动的比例在四成左右，约六成都来自省内流动，自购房的也相比东部地区高一些。这表明，省内流动的人口越有可能在流入地购买住房，而跨省流动的更倾向于租房，此外，由于东部地区以跨省流动为主，加上东部地区房价相对较高，流动人口要在东部地区购房较为困难，也是导致东部地区流动人口自购房比例较低的原因之一。

表6-6　流入地区与流动人口的住房性质　　单位：%

流入地区	自购房	租房	单位/雇主房	保障性住房	就业场所	其他	合计
东部地区	18.38	65.97	10.81	0.31	1.44	3.09	100.00
中部地区	29.69	57.41	6.67	0.25	2.49	3.49	100.00
西部地区	24.69	60.10	4.63	1.79	1.61	7.18	100.00

(二)流入地区与住房消费支出

去除住房消费支出为0的样本后，东部地区流动人口每月住房消费支出为1122元，中部地区流动人口每月住房消费支出为1043元，西部地区流动人口每月住房消费支出为942元。可见，西部地区流动人口在住房消费支出的金额最少。这与上文的分析保持一致,即东部地区房租价格较高导致住房支出较高,中部地区流动人口自购房比例较高可能需要还房贷,而且房租价格也高于西部地区,使得东部和中部地区流动人口的住房支出都高于西部地区。

第二节　流动人口的购房行为及购房计划

一、流动人口的购房行为

购房消费行为是指已经购买了商品房,即实际已经发生的购房行为。2016 年动态监测数据调查了流动人口的购房情况,27.36%的流动人口表示已经在流入地购买了住房,[①]7.02%的流动人口表示已经在户籍地区县政府所在地购买了住房,已经在户籍地乡镇政府所在地、村购买了住房的分别为 4.87% 和 15.42%,已经在其他地方购房的为 2.16%。下面将从基本特征、职业特征、流动特征、流入地区等不同角度分析流动人口的已购房情况。

(一)基本特征与流动人口的购房行为

1. 户籍性质与流动人口的购房行为

从购房行为来看,在具有农业户口的流动人口中,有 23.96%

---

① 流动人口在本地的购房比例高于前文分析住房性质时住在自购房的比例(23.36%),可以理解为自己购买的住房尚未交房、或住房位置离工作单位较远,仍然需要租房居住。

的受访者已经在流入地购买了住房,4.82%的受访者已经在户籍地区县政府所在地购房,4.34%的受访者已经在户籍地乡镇政府所在地购买了住房,17.41%的受访者在户籍地村已经购买了住房,1.71%在其他地区已经购买了住房(见表6-7)。

在非农业户口中,有44.58%的受访者已经在流入地购买了住房,18.14%的受访者已经在户籍地区县政府所在地购房,7.53%的受访者已经在户籍地乡镇政府所在地购买了住房,5.36%的受访者已经在户籍地村购买了住房,4.48%的已经在其他地区购买了住房。

可见,具有非农业户口的城城流动人口,他们在流入地已经购房的比例要比具有乡城农业户口的流动人口高出21%左右,还有近两成的已经在户籍地区县政府所在地购房,乡城流动人口不仅在流入地购房的比例较低,而且在户籍地区县或乡镇政府所在地购房的比例也很低,合计不到10%。总的来看,无论是乡城流动人口还是城城流动人口,他们在经济条件允许的情况下,都更倾向于在流入地购房,而不是回到户籍地区县或乡镇政府所在地购房。

表6-7 户籍性质与流动人口的已购房情况 单位:%

户口性质	本地已购房	户籍地区县政府所在地已购房	户籍地乡镇政府所在地已购房	户籍地村已购房	其他地区已购房
农业户口	23.96	4.82	4.34	17.41	1.71
非农业户口	44.58	18.14	7.53	5.36	4.48

2.代际与流动人口的购房行为

从代际与已购房情况的交叉分析来看,在老一代流动人口中,有29.81%的受访者已经在流入地购买了住房,已经在户籍地区县政府所在地、户籍地乡镇政府所在地、户籍地村已经购房的分别为

7.77%、5.11%和16.22%,2.09%在其他地区购买了住房。在新生代流动人口中,有25.60%的受访者已经在流入地购买了住房,已经在户籍地区县政府所在地、户籍地乡镇政府所在地、户籍地村购房的分别为6.48%、4.69%和14.86%,已经在其他地区购买了住房的为2.21%。总的来看,老一代流动人口中已购房的比例高于新生代流动人口,而且,无论是在本地已经购房还是在户籍地已经购房的比例都略高于新生代流动人口。

3. 受教育程度与流动人口的购房行为

从受教育程度与已购房情况的交叉分析来看(见表6-8),具有小学及以下、初中文化程度的流动人口,在流入地已购房的比例均在两成多,具有高中/中专文化程度的在流入地已购房的比例接近三成,大学专科中已购房的超过了四成,大学本科及以上的则达到了五成。可见,受教育程度越高,越有可能在流入地已经购买住房。在户籍地区县政府所在地已购房的比例也随着文化程度的提高而提高,但增加的幅度比较小,仅从4.12%提高至14.36%,即大学本科及以上流动人口在户籍地区县政府所在地购房的比例只比小学及以下文化程度的高10%左右。无论何种文化程度,流动人口在户籍地乡镇政府所在地已购房的比较都比较低,均在5%上下。此外,随着文化程度的提高,流动人口在户籍地村购房的比例越来越低,但在其他地区已购的比例则略有增加。

总的来看,虽然受教育程度越高,流动人口在户籍地区县政府所在地购买住房的比例会增加,但是他们还是越有可能在流入地购买住房,且在流入地已经购买住房的比例大幅超过在户籍地购房的比例。

表 6-8　受教育程度与流动人口的已购房情况　单位:%

受教育程度	本地已购房	户籍地区县政府所在地已购房	户籍地乡镇政府所在地已购房	户籍地村已购房	其他地区已购房
小学及以下	20.74	4.12	4.02	18.17	1.26
初中	22.58	5.46	4.63	17.28	1.62
高中/中专	29.13	8.22	5.71	14.88	2.37
大学专科	41.27	11.31	5.33	9.17	3.65
大学本科及以上	50.25	14.36	4.83	6.93	5.18

(二)职业特征与流动人口的购房行为

1. 职业类别与流动人口的购房行为

职业是专业技术人员和办事员的,在本地已购房的比例达到39.83%,是所有职业类别中已购房中比例最高的。最低的是生产运输建筑业人员,在本地已购房的比例仅为17.65%。已经在户籍地区县政府所在地购房的比例最高的也是专业技术人员和办事员,达到12.28%,而其他几个职业类别的流动人口在户籍地区县政府所在地购房的比例都在6%~8%。无论是何种职业类别,在户籍地乡镇政府所在地已购房的比例都差不多,均在5%左右。专业技术人员和办事员在户籍地村已购房的比例最低,远低于其他几个职业类别的。从职业类别来看,专业技术人员和办事员在流入地购房的较多,也更有能力在户籍地区县政府所在地购房,但他们回户籍地乡镇政府所在地和户籍地村购房的非常少。

2. 单位行业与流动人口的购房行为

从单位行业来看(见表6-9),在高端服务业工作的流动人口已经在本地购房的比例最高,达到38.62%,在制造业工作的流动人口已经在本地购房的比例最低,只有17.51%,在住宿餐饮娱乐业工作的流动人口在本地已购房的比例也较低,仅为18.85%。在建筑业、批发零售业、社会服务业和农林牧渔业等行业工作的在本地有自购房的比例分别是24.10%、28.97%、27.20%和38.18%。从表6-9中还可以看出，从事高端服务业的流动人口，在户籍地区县政府所在地已购房的比例相对来说也略高于其他行业的流动人口，为11.71%。这表明，在高端服务业工作的流动人口由于较强的经济实力，他们会首选在流入地购房，其次是在户籍地区县政府所在地购房，他们是流动人口中购房能力最强的群体。在制造业和住宿餐饮娱乐业工作的流动人口在流入地的购房能力是比较弱的。

表6-9　单位行业与流动人口的已购房情况　单位：%

单位行业	本地已购房	户籍地区县政府所在地已购房	户籍地乡镇政府所在地已购房	户籍地村已购房	其他地区已购房
制造业	17.51	7.63	5.29	12.94	2.14
建筑业	24.10	6.58	4.75	17.15	2.21
批发零售业	28.97	6.85	4.98	16.37	2.07
住宿餐饮娱乐业	18.85	6.86	5.43	18.31	2.03
社会服务业	27.20	6.47	4.86	16.70	2.05
高端服务业	38.62	11.71	5.17	10.74	3.65
农林牧渔业	38.18	3.28	2.08	15.01	1.37

（三）流动特征与流动人口的购房行为

1.流动时长与流动人口的购房行为

从流入时长来看，在流入地居住0~5年的流动人口中，有21.77%的已经在流入地购买了住房，在户籍地区县、乡镇政府所在地、户籍地村已经购买住房的分别为6.81%、5.10%和16.51%，在其他地区已购房的为2.05%。在流入地居住6~10年的流动人口中，有33.48%的已经在流入地购买了住房，在户籍地区县、乡镇政府所在地、户籍地村已经购买住房的分别为7.28%、4.50%和14.27%，在其他地区已购房的为2.18%。在流入地居住10年以上的流动人口中，有40.35%的已经在流入地购买了住房，在户籍地区县、乡镇政府所在地、户籍地村已经购买住房的分别为7.41%、4.48%和12.65%，在其他地区已购房的为2.56%。可见，在流入地的定居时间越长，在当地购买住房的比例越高，而回到户籍地区县政府所在地购买住房的比例则没有明显增加，且回户籍地乡镇政府所在地、村购买住房的比例还会略有减少。

2. 流动范围与流动人口的购房行为

从流动范围来看，在跨省流动的人口中，有20.51%已经在流入地购买了住房，在户籍地区县、乡镇政府所在地、户籍地村已经购买住房的分别为8.73%、5.83%和17.82%，在其他地区已购房的为2.35%。在省内跨市的流动人口中，有32.43%已经在流入地购买了住房，在户籍地区县、乡镇政府所在地、户籍地村已经购买住房的分别为5.75%、4.13%和12.98%，在其他地区已购房的为2.02%。在市内跨县的流动人口中，有37.03%已经在流入地购买了住房，在户籍地区县、乡镇政府所在地、户籍地村已经购买住房的分别为4.60%、3.54%和13.34%，在其他地区已购房的为1.89%。可见，从流动范围来看，跨省流动人口在流入地购买住房的比例最低，仅在两成左右，他们在户籍地区县、乡镇政府所在地购房的比例略高于省内流动人口。市内跨县流动人口在流入地已购房的比例最高，在户籍地区县、乡镇政府所在地购房的比例最低。

（四）流入地区与流动人口的购房行为

从流入地区来看（见表6-10），东部地区的流动人口，在当地即流入地（下同）已经购买住房的比例为21.92%，在户籍地区县、乡镇政府所在地、户籍地村已经购买住房的分别为8.42%、5.40%

和13.94%，在其他地区已购房的为2.24%。中部地区的流动人口，在当地已经购买住房的比例为35.00%，在户籍地区县、乡镇政府所在地、户籍地村、其他地区已经购买住房的分别为5.54%、4.28%、13.89%和2.12%。西部地区的流动人口，在当地已经购买住房的比例为29.46%，在户籍地区县、乡镇政府所在地、户籍地村、其他地区已经购买住房的分别为6.17%、4.55%、18.31%和2.09%。这表明，中部地区的流动人口，在当地已经购买住房的比例最高，他们回到户籍地区县、乡镇政府所在地购买住房的比例也最低。而东部地区的流动人口，在流入地购买住房的比例则最低，只有21.92%，他们回到户籍地区县、乡镇政府所在地购买住房的比例则略高于中部地区和西部地区的流动人口。

表6-10　流入地区与流动人口的已购房情况　　单位：%

项目	流入地已购房	户籍地区县政府所在地已购房	户籍地乡镇政府所在地已购房	户籍地村已购房	其他地区已购房
东部地区	21.92	8.42	5.40	13.94	2.24
中部地区	35.00	5.54	4.28	13.89	2.12
西部地区	29.46	6.17	4.55	18.31	2.09

二、流动人口的购房计划

购房计划是指流动人口打算在哪里购买住房。2016年流动人口动态监测调查结果显示，打算在流入地购房的流动人口为23.38%，打算回到户籍地区县、乡镇政府所在地、村购买住房的比例分别为5.66%、3.18%和5.67%，打算到其他地方购房的为2.77%。下面将从基本特征、职业特征、流动特征、流入地区等不同角度描述流动人口的购房计划。

(一)基本特征与流动人口的购房计划

1. 户籍性质与流动人口的购房计划

从户籍性质来看(见表6－11),具有非农业户口的流动人口打算在流入地购房的比例为29.39%,比农业户口的流动人口高出7.20%。非农业户口的流动人口打算回到户籍地区县政府所在地购房的比例与农业户口的非常接近,分别为6.04%和5.59%;而农业户口的流动人口打算回户籍地乡镇政府所在地、村购买住房的比例则略高于非农业户口,分别为3.35%和6.46%,但是打算回到户籍地购房的比例合计在一起,还是低于打算在流入地购房的比例。可见,只要在经济条件允许的情况下,无论何种户籍性质,流动人口都更倾向于在流入地购房,而不是回到户籍地或其他地区购房。

表6－11　户籍性质与流动人口的购房目的地　　单位:%

户籍性质	在流入地购房	户籍地区县政府所在地购房	户籍地乡镇政府所在地购房	户籍地村购房	其他地区购房
农业户口	22.19	5.59	3.35	6.46	2.49
非农业户口	29.39	6.04	2.34	1.67	4.21

2. 代际与流动人口的购房计划

从代际与计划购房目的地的交叉来看,新生代流动人口计划在流入地购房的比例更高,为25.40%,比老一代高出近5个百分点。同时,新生代流动人口打算回到户籍地区县、乡镇政府所在地购房的比例分别为6.32%和3.29%,略高于老一代流动人口,只有打算回户籍地村购房的略低于老一代流动人口。可见,虽然新生代流动人口在流入地已经购房的比例低于老一代流动人口,但是他们在流入地购房的意愿更强烈,将来也更有可能在流入地购房。

3. 受教育程度与流动人口的购房计划

从受教育程度与计划购房目的地的交叉来看(见表6-12),小学及以下、初中、高中/中专、大学专科、大学本科及以上打算在流入地购房的比例分别为16.27%、20.75%、25.54%、32.59%和37.17%,这表明,随着受教育程度的提高,流动人口打算在流入地购房的比例也在增加。此外,高中/中专文化程度的流动人口打算回到户籍地区县、乡镇政府所在地购房比例是最高的,分别为6.79%和3.58%。小学及以下文化程度的流动人口,计划回到户籍地区县、乡镇政府所在地购房的比例都比较低,但他们计划回到户籍地村购房的比例是最高的,为7.38%。这可能与其收入水平最低有关,这其中收入比较好的希望能在流入地买房,收入不高的回户籍地区县、乡镇政府所在地购房的能力较弱。

总的来看,随着文化程度的提高,流动人口计划在流入地购房的比例也随之增高,大学专科和大学本科及以上文化程度的计划在流入地购房的是小学及以下的两倍还要多。除了小学及以下的,文化程度越高,回到户籍地购房的意愿也越来越低。

表6-12 受教育程度与流动人口的购房目的地

单位:%

受教育程度	在流入地购房	户籍地区县政府所在地购房	户籍地乡镇政府所在地购房	户籍地村购房	其他地区购房
小学及以下	16.27	3.83	2.73	7.38	1.84
初中	20.75	5.70	3.55	6.53	2.29
高中/中专	25.54	6.79	3.58	5.25	3.30
大学专科	32.59	5.95	2.24	2.72	4.05
大学本科及以上	37.17	5.04	1.49	1.51	4.62

（二）职业特征与流动人口的购房计划

1. 职业类别与流动人口的购房计划

从流动人口的职业类别来看，专业技术人员和办事员打算在流入地购房的比例最高，达到30.59%。生产、运输、建筑人员打算在本地购房的比例是最低的，仅为15.88%，然而生产运输建筑人员打算在户籍地区县政府所在地购房的比例为7.37%，只比其他几个职业类别高出1~3个百分点。无论何种职业类别，打算在户籍地乡镇政府所在地购房的比例都比较低，均不足5%。经商商贩、商业服务业人员和其他职业的流动人口计划在本地购房的比例差不多都在25%左右，而打算回到户籍地区县政府所在地购房的比例也只有5%。这表明，专业技术人员和办事员具有较强的经济能力和专业技术水平，有能力在流入地购买住房，并且计划在流入地购房定居；而生产、运输、建筑人员由于经济收入或工作的稳定性等原因导致在流入地的购买意愿或购房能力偏弱，但他们打算回户籍地购房的意愿也并不强烈。可以说，无论何种职业类别的流动人口，他们都会首选在流入地购房。

2. 单位行业与流动人口的购房计划

从单位行业来看（见表6－13），在高端服务业工作的流动人口计划在流入地购房的比例最高，达到34.09%，在制造业工作的流动人口计划在流入地购房的比例最低，只有14.68%。在建筑业、批发零售业、住宿餐饮娱乐业、社会服务业、农林牧渔业等行业工作的流动人口计划在流入地购房的比例都是两成多点。虽然在制造业工作的流动人口打算在流入地购房的比例最低，但是他们计划回到户籍地区县政府所在地，或户籍地乡镇政府所在地购房的比例分别为8.45%和4.58%，都略高于在其他行业工作的流动人口。

表 6－13　单位行业与流动人口的购房目的地　　单位:%

单位行业	在流入地购房	户籍地区县政府所在地购房	户籍地乡镇政府所在地购房	户籍地村购房	其他地区购房
制造业	14.68	8.45	4.58	5.52	2.55
建筑业	21.42	6.10	3.47	7.14	2.79
批发零售业	25.35	5.27	2.70	5.96	2.54
住宿餐饮娱乐业	22.01	5.76	3.81	6.53	2.79
社会服务业	25.46	4.83	2.83	5.26	2.58
高端服务业	34.09	6.27	2.43	3.05	3.92
农林牧渔业	23.11	3.45	2.20	4.41	2.80

(三)流动特征与流动人口的购房计划

1. 流动时长与流动人口的购房计划

从流动时长与购房计划来看,在流入地居住 0～5 年、6～10 年、10 年以上的流动人口打算在本地购房的比例分别为 22.02%、25.60% 和 25.50%,打算回到户籍地区县政府所在地购房的比例分别为 6.31%、4.95% 和 4.17%。可见,在流入地居住 5 年以上的流动人口,打算在本地购房的更多;反之,在流入地居住时间越短,打算回到户籍地购房的越多。

2. 流动范围与流动人口的购房计划

从流动范围来看,跨省流动人口打算在流入地购房的比例最低,只有 19.20%,打算回户籍地购房的比例分别为 7.50% 和 4.25%,略高于省内跨市和市内跨县流动人口。省内跨市和市内跨县流动人口打算在本地购房的比例都达到了 27%。结合已购房的情况来看,跨省流动人口中只有四成左右会在流入地购房,他们回户籍地购房的可能性略高于省内流动人口。省内流动人口已经或打算在本地购房的合计达到了六成,比跨省流动人口高出两成。因此,对流入地来说,省内流动人口是重要的购房群体,当然,如何让跨省流动人口在流入地购房定居也是一项重要课题。

（四）流入地区与流动人口的购房计划

如表6－14所示，东部地区的流动人口，计划在本地即流入地购买住房的比例为21.00%，计划回户籍地区县、乡镇政府所在地、村购买住房的分别为7.08%、4.10%和5.15%。中部地区的流动人口，计划在流入地购买住房的比例为26.46%，在户籍地区县、乡镇政府所在地、村购买住房的分别为3.74%、1.94%和3.25%。西部地区的流动人口，计划在本地购买住房的比例为24.46%，计划回户籍地区县、乡镇政府所在地、村购买住房的分别为5.07%、2.79%和7.90%。结合前文的分析来看，中部地区的流动人口，不仅在本地已经购买住房的比例最高，而且打算在本地购买住房的比例也是最高的，他们计划回到户籍地区县、乡镇政府所在地、村购买住房的比例是最低的。东部地区的流动人口，不仅在当地已经购买住房的比例最低，而且计划在本地购买住房的比例也是最低的，他们计划回户籍地购买住房的比例是最高的。这意味着，中西部地区的流动人口，最有可能在流入地买房，东部地区流动人口在流入地买房的意愿相对低一些。

表6－14　流入地区与流动人口的购房目的地　　单位：%

流入地区	在流入地购房	户籍地区县政府所在地购房	户籍地乡镇政府所在地购房	户籍地村购房	其他地区购房
东部地区	21.00	7.08	4.10	5.15	2.54
中部地区	26.46	3.74	1.94	3.25	2.92
西部地区	24.46	5.07	2.79	7.90	2.99

第三节　流动人口住房消费行为的影响因素分析

本章前两节对流动人口住房性质、支出水平、购房行为和购房计划等情况进行了描述性分析，并从个体特征、流动特征、职业特征和流入地区等角度进行了比较。当前我国流动人口的主体还是以农村剩余劳动力为主，农村剩余劳动力从流动到迁移可以分为三个阶段，分别是初次流动、城乡往返和定居城市（含城镇）。但是，由于流动人口无论是农村剩余劳动力还是来自小城镇、中小城市的城城流动人口，他们大多属于低收入群体，持续走高的城市房价和租金，供给缺乏的保障性住房都会对流动人口的长期定居意愿和家庭化迁移决策产生阻碍效应。[①] 住房问题一直是流动人口在流入地实现市民化的最大障碍，也是近年来学术界关注的热点问题。那么，流动人口住房消费支出水平以及在流入地的购房行为和购房意愿会受到哪些因素的影响呢？本节将分别讨论流动人口的住房消费支出水平、在流入地的购房行为和购房意愿的影响因素等问题。

一、流动人口住房消费支出水平的影响因素分析

（一）研究设计

由前文分析可知，流动人口的住房状况主要是租住私房为主，自购房的比例只有两成多。房租房贷的支出水平在一定程度上体

① 参见杨菊华：《制度要素与流动人口的住房保障》，载《人口研究》2018 年第 1 期。

现了流动人口的住房质量。通常来说，经济收入是影响住房选择的重要因素，但鉴于流动人口的特殊性，其在流入地的住房支付能力即住房消费水平不仅由收入水平决定，还会受到家庭状况、社会保障和社会融入等其他因素的影响。综合既有研究，本节将运用OLS线性回归模型，从流动特征、职业特征、家庭特征、社会融入和社会保障等多个角度，分析流动人口住房消费支出水平的影响因素，并进行东部、中部和西部地区之间的比较。

1. 变量的选取

(1)被解释变量

住房消费支出水平。本研究用流动人口家庭在流入地平均每月住房支出(仅房租/房贷)来表示流动人口在本地的住房消费支出水平，为确保模型的稳健性，对其取对数。

(2)主要解释变量

家庭特征。一项对环渤海、长三角、珠三角、成渝4个区域12个城市流动人口的研究发现，“独住型”、“夫妻同住型”、“两代同住型”和“三代同住型”的流动家庭住房特征存在显著差异，其购房比例和住房质量依次提高。[①] 即家庭特征对流动人口的住房质量有影响。结合2016年流动人口动态监测数据的实际情况，本书选取家庭收入和流入地家庭人数作为解释变量。

流动特征。流动特征包括流动时长、流动范围和流动原因这三个变量，流动时长是指本次流动时长，流动范围分为跨省流动和省内流动，流动原因分为经济性原因和社会性原因。

职业特征。丁浩利用中国家庭收入调查数据分析得出，提高就业稳定性有助于提高农民工家庭住房的可及性。即如果有稳定

---

① 参见冯长春、李天娇、曹广忠等：《家庭式迁移的流动人口住房状况》，载《地理研究》2017年第4期。

的工作、有失业保险，那么在居住支出上的花费也更高，居住质量也会更高。① 职业类别这一变量可以体现流动人口的职业技能和工作的稳定性，此外，不同行业的收入不同、工作性质不同，也会影响流动人口的住房性质和支出水平。因此，本书用职业类别、单位行业这两个变量体现流动人口的职业特征。

融入特征。流动人口如果愿意在流入地长期居住，愿意把户口迁到流入地都是希望积极融入的重要体现。社会融入意愿也是影响住房消费水平的因素。

社会保险。周战强、罗俊研究认为，相对于没有社会保障的农民工来说，拥有社会保障的农民工住房消费增加更多。② 本书采用在流入地是否参加城镇职工医疗保险表示在流入地有无城镇职工社会保险。

将流动人口的个体特征作为控制变量。流动人口的个体特征主要包括：性别、年龄、受教育程度、婚姻状况和户口性质。

具体的变量设计及描述统计如表 6－15 所示。

表 6－15　流动人口住房消费支出的基本情况描述

变量名称	赋值	均值	标准差	最小值	最大值
被解释变量					
住房消费支出	连续变量	6.53	0.92	1.61	8.81
家庭总支出	连续变量	8	0.58	6.21	9.8
流动特征					
流动时长	0～5 年＝1，6～10 年＝2，10 年以上＝3	1.51	0.73	1	3
流动范围	跨省流动＝1，省内流动＝2	1.49	0.5	1	2

① 参见丁浩：《就业稳定性、住房可及性与农民工家庭消费》，载《消费经济》2018 年第 1 期。

② 参见周战强、罗俊：《身份认同对农民工住房消费的影响》，载《海南师范大学学报（社会科学版）》2021 年第 3 期。

续表

变量名称	赋值	均值	标准差	最小值	最大值
流动原因	务工经商 =1,社会性流动 =2	1.13	0.33	1	2
职业特征					
职业类别	专业技术人员办事员 =1,经商商贩 =2,商业服务业人员 =3,生产运输建筑业人员 =4,其他 =5,没有工作 =6	2.35	1.49	0	6
单位行业	制造业 =1,建筑业 =2,批发零售业 =3,住宿餐饮娱乐业 =4,社会服务业 =5,高端服务业 =6,农林牧渔业 =7,没有工作 =8	2.97	1.96	0	8
家庭特征					
家庭收入对数	连续变量	8.67	0.55	6.91	10.6
流入地家庭人数	连续变量	2.64	1.13	1	10
融入特征					
长期居留意愿	不愿意 =0,愿意 =1	0.58	0.49	0	1
户口迁入意愿	不愿意 =0,愿意 =1	0.33	0.47	0	1
社会保险					
有无本地城镇职工社会保险	没有 =0,有 =1	0.14	0.35	0	1
控制变量					
性别	男性 =0,女性 =1	0.48	0.5	0	1
年龄	连续变量	34.44	9.57	15	65
受教育程度	小学及以下 =1,初中 =2,高中/中专 =3,大学专科 =4,大学本科及以上 =5	2.45	1.03	1	5
婚姻状况	未婚离异丧偶同居 =0,在婚 =1	0.82	0.39	0	1
户口性质	农业户口 =0,非农业户口 =1	0.15	0.35	0	1

2. 模型的设定

本节采用 Stata17.0 社会统计分析软件对流动人口的家庭消费支出水平进行 OLS 线性回归分析。刘厚莲认为,特大城市流动人口以租住私房为主,居住设施较差且住房支出压力较大,经济能力较差的农民工、新生代、个体化迁移的流动人口更偏向于租住私房。[①] 王伟、陈杰对三线及以下城市的研究发现,三线及以下城市的农村流动人口普遍存在住房支付能力比较低的现象,且房价收入比存在明显的地区差异,该指标在东部地区最高,其次是西部地区,中部地区最低。[②] 本书在此基础上,将对东部、中部和西部的流动人口住房消费水平进行分析比较,分别为模型1、模型2和模型3。模型4为全国流动人口住房消费支出的影响因素分析。为了便于比较,本书还运用线性回归模型分析了全国流动人口在流入地家庭消费支出的影响因素,为模型5(见表6-16)。

为了便于客观分析,本部分仅把住房消费支出不为0的样本作为因变量,去除了住房消费支出为0的样本,这样得到全国范围的有效样本123,047个,东部、中部和西部地区的有效样本分别为55,631个、25,574个和41,842个。为了提高模型的平稳性与适用性,对被解释变量月住房消费支出、家庭月总支出,以及解释变量家庭月收入进行缩尾并取自然对数。此外,5个模型的结果都通过了多重共线性检验。模型1、模型2、模型3、模型4和模型5的VIF平均值分别为2.03、2.58、2.46、2.17和2.17,VIF最大值均小于10,说明这5个模型都不存在共线性问题。

(二)实证结果分析

从流动特征来看,本次流动时长对东部地区流动人口的住房消费支出没有显著影响,对中部、西部地区流动人口有显著负向影响,但对家庭月总支出有显著正向影响。从流动范围来看,相对跨省流动人口,省内流动对东部、中部地区流动人口的住房消费水平有显著正向影响,对西部地区流动人口则有显著负向影响。从流动原因来

① 参见刘厚莲:《我国特大城市流动人口住房状况分析》,载《人口学刊》2016年第5期。

② 参见王伟、陈杰:《我国农村流动人口城市住房支付能力研究——基于典型的三线及以下城市的考察》,载《城乡规划》2017年第5期。

看,以务工经商等经济性流动为参照组,社会性流动只对东部地区流动人口有显著正向影响,而对中部地区流动人口有显著负向影响,对全国流动人口的家庭月总支出也有显著正向影响。

从职业特征来看,以专业技术人员和办事员为参照,经商商贩无论对东部、中部地区还是西部地区流动人口的住房消费支出都有显著正向影响,商业服务业人员只对东部和西部地区的流动人口有显著正向影响,对中部地区没有显著影响。生产、运输、建筑业人员无论对哪个地区流动人口的住房消费支出都是负面影响。从单位行业来看,以制造业为参照组,建筑业、批发零售业、住宿餐饮娱乐业、社会服务业、高端服务业无论对哪个地区还是全国的流动人口住房消费支出都有显著正向影响,农林牧渔业只对西部地区的流动人口有显著负向影响,对东部、中部地区的影响都不显著。

从家庭特征来看,家庭收入对东部、中部和西部地区流动人口的住房消费支出都有显著正向影响。在其他自变量不变的情况下,家庭收入每增加一个单位,东部、中部和西部流动人口的住房支出将分别增加 0.63 元、0.726 元和 0.67 元。流入地家庭规模对东部、西部地区的流动人口住房支出都有显著正向影响,但对中部地区的影响不显著。

从融入特征来看,就长期居留意愿而言,以不愿意没想好为参照组,愿意长期居住对东部、中部和西部地区流动人口的住房支出都有显著正向影响。而户口迁入意愿只对东部地区的流动人口有显著正向影响,对中部和西部地区的影响都不显著。

从社会保险来看,有流入地城镇职工社会保险对东部、中部和西部流动人口的家庭住房消费支出都有显著正向影响。

就控制变量而言,性别只对东部地区流动人口的住房消费支出显著正向影响,年龄对东部、西部地区的流动人口有显著正向影响。相对小学及以下,受教育程度越高,对住房消费支出的正向影响越显著,系数越大。非农业户口相对农业户口,也有显著正向影响。婚姻状况则在不同地区影响不同,对东部地区流动人口的影响不显著,对中部地区有显著正向影响,对西部地区则是显著负向影响。

总的来看,省内流动,以经商商贩为职业,在建筑业、批发零售业、住宿餐饮娱乐业、社会服务业、高端服务业等行业工作,家庭收入较高,愿意在流入地长期居住,有本地城镇职工社会保险,较高的文化程度,都会对东部、中部和西部地区流动人口的住房消费支出水平有显著正向影响。不同点表现在,流动时长对东部地区流动人口住房消费支出的影响不显著,但对中部、西部地区流动人口都呈显著负向影响。流动范围对东部和中部地区流动人口住房消费的影响是正向的,但对西部地区是负向的。社会性流动对东部地区流动人口有显著正向影响,但对中部地区流动人口有显著负向影响,对西部地区的影响却不显著。户口迁入意愿只对东部地区流动人口有显著正向影响,但对中部和西部地区的没有显著影响。已婚对中部地区流动人口家庭消费有显著正向影响,对西部地区的影响则是负向的。这表明,在流动人口中,那些文化程度较高、职业或单位行业较好、家庭收入较高、有城镇职工社会保险、省内流动的群体,在住房消费上的水平就会比较高。而流动原因、户口迁入意愿等其他因素对不同地区流动人口住房消费水平的影响不一。(见表6-16)

表6-16 流动人口在流入地住房消费水平的线性回归模型结果

项目	模型1	模型2	模型3	模型4	模型5
	东部地区	中部地区	西部地区	全国	全国
	住房支出	住房支出	住房支出	住房支出	家庭月总支出
流动特征					
本次流动时长(参照组:0~5年)					
6~10年	0.004	-0.074***	-0.050***	-0.033***	0.026***
10年以上	0.004	-0.162***	-0.039**	-0.045***	0.047***
流动范围(参照组:跨省流动)					
省内流动	0.083***	0.073***	-0.037***	0.053***	0.057***

续表

项目	模型1	模型2	模型3	模型4	模型5
	东部地区	中部地区	西部地区	全国	全国
	住房支出	住房支出	住房支出	住房支出	家庭月总支出
流动原因(参照组:务工经商)					
社会性流动	0.024*	−0.054**	−0.011	−0.013	0.034***
职业特征					
职业类别(参照组:专业技术人员和办事员)					
经商商贩	0.189***	0.146***	0.213***	0.188***	0.045***
商业服务业人员	0.046***	0.041	0.039*	0.034***	0.006
生产、运输、建筑业人员	−0.233***	−0.150***	−0.153***	−0.225***	−0.042***
其他	−0.032	−0.041	−0.043	−0.045**	−0.002
没有工作	0.349***	0.284***	0.299***	0.380***	0.088***
单位行业(参照组:制造业)					
建筑业	0.220***	0.252***	0.155***	0.278***	0.051***
批发零售业	0.371***	0.317***	0.250***	0.383***	0.069***
住宿餐饮娱乐业	0.369***	0.337***	0.284***	0.399***	0.041***
社会服务业	0.361***	0.303***	0.263***	0.377***	0.064***
高端服务业	0.356***	0.285***	0.285***	0.377***	0.080***
农林牧渔业	0.013	−0.065	−0.160***	−0.017	−0.007
家庭特征					
家庭收入对数	0.630***	0.726***	0.673***	0.673***	0.700***
流入地家庭规模	0.039***	0.010	0.023***	0.028***	0.060***
融入特征					
长期居留意愿(参照组:不愿意没想好)					
愿意	0.154***	0.195***	0.129***	0.157***	0.074***
户口迁入意愿(参照组:不愿意没想好)					
愿意	0.123***	0.001	0.001	0.058***	0
社会保险					

续表

项目	模型 1	模型 2	模型 3	模型 4	模型 5
	东部地区	中部地区	西部地区	全国	全国
	住房支出	住房支出	住房支出	住房支出	家庭月总支出
有无本地城镇职工医疗保险(参照组:无)					
有	0.128***	0.216***	0.071***	0.138***	0.052***
控制变量					
性别(参照组:男性)					
女性	0.023***	0.013	0.003	0.007	0.001
年龄	0.004***	0	0.003***	0.003***	-0.001***
受教育程度(参照组:小学及以下)					
初中	0.162***	0.105***	0.059***	0.106***	0.019***
高中/中专	0.386***	0.254***	0.200***	0.289***	0.054***
大学专科	0.603***	0.343***	0.374***	0.464***	0.107***
大学本科及以上	0.730***	0.372***	0.400***	0.555***	0.140***
婚姻状况(参照组:未婚离异丧偶同居)					
已婚	-0.011	0.033*	-0.031**	-0.007	0.079***
户口性质(参照组:农业户口)					
非农业户口	0.218***	0.117***	0.146***	0.172***	0.058***
_cons	-0.004	-0.379***	0.108	-0.178***	1.538***
N	55,631	25,574	41,842	123,047	123,047
R2	0.456	0.314	0.285	0.369	0.590
R2_a	0.455	0.313	0.285	0.369	0.590

注:* $p<0.05$,** $p<0.01$,*** $p<0.001$;由于本表格较长,因此没有把标准误列出。

二、流动人口购房行为和购房意愿的影响因素分析

虽然务工经商仍是人口流动的主要原因,但是随着人口流动进入家庭化迁移阶段,一方面受传统观念“有房才有家”的影响,另

一方面，住房也确实是流动人口在流入地生活的物质载体，在流入地有自购商品房是流动人口在流入地能否实现“安居乐业”、能否实现城市融入和市民化的重要环节。[①] 但是，随着商品房价格的上涨，能够在流入地购买商品房显然不是一件易事，尤其是流入地的房价越高，流动人口购买商品房的难度也就越大。[②] 那么，除去房价之外，具体到个人和家庭层面，哪些因素会对流动人口在流入地的购房消费行为产生影响呢？既有文献对此已经开展了一些研究，大多认为，经济收入水平、家庭化迁移、社会保险等因素对流动人口购买商品房影响较大。[③] 除此之外，还有学者考察了住房公积金对流动人口购房选择的影响。住房公积金作为一项社会福利，在城市职工的购房行为中发挥着重要作用，但对流动人口来说，由于工作的灵活性和不确定性，很多人没有住房公积金，有的缴存水平很低。住房公积金对流动人口在流入地的购房行为、购房意愿有无影响，能产生什么样的作用，学术界尚有分歧。有的学者认为，住房公积金对流动人口购买商品房有显著促进作用，有住房公积金的流动人口更有可能在流入地购买商品房或希望在流入地购房，[④]也有学者认为虽然住房公积金能提高流动人口家庭的住房支

① 参见杨婷怡、叶倩、雷宏振：《农业转移人口住房实现模式与住房消费行为》，载《西北农林科技大学学报（社会科学版）》2021 年第 6 期。

② 参见穆学英、崔璨、崔军茹等：《中国流动人口的跨等级流动及其对流入城市住房选择的影响》，载《地理学报》2022 年第 2 期。

③ 参见杨婷怡、叶倩、雷宏振：《农业转移人口住房实现模式与住房消费行为》，载《西北农林科技大学学报（社会科学版）》2021 年第 6 期；林李月、朱宇、林坤等：《两栖生计下中国流动人口城镇购房意愿的空间特征和影响因素》，载《地理学报》2021 年第 6 期。

④ 参见李君甫、孙嫣源：《住房公积金制度对流动人口购房的影响——基于国家卫计委 2013 年流动人口动态监测数据的研究》，载《公共行政评论》2018 年第 2 期；李帆、江波：《住房公积金对流动人口购房选择的影响研究》，载《调研世界》2022 年第 5 期。

付能力,但作用是有限的,[①]还有学者认为住房公积金只能缓解城城流动人口的住房贫困问题。[②] 住房公积金对不同地区流动人口的购房选择到底有何影响,本节着重考察住房公积金对流动人口购房行为与购房意愿的影响。

从本章第二节可以看出,大部分流动人口在流入地还没有购买住房,但是其中有些流动人口已经产生了在流入地购房的意愿。对流入地来说,人口是今后发展的宝贵财富,如果流动人口能留在本地安居乐业,既是生产者又是消费者,将为本地经济社会发展提供不竭动力。购房意愿是流动人口未来产生购房行为的重要前提,哪些因素会影响流动人口在流入地的购房意愿,非常值得研究。除收入水平、家庭特征、有无社会保险和住房公积金外,流动人口在本地购买住房还会受到哪些因素的影响?职业类别、单位行业等职业特征是否会有影响?对流入地来说,是跨省流动人口还是省内流动人口更可能在本地购买住房?

(一)研究设计

1. 变量选择

(1)被解释变量

购房行为是指“是否已经在本地购买了住房”,购房意愿是指“是否打算在本地购买了住房”。

(2)解释变量

核心解释变量:住房制度保障,用在流入地有无住房公积金来表示。汪润泉、刘一伟认为,虽然住房公积金制度对流动人口的城市定居意愿与城市购房行为都有显著的促进作用,且能够强化定居意愿对城市购房的正向影响,但是其作用效果存在人群差异和地区差异。

---

① 参见董昕、张翼:《农民工住房消费的影响因素分析》,载《中国农村经济》2012年第10期。

② 参见王子成、刘佳纯:《住房保障是否有助于缓解流动人口住房相对贫困?——基于中国劳动力动态调查的实证分析》,载《劳动经济研究》2022年第3期。

参与住房公积金只能提高乡城流动人口在城市定居的心理预期，并不能够提高其定居能力，但是可以提高东部、中部城市城城流动人口的购房打算。① 那么，住房公积金是否能促进流动人口的购房行为、购房意愿，其影响有无不同，对东部、中部和西部地区流动人口的影响是否相同？本书将把有无住房公积金作为核心解释变量进行研究。

解释变量包括流动特征、职业特征、家庭特征和社会保障。其中，流动特征包括流动时长、流动范围和流动原因。职业特征包括职业类别和单位行业。家庭特征包括家庭月收入和流入地家庭规模。社会保障用在本地有无城镇职工医疗保险表示。在购房意愿模型中加入流动次数长期居住意愿和户口迁入意愿作为解释变量，以期考察流动性和社会融入意愿的强弱对购房意愿的影响。

(3)控制变量

调查对象的个体特征，包括性别、代际、受教育程度、婚姻状况和户口性质。

各变量的描述性统计如表 6－17 所示。

表 6－17　流动人口在流入地购房行为和购房意愿的基本情况描述

变量名称	变量取值	购房行为		购房意愿	
		均值	标准误	均值	标准误
被解释变量					
已经在流入地购房	否 =0，是 =1	0.27	0.45		
打算在流入地购房	否 =0，是 =1			0.21	0.41
核心解释变量					
有无住房公积金	没有 =0，有 =1	0.10	0.30	0.08	0.27
流动特征					
流动时长	0～5 年 =1，6～10 年 =2，10 年以上 =3	1.54	0.75	1.47	0.71

① 参见汪润泉、刘一伟：《住房公积金能留住进城流动人口吗？——基于户籍差异视角的比较分析》，载《人口与经济》2017 年第 1 期。

续表

变量名称	变量取值	购房行为		购房意愿	
		均值	标准误	均值	标准误
流动范围	跨省流动 =1，省内流动 =2	1.51	0.50	1.46	0.50
流动原因	务工经商 =1，社会性流动 =2	1.16	0.36	1.12	0.33
流动次数	连续变量			1.36	0.85
职业特征					
职业类别	专业技术人员和办事员 =1，经商商贩 =2，商业服务业人员 =3，生产、运输、建筑业人员 =4，其他 =5，没有工作 =6	3.44	1.52	3.43	1.44
单位行业	制造业 =1，建筑业 =2，批发零售业 =3，住宿餐饮娱乐业 =4，社会服务业 =5，高端服务业 =6，农林牧渔业 =7	4.31	2.28	4.13	2.26
家庭特征					
家庭月收入对数	连续变量	8.63	0.56	8.57	0.54
流入地家庭人数	连续变量	2.56	1.19	2.47	1.18
融入特征					
长期居留意愿	不愿意=0，愿意 =1			0.50	0.50
户口迁入意愿	不愿意=0，愿意 =1			0.30	0.46
社会保险					
有无本地城镇职工社会保险	没有 =0，有 =1	0.15	0.35	0.12	0.33
控制变量					
性别	男性 =0，女性 =1	0.48	0.50	0.47	0.50
代际	老一代 =1，新生代 =2	1.58	0.49	1.60	0.49
受教育程度	小学及以下 =1，初中 =2，高中/中专 =3，大学专科 =4，大学本科及以上 =5	2.47	1.05	2.35	0.98
婚姻状况	未婚离异丧偶同居 =0，在婚 =1	0.81	0.40	0.77	0.42
户口性质	农业户口 =0，非农业户口 =1	0.16	0.37	0.13	0.33

2. 模型的设定

本节采用采用二元 logistic 回归模型分析流动人口在流入地的

购房行为和购房意愿的影响因素，并继续进行东部、中部和西部地区之间的比较研究，东部、中部和西部地区流动人口购房行为影响因素分析的三个模型分别为模型1、模型2和模型3。这其中，东部地区、中部地区和西部地区的有效样本分别为73,195个、36,439个和56,904个。东部、中部和西部地区流动人口购房意愿影响因素分析的三个模型分别是模型4、模型5、模型6。由于2016年流动人口动态监测调查问卷把在流入地已购房和是否打算在流入地购房设置成两个独立的题目，本节要研究的是流动人口是否有在流入地购房的意愿及其影响因素。因此，只选取在流入地还没有自购房的样本进行研究，共得到有效样本120,979个，东部、中部和西部地区分别为57,154个、23,684个和40,141个（见表6－18）。为了提高模型的平稳性与适用性，对自变量家庭月收入进行缩尾后取自然对数。

（二）实证结果分析

从核心解释变量有无住房公积金来看，东部、中部和西部地区流动人口中有住房公积金的已经在流入地购房的几率分别是没有住房公积金的1.49倍、1.48倍和1.34倍（$e^{0.397}=1.49$，$e^{0.389}=1.48$，$e^{0.293}=1.34$，下同）。有住房公积金对东部、中部和西部地区流动人口的购房行为都有显著正向影响，但只对东部和中部地区流动人口的购房意愿有显著正向影响，对西部地区的影响却不显著。

从流动特征来看，本次流动时长对流动人口在流入地的已购房行为有显著正向影响，无论东部、中部地区还是西部地区，在流入地的流动时间越长，影响程度就越大。但流动时长对流动人口购房意愿的影响并不总是显著，只有在中部、西部地区，本次流动时长6～10年才有显著影响，分别是参照组0～5年的1.11倍和1.10倍。与中部、西部地区不同，本次流动时长对东部地区流动人口购房意愿的影响是负向的，甚至流动时间越长，东部地区流动人口在流入地购房的意愿就越低。就流动范围而言，以跨省流动为参照，省内流动对流动人口的购房行为和购房意愿都有显著正向影响。在其他变量都相同的情况下，东部、中部和西部地区省内流动人口的购房行为分别是跨省流动的2.62倍、2倍和1.41倍；东部、中部和西部地区省内流动人口的购房意愿分别是跨省流动的2.10倍、1.41倍和1.22倍。可见，省内流动人口已经在本地购房的更多，也更倾向于在本地购房，东部地区的省内流动人口更甚。从流动原因来看，以务工经商等经济性原因为参照，因社会性原因流动对东部、中部和西部地区流动人口的购房行为都有显著正向影响，但对购房意愿的影响为负向。从流动次数来看，流动次数越多，对东部、西部地区流动人口在流入地的购房意愿有显著负向影响，但对中部地区流动人口的影响并不显著，这表明，流动性越强的群体，在流入地购房的意愿就越弱。

从职业特征来看，在职业类别方面，以专业技术人员和办事员为参照，经商商贩对东部地区流动人口的购房行为有显著正向影响，但对中部、西部地区的影响为负向。商业服务业人员对东部地区的影响不显著，对中部、西部地区的有显著负向影响。生产、运输、建筑人员对东部、中部地区的有显著负向影响，对西部地区的系数为负，但不显著。从职业类别对购房意愿的影响来看，经商商贩对东部地区流动人口的购房意愿有显著正向影响，对中部、西部地区流动人口购房意愿没有显著影响。商业服务业人员对东、中、西部地区流动人口购房意愿的影响都不显著，生产、运输、建筑业人员只在东部地区流动人口中有显著负向影响，在中部、西部地区流动人口中没有显著影响。可见，在有工作的流动人口中，专业技术人员和办事员对购房行为的影响最大，而职业类别对不同地区流动人口购房意愿的影响并不一致。

从单位行业来看，以制造业为参照，建筑业对东部、中部地区流动人口的购房行为呈显著正向影响，对西部的影响不显著。批发零售业、社会服务业、高端服务业和农林牧渔业对东部、中部、西部地区流动人口的购房行为都呈显著正向影响，只有住宿餐饮娱乐业对购房行为的影响不显著。如果以购房意愿为因变量，以制造业为参照，建筑业、批发零售业、住宿餐饮娱乐业、社会服务业和高端服务业对流动人口的购房意愿都呈显著正向影响，只有农林牧渔业的影响不显著。这表明，以制造业为参照，在建筑业、批发零售业、社会服务业、高端服务业和农林牧渔业工作的流动人口在流入地已经购房的几率更高，而除农林牧渔业外，其他行业的流动人口相对制造业的来说在流入地的购房意愿更强烈。

从家庭特征来看，家庭收入对东部、中部和西部地区流动人口的购房行为和购房意愿都有显著正向影响。在其他条件都相同的条件下，家庭收入每增加一个单位，东部、中部和西部地区流动人口在流入地已经购房的几率分别提高 90.02%、78.78% 和 84.78%；家庭收入每增加一个单位，东部、中部和西部地区流动人口在流入地购房意愿的几率将分别提高 34.04%、37.44% 和 34.99%。这表明，家庭收入越高，流动人口已经在流入地购房的几率就越大，尚未购房的流动人口，也越倾向于在流入地购房。

此外，在流入地的家庭规模也会对流动人口的购房行为和购房意愿呈显著正向影响。在流入地的家庭人数每增加一人，东部、中部和西部地区流动人口已经在流入地购房的几率将增加 8.55%、19.12% 和 15.26%；在流入地的购房意愿将分别提高 12.75%、10.85% 和 9.96%。可见，在流入地的家庭人数越多，流动人口在流入地已经购买住房或打算在流入地购房的几率就会增加。

从社会融入特征对流动人口的购房意愿来看，东部、中部和西部地区愿意长期居留的流动人口打算在流入地购房的几率分别是不愿意长期居留的 7.49 倍、9.62 倍和 4.86 倍，东部、中部和西部地区愿意把户口迁入的流动人口打算在流入地购房的几率分别是不愿意把户口迁入的 2.02 倍、2.13 倍和 2.51 倍。可见，愿意在流入地长期居住、愿意把户口迁入,打算在流入地购房的几率就会越高。至于相比户口迁入意愿,有长期居留意愿的流动人口比没有长期居留意愿的打算在流入地购房的几率要高很多,这可能是由于户籍性质与身份待遇捆绑在一起造成的。虽然流动人口愿意长期在流入地居住,但由于有些人不愿意放弃户口背后的利益,比如农村宅基地使用权、土地承包权及附着在其上的种粮补贴等,但这并不影响他们在流入地的购房意愿。

从社会保险来看,在购房行为方面,东部、中部和西部地区流动人口中有城镇职工社会保险的已经在流入地购房的几率分别是没有社会保险的 1.44 倍、1.79 倍和 1.60 倍。在购房意愿方面,东部、中部和西部地区流动人口中有城镇职工社会保险的打算在流入地购房的几率分别是没有社会保险的 1.18 倍、1.35 倍和 1.26 倍。可以说有城镇职工社会保险能提高流动人口在流入地购房的几率,也会提高他们在流入地购房的意愿。

就控制变量而言,性别对不同地区流动人口的购房行为和购房意愿的影响并不相同,相对男性,东部地区女性流动人口已购房的几率更高,而中西部地区的几率更低。不过,从购房意愿来看,性别只对东部地区的流动人口有显著影响,而且还是负向的,对中部、西部地区的影响并不显著。受教育程度对流动人口的购房行为和购房意愿基本都有显著正向影响。相对未婚离异丧偶同居,已婚对东、中、西部地区流动人口的购房行为都有显著正向影响,但只对东部和西部地区流动人口在流入地的购房意愿有显著正向影响,对中部地区的影响不显著。非农业户口对流动人口的购房行为有显著正向影响,但只对东部地区流动人口的购房意愿有显著正向影响,对中部和西部地区的影响不显著。

总的来看,有住房公积金对东部、中部和西部地区流动人口的购房行为和购房意愿都有显著正向影响。此外,省内流动、家庭收入和家庭人数的增加、社会融入度较高、有城镇职工社会保险等因

素，以及在建筑业、批发零售业、社会服务业、高端服务业等行业工作，也都能提升流动人口在流入地的购房几率。（见表6－18）

表6－18　流动人口在流入地购房行为和购房意愿的logistic回归模型结果

项目	购房行为			购房意愿		
	模型1	模型2	模型3	模型4	模型5	模型6
	东部地区	中部地区	西部地区	东部地区	中部地区	西部地区
核心解释变量						
有无住房公积金（参照组：无）						
有	0.397***	0.389***	0.293***	0.154***	0.246*	－0.010
流动特征						
本次流动时长（参照组：0～5年）						
6～10年	0.547***	0.473***	0.634***	－0.063*	0.107*	0.092**
10年以上	0.953***	0.930***	0.958***	－0.133***	0.031	0.032
流动范围（参照组：跨省流动）						
省内流动	0.965***	0.692***	0.341***	0.737***	0.344***	0.201***
流动原因（参照组：务工经商）						
社会性流动	0.842***	0.560***	0.796***	－0.016	－0.180**	－0.272***
流动次数				－0.098***	－0.024	－0.037*
职业特征						
职业类别（参照组：专业技术人员和办事员）						
经商商贩	0.186***	－0.208**	－0.292***	0.154*	0.074	－0.107
商业服务业人员	－0.032	－0.208***	－0.148**	－0.010	0.015	0.030
生产、运输、建筑业人员	－0.321***	－0.191**	－0.076	－0.200***	－0.076	－0.109
其他	－0.085	－0.071	－0.141*	－0.105	0.251	－0.101
没有工作	0.519***	0.619***	0.158*	0.243***	0.723***	0.322***
单位行业（参照组：制造业）						
建筑业	0.346***	0.393***	0.045	0.368***	0.666***	0.159*
批发零售业	0.334***	0.435***	0.244***	0.335***	0.540***	0.304***
住宿餐饮娱乐业	0.020	0.070	－0.112	0.333***	0.535***	0.275***

续表

项目	购房行为			购房意愿		
	模型 1	模型 2	模型 3	模型 4	模型 5	模型 6
	东部地区	中部地区	西部地区	东部地区	中部地区	西部地区
社会服务业	0. 308 * * *	0. 381 * * *	0. 207 * * *	0. 299 * * *	0. 643 * * *	0. 382 * * *
高端服务业	0. 141 * *	0. 532 * * *	0. 239 * * *	0. 388 * * *	0. 803 * * *	0. 527 * * *
农林牧渔业	0. 714 * * *	1. 323 * * *	0. 535 * * *	0. 148	-0. 387	-0. 232
家庭特征						
家庭收入对数	0. 642 * * *	0. 581 * * *	0. 614 * * *	0. 293 * * *	0. 318 * * *	0. 300 * * *
流入地家庭规模	0. 082 * * *	0. 175 * * *	0. 142 * * *	0. 120 * * *	0. 103 * * *	0. 095 * * *
融入特征						
长期居留意愿(参照组:不愿意没想好)						
愿意				2. 014 * * *	2. 264 * * *	1. 582 * * *
户口迁入意愿(参照组:不愿意)						
愿意				0. 703 * * *	0. 758 * * *	0. 922 * * *
社会保险						
有无本地城镇职工医疗保险(参照组:无)						
有	0. 362 * * *	0. 581 * * *	0. 468 * * *	0. 166 * * *	0. 297 * * *	0. 229 * * *
控制变量						
性别(参照组:男性)						
女性	0. 074 * * *	-0. 083 * *	-0. 055 *	-0. 120 * * *	-0. 067	0. 010
代际(参照组:老一代)						
新生代	-0. 355 * * *	-0. 106 * * *	-0. 265 * * *	0. 197 * * *	0. 319 * * *	0. 221 * * *
受教育程度(参照组:小学及以下)						
初中	0. 451 * * *	0. 069	0. 227 * * *	0. 399 * * *	0. 348 * * *	0. 235 * * *
高中/中专	0. 965 * * *	0. 220 * * *	0. 527 * * *	0. 632 * * *	0. 489 * * *	0. 375 * * *
大学专科	1. 448 * * *	0. 456 * * *	0. 998 * * *	0. 850 * * *	0. 526 * * *	0. 704 * * *
大学本科及以上	1. 617 * * *	0. 638 * * *	1. 085 * * *	1. 117 * * *	0. 605 * * *	0. 838 * * *
婚姻状况(参照组:未婚离异丧偶同居)						
已婚	0. 897 * * *	0. 778 * * *	0. 705 * * *	0. 075 *	0. 098	0. 111 * *

续表

项目	购房行为			购房意愿		
	模型 1	模型 2	模型 3	模型 4	模型 5	模型 6
	东部地区	中部地区	西部地区	东部地区	中部地区	西部地区
户口性质(参照组:农业户口)						
非农业户口	0.516***	0.292***	0.470***	0.233***	−0.023	−0.070
常数项	−9.844***	−8.070***	−8.189***	−7.157***	−7.130***	−6.120***
N	73,195	36,439	56,904	57,154	23,684	40,141
PseudoR2	0.2129	0.1134	0.128	0.2404	0.2326	0.1746

注：$*p<0.05$，$**p<0.01$，$***p<0.001$；为避免表格过长，没有报告标准误。

第四节 流动人口住房消费行为存在的问题

住房是流动人口在城市的立足之本，但是从上文的分析中可以看出，流动人口在流入地的住房消费还存在不少问题，如消费支出水平偏低、有购房意愿但已购房比例低等问题。综合来看，流动人口的住房消费主要存在以下三个问题。

一、以租房居住为主，住房状况相对较差，房租支出压力较大

流动人口在流入地的住房性质主要以租房为主，将近六成的流动人口租住在私房中，住在已购房的仅有两成多，尤其是在人口流入密集、商品房价高的东部地区，仅有两成左右的流动人口住在自购房中，将近八成的流动人口租住在私房租住及住在单位或雇主提供的住房中。虽然 2016 年动态监测调查数据没有调查流动人口的住房状况，但从媒体报道和其他文献来看，流动人口尤其是东部地区的流动人口主要住在老破小、城中村等房租比较便宜的

地方,住房条件相对较差。此外,2016 年动态监测数据也显示,有5% 左右的流动人口住在就业场所、自建房、其他非正规居所等条件较差的住房中。即对大部分流动人口来说,他们的住房条件较差,他们在流入地没有购买住房,租住在老破小、城中村等条件相对较差的住房中,还有一部分为了节约房租,住在就业场所、自建房等条件更差的房子中。虽然流动人口的住房状况相对较差,但从房租支出水平来看,去掉已购房和住房消费支出为零的样本后,我们发现,房租分别占到东、中、西部地区流动人口日常消费支出的 24.9%、27.8% 和 28.4%。从房租占收入的比例来看,东、中、西部地区流动人口分别要把收入的 12.8%、15.3% 和 15.1% 用来交房租。可见,房租成为流动人口在流入地最主要的支出之一,要把1/10以上的收入用于交房租,支出压力较大。

二、流动人口获得公租房、公积金等住房福利的比例极低

当前,在我国,廉租房、公租房、经济适用房都属于保障性住房,是政府提供的社会福利。同时,为了便于购买商品房而设计的住房公积金制度,不仅可以用公积金抵扣房贷,还可以获得比较低的利息进行贷款购房,可以说住房公积金既是用人单位给员工的福利也是一项重要的社会福利。前文分析显示,流动人口获得这两类社会福利的比例都比较低。主要体现在以下几个方面。

一是流动人口在流入地住在政府提供的廉价房、公租房的比例极低,只有 0.80%。这其中,乡城流动人口能住在保障房的比例更低,只有 0.69%。结合文化程度、职业特征等综合因素来看,流动人口的文化程度越高,从事专业技术、办事员等工作,越有可能获得保障性住房。公开信息显示,廉租房必须具有本地户籍的低收入或最低收入家庭才能申请。流动人口可以申请的保障性住房

主要是公租房。虽然每个城市对申请公租房的要求不同，但大多要求外来务工人员必须签订一年以上劳动合同、缴纳城镇职工社会保险等硬性指标。最近几年推出的人才公寓更是面向高级人才，笔者随机查阅了东部几个地级市人才公寓的申请标准，大多要求具有全日制本科及以上学历、或副高及以上职称、或技师及以上职业资格（职业技能等级）。可见，保障性住房对流动人口的学历、技术、劳动合同、社会保险都提出了要求，但是对大部分流动人口来说，找到能签订正式劳动合同、缴纳社会保险的工作并不容易，申请到流入地的保障性住房则难上加难。

二是流动人口中有住房公积金的比例很低。从回归模型中我们可以看出，有住房公积金能促进流动人口的购房意愿。但实际上只有 10.16% 的流动人口中享有住房公积金，比享有城镇职工社会保险的比例还要低 4% ~5%。住房公积金是一种社会福利，可以帮助职工积累购房资金、获得低利息贷款、抵冲房贷月供，但与社会保险不同的是，公积金不是强制缴纳的。现实中，不少中小企业为节约用工成本，不给员工缴纳公积金，再加上有的流动人口从事的工作比较灵活，没有固定的雇主，致使他们能获得公积金这项住房福利的比例非常低，尤其是对文化程度较低的流动人口而言，有公积金的可能性微乎其微。

以上两点表明大多数流动人口基本不在流入地的住房保障体系之内，他们为节约支出，不得不租住条件较差的房子。大多数流动人口没有住房公积金，导致他们很难通过公积金获得较低利息的住房贷款，制约了在流入地的购房行为和购房意愿。

三、在流入地的购房意愿较高但已购房比例较低

前文分析显示，有 27.65% 的流动人口已经购买了住房，去除

这些已购房的样本外，还有 21.20% 的流动人口表示打算在流入地购买住房，这表明近半数的流动人口有在流入地买房的意愿。由于 2016 年动态监测调查对购房意愿的调查问题是“您是否打算在流入地购房”，人们只有先有购房意愿，才会付诸计划，乃至行动。因此，我们相信在流入地有购房意愿的流动人口比例会更高，但实际上真正能在流入地购买住房的只有 1/4 左右。从代际来看，相比老一代，新生代流动人口在流入地的购房意愿更高，但由于资金积累、房价上涨等原因，他们在流入地已购房的比例低于老一代。

东部地区经济相对发达，房价也比较高，导致东部地区的流动人口购房意愿和购房行为均低于中部和西部地区的流动人口。而且东部地区流动人口中跨省流动的达到七成，跨省流动人口在流入地的购房意愿和购房行为都低于省内流动人口，如何提升东部地区流动人口尤其是跨省流动人口的购房意愿和购房能力需要进一步研究。

此外，职业类别决定了流动人口的经济收入，经济基础决定了购房能力。这其中，商业服务业人员和生产、运输、建筑业人员这两类人群的收入偏低，在流入地的已购房比例和购房意愿都是最低的。对流入地来说，如何提高低收入流动人口的购房意愿也值得加以关注。

本章小结

本章利用 2016 年国家卫健委流动人口动态监测数据分析了流动人口在流入地的住房消费行为，对流动人口的住房性质、住房消费支出水平、已购商品房情况、购房意愿等方面进行了描述分析,并利用线性回归模型分析了流动人口住房消费水平的影响因素、采用 logistic 二元回归模型分析了流动人口在流入地的购房行为和购房意愿的影响因素,并且都进行了东部、中部和西部地区之间的比较。主要研究结论如下。

(1)从住房性质来看,租房仍是流动人口最主要的居住形式,租住私房和单位/雇主房的共计 62.09%,排在第二位的是住在自购房中(占 23.01%),排在第三位的是由单位/雇主提供免费的住房(占 7.79%)。从住房消费水平来看,流动人口在流入地的住房消费支出的均值为每月 772 元,超过家庭总消费支出的 1/5。

从基本人口学特征来看,城城流动人口住在自购房的比例达到 40.76%、住房支出为每月 1604 元,城城流动人口的住房条件和支出水平均高于乡城流动人口。老一代流动人口住在自购房的比例略高于新生代流动人口,但新生代流动人口的住房支出水平要高于老一代流动人口。流动人口的住房性质与他们的职业类别有一定的关联性,专业技术人员和办事员住在自购房的比例最高,他们的住房消费支出水平也最高,而生产、运输、建筑人员住在自购房的比例最低,住房支出水平最低。从单位行业来看,从事高端服务业的流动人口住在自购房的比例最高,从事住宿餐饮娱乐业的流动人口租房居住的比例最高;在制造业工作的流动人口住在单位或雇主免费提供的住房的比例最高。从流动范围看,跨省流动人口租房居住和住在单位/雇主免费提供的住房的比例都是最高的,均超过省内流动人口。

从地区间的比较来看,东部流动人口的消费支出水平最高,主要是以租房为主,也更看中单位/雇主能不能提供免费住房;中部流动人口自购房的比例较高,租房的比例最低;西部流动人口的租房和自购房情况则位于东部和中部之间。

(2)从已购房情况来看,27.36% 的流动人口已经在流入地购买了住房,7.02%的流动人口已经在户籍地区县政府所在地购买了住房,已经在户籍地乡镇政府所在地、村购买了住房的分别为4.87%和15.42%,已经在其他地方购房的为2.16%。其中,老一代流动人口、城城流动人口、专业技术人员和办事员、在高端服务业工作的、在流入地定居时间较长、省内流动人口,已经在流入地购买商品房的相对较多。分地区来看,中部地区流动人口在流入地已经购房的比例最高,达到35.00%,西部的流动人口次之,为29.46%,东部的最低,仅有21.92%。

从购房计划来看,打算在流入地购房的流动人口为23.38%,打算回到户籍地区县政府所在地购房的为5.66%,打算回户籍地乡镇政府所在地、村购买住房的比例分别为3.18%和5.67%,打算到其他地方购房的为2.77%。其中,新生代流动人口、城城流动人口、专业技术人员和办事员、在高端服务业工作、在流入地定居时间较长、省内流动人口,打算在流入地购房的相对较多。分地区来看,仍然是中部地区流动人口打算在流入地购房的比例最高,东部的最低,但差距较小,仅在5%以内。

(3)从住房消费支出水平的线性回归模型结果来看,省内流动,以经商商贩为职业,在建筑业、批发零售业、住宿餐饮娱乐业、社会服务业、高端服务业等行业工作,家庭收入较高,愿意在流入地长期居住,有本地城镇职工社会保险,较高的文化程度,都会对流动人口的住房消费支出水平有显著正向影响。但流动时长、流动范围、流动原因、户口迁入意愿、婚姻状况对东部、中部和西部地区流动人口家庭消费水平的影响则不同,不都是显著的正向或负向影响。

(4)从对流动人口购房行为和购房意愿的二元 logistic 回归结果来看,有住房公积金、有城镇职工社会保险、家庭收入较高、家庭规模大、省内流动都会对流动人口的购房行为和购房意愿有显著正向影响。此外,流动性较强对流动人口的购房意愿有负向影响,而较强的社会融入意愿则会对购房意愿呈显著正向影响。从单位行业来看,相比制造业,在建筑业、批发零售业、社会服务业、高端服务业和农林牧渔业工作的流动人口在流入地已经购房的几率更高,而除农林牧渔业外,其他行业的流动人口相对制造业的来说在流入地的购房意愿更强烈。

(5)当前,流动人口的住房情况主要存在以下三个问题。一是流动人口仍以租房居住为主,住房状况相对较差,而且房租支出压力较大。二是流动人口获得住房福利的比例极低,体现在:能在流入地获得公租房等保障性住房的比例极低,能享有住房公积金的也较少,这些都制约了他们在流入地的购房行为和购房意愿。三是流动人口在流入地有较高的购房意愿,但实际上已经在流入地购房的比例仍然不高,尤其是东部地区的流动人口,在流入地购房的比例要远低于中部和西部地区。

第七章　流动人口的消费困境及对策建议

从前文的分析中我们知道,流动人口在城市的平均消费意愿较低,与其收入不相匹配,还需要维持留守家庭在流出地的消费支出,甚至在流出地还有炫耀性的消费行为。在新型城镇化的战略背景下,流动人口理应在城市有更多的消费,并逐渐达到与其收入相匹配的消费水平,而不是把大量收入带回家乡消费。此外,流动人口在流入地有较强的购房意愿但实际上已购房的比例并不高。因此,本书认为,流动人口陷入了两栖性的消费困境。本章将分析造成流动人口陷入两栖性消费困境的原因,并提出对策建议。

第一节　流动人口的消费困境及原因

目前,流动人口尤其是乡城流动人口的市民化程度还较低。这种状况制约了流动人口在城市消费支出的提升，同时，还迫使他们不得不在流出地维持一定的家庭支出。鉴于市民化程度测量指标由经济地位、公共服务、社会融入、市民化意愿4个维度的7个因子构成，本节将以市民化为视角，侧重从社会保障、制度环境等方面分析影响流动人口消费行为存在的问题，以揭开制约流动人口两栖性消费困境的原因。

一、社会保障制度不完善，制约了流动人口市民化程度的提升

社会保险（social insurance）是国家用立法强制征集社会保险税（费），形成社会保险基金，在劳动者及其亲属因劳动者年老、疾病、工伤、生育、残疾、死亡、失业等风险引起经济受损、收入中断或减少时，以社会保险资金（social insurance benefits）支付给受益人，保证其基本生活需求的社会保障制度。[①] 在流入地参加城镇职工社会保险是流动人口市民化程度的重要组成因子，对提升流动人口在流入地的消费水平有显著促进作用。但是，目前流动人口参加城镇职工社会保险的比例还非常低，仅有14.5%的就业流动人口参加了城镇职工医疗保险、养老保险、失业保险和工伤保险，这极大地阻碍了流动人口从根本上融入流入地，也就极大地阻碍了流动人口的市民化进程。

（一）我国社会保障制度简介

当前，我国的社会保障制度主要依据户口性质和就业状态设计的，共有城镇职工社会保险和城乡居民基本社会保险两大类。

① 参见李珍主编：《社会保障理论》（第2版），中国劳动社会保障出版社2007年版，第12页。

1. 城镇职工社会保障制度

国务院于1997年颁布了《关于建立统一的企业职工基本养老保险制度的决定》，要求建立统一的企业职工基本养老保险制度。实行企业和个人共同缴费的模式，经过多年的运营和调整，个人缴费计入个人账户，企业缴费进入社会统筹账户。如果参保人员要退保，只能退还个人账户上的金额，而企业缴费则不予退还。

城镇职工基本医疗保险制度从1999年开始全面建立。同养老保险一样，用人单位及其职工都要参加，实行属地管理，采取社会统筹和个人账户相结合的方法，保费也由用人单位和职工双方共同负担。机关、事业单位、社会团体、企业、民办非企业单位及其职工等所有城镇用人单位都要参加医疗保险，而乡镇企业及其职工、城镇个体经济组织业主及其从业人员是否参加，则由各省、自治区、直辖市的省级人民政府做出决定。

《失业保险条例》也于1999年开始实施。《失业保险条例》规定，失业保险的保费由用人单位和职工本人共同承担，单位按照本单位工资总额的2%缴纳保险费，职工则按照本人工资的1%缴纳保险费。《工伤保险条例》于2004年开始在全国范围内实施。《工伤保险条例》规定，工伤保险的保费由用工单位缴纳，个人不缴费。

由此，我们可以看出，城镇职工社会保险从设立之初就是针对城镇有固定就业单位和劳动关系的正规就业形式设计的，因此城镇中大量的非正规就业人员、无业人员并没有被覆盖。虽然很多地方规定，非正规就业人员可以参照城镇在职职工自行缴纳保费，但由于存在制度门槛高、缴费标准高、可转移性差和管理方式滞后等缺陷，城镇非正规就业人员参加社会保险的积极性不是很高。此外，城镇居民中还有大量的无业人员也没有参加社会保险。

2. 城乡居民基本医疗保险和基本养老保险制度

(1)城乡居民基本医疗保险制度

21 世纪初,我国就农村居民和城镇非就业人口先后设立了新型农村医疗合作保险和城镇居民基本医疗保险。

2002 年 10 月,中共中央、国务院颁发《关于进一步加强农村卫生工作的决定》,要求逐步建立以大病统筹为主的新型农村合作医疗制度(以下简称新农合),旨在解决农村居民因患传染病、地方病等重大疾病而出现的因病致贫、因病返贫问题。坚持自愿参保原则,实行个人缴费、集体补助与政府补贴相结合的筹资模式。时至 2016 年,财政补贴标准已经从试点时期的人均中央政府补贴 10 元、省级政府补贴不低于 10 元的低水平保障提高到 420 元。调整了新农合的统筹补偿方案,把符合政策规定内的门诊和住院费用的报销比例分别提高到 50% 和 75% 左右,并全面推行利用新农合基金购买大病保险工作,进一步提高了大病报销比例,有效减轻了参保人员的看病负担。

2007 年,国务院颁布了《关于开展城镇居民基本医疗保险试点的指导意见》。从当年开始试点,2010 年全面推开,要覆盖到城镇全体非从业居民。目标是建立以大病统筹为主的城镇居民基本医疗保险制度,重点用于参保居民的住院和门诊大病医疗支出。参保对象为城镇职工基本医疗保险制度没有覆盖到的少年儿童、中小学阶段的学生以及其他非从业的城镇居民。实行以家庭缴费为主,政府给予适当补助的缴费模式。采用“缴费一年享受一年、不缴费不享受”的方法。

2016 年 1 月,国务院发布了《关于整合城乡居民基本医疗保险制度的意见》,要求整合新农合和城镇居民基本医疗保险,建立起统一覆盖范围、统一筹资政策、统一保障待遇、统一医保目录、统一定点管理、统一基金管理的城乡居民基本医疗保险制度。

(2)城乡居民基本养老保险制度

新型农村社会养老保险(以下简称新农保)的试点工作从2009年开始,国务院出台的指导意见要求在2020年之前基本实现对农村适龄居民的全覆盖。新农保也实行个人缴费、集体补助、政府补贴相结合的筹资机制,实行社会统筹与个人账户相结合的方法,新农保制度设立的目的是与农村土地保障、家庭养老、社会救助等其他保障形式相结合,使农村居民的老年基本生活得到保障。养老金由基础养老金和个人账户养老金组成,支付终身。基础养老金为每人每月55元。无论男女,都是年满60周岁时开始领取。年满16周岁、没有参加城镇职工基本养老保险的农业户口人员,都可以在户籍地自愿参加新农保。

根据《国务院关于开展城镇居民社会养老保险试点的指导意见》,城镇居民社会养老保险(以下简称城居保)自2011年起在全国范围内试点实行,在2012年基本实现全覆盖。凡是年满16周岁、不符合职工基本养老保险参保条件的城镇非从业居民都可以参保,在校学生可以不参保。城居保的保险基金也主要由个人缴费和各级政府的补贴构成。缴费标准为100~1000元共计10个档次,每年一缴费,累计缴费满15年60周岁后可以领取,支付终身。养老金也是由基础养老金和个人账户养老金构成。

2014年2月,国务院发布了《关于建立统一的城乡居民基本养老保险制度的意见》,将新农保和城居保两项制度合并实施,在全国范围内建立统一的城乡居民基本养老保险。

近年来,各省市根据本地区的实际情况,正在不断完善城乡居民基本医疗保险的筹资标准、报销比例等内容,在一定程度上解决了城乡居民看病难、看病贵的问题,减轻了城乡居民看病的经济负担。同时,各省市还调整了城乡居民基本养老保险制度的缴费档次,提高了基础养老金的发放标准,在一定程度上保障了城乡老年居民的基本生活。至于具体的完善措施和调整内容,由于各省市不尽相同,本书不再赘述。

(二)社会保障制度对流动人口消费的制约

郑功成认为,长期以来,我国流动人口的社会保障问题基本上可以用“缺、乱、损”三个字来概括。[①] 主要体现在:(1)绝大多数流动人口尤其是农民工缺少最基本的社会保障。虽然从事的是与城市户籍居民相同的职业,面临相同的职业风险,但是他们中的绝大多数人几乎没有任何社会保障。(2)各个地方开展的有关流动人口社会保障的试验十分混乱。由于全国没有统一的制度安排和指导原则,各地区小到市、县一级的地方政府都出台了针对流动人口的社会保障方案,各个地方的实行方案存在较大差异,有的是直接纳入了当地市民的社会保障体系,有的则是自行设计保障方案,有的甚至针对不同类别的流动人口设计不同的方案。(3)流动人口的社会保障权益长期处于利益受损的状态。对以农民工为主的流动人口而言,其在城市就业时,既不能按照城镇职工的待遇享受社会保障权益,也不能为自己和家人积累社会保障基金,实际上是以放弃自身社会保障权益、换取城市工作机会为代价的。

鉴于流动人口社会保障中存在的各种问题,2011 年 7 月 1 日起施行的《社会保险法》明确规定,进城务工的农村居民也必须依照该法的规定参加社会保险。这里所说的进城务工的农村居民是指与用人单位建立劳动关系的农业户口居民,即农民工与城镇职工应当没有身份上的差别,有权与城镇职工一样参加社会保

---

① 参见郑功成:《中国流动人口的社会保障问题》,载《理论视野》2007 年第 6 期。

险,纳入城镇职工社会保险制度中。虽然《社会保险法》的实施,结束了各地区流动人口社会保险各自为政的混乱历史,但是流动人口社会保险参保率低、缴费率低的局面仍然没有得到明显改善。韩枫对2013年全国流动人口动态监测调查中京津冀的数据进行了分析,流动人口参加医疗保险、养老保险、工伤保险和失业保险的参保率分别为25.0%、24.4%、28.1%和22.5%。[①] 本书使用的2013年流动人口社会融合专项调查数据也显示,就业流动人口医疗、养老、失业、工伤、生育5类保险的参保率分别为25.66%、24.51%、27.07%、19.62%和8.32%。城镇职工医疗、养老、工伤、失业和生育5种社会保险全部参加的比例仅占就业人口的6.3%。这些数据与韩枫的研究结论较为一致,这表明在全国范围内,流动人口在流入地的社会保障仍处于较低水平,那么,哪些原因导致流动人口在城市的社会保险仍处于缺位状态呢?

1. 社会保险领取标准高、转移困难

针对流动人口在流入地社会保险参保率低的问题,2014年3月颁布的《国家新型城镇化规划(2014-2020年)》提出"完善社会保险关系转移接续政策,在农村参加的养老保险和医疗保险都应当规范接入城镇社保体系,逐步建立全国统一的不分户籍性质的城乡居民基本养老保险制度,整合新农合和城镇居民医疗保险,建立覆盖城乡的居民基本医疗保险制度"。同年7月,国务院出台的《关于进一步推进户籍制度改革的意见》也明确提出:"把进城落户农民完全纳入城镇社会保障体系,在农村参加的养老保险和医疗保险规范接入城镇社会保障体系,完善并落实医疗保险关系转移接续办法和异地就医结算办法,整合城乡居民基本医疗保险制度。"

---

① 参见韩枫:《城镇流动人口社会保障参保率的影响因素研究——基于京津冀流动人口动态监测数据的分析》,载《人口学刊》2016年第1期。

为了解决城乡养老保险制度衔接问题，人力资源社会保障部、财政部于2014年2月印发了《城乡养老保险制度衔接暂行办法》。该办法明确规定，从城镇职工养老保险转入城乡居民养老保险的，城镇职工养老保险个人账户全部储存额并入城乡居民养老保险个人账户，参加城镇职工养老保险的缴费年限合并计算为城乡居民养老保险的缴费年限。但现实问题是，养老保险中个人缴费部分为本人工资的8%，单位缴纳部分则约为企业职工工资总额的14%~20%。但按照该办法，这么多的单位缴费部分全部纳入了流入地的社会统筹，不能转移到流动人口的城乡居民养老保险个人账户上。这导致了单位为流动人口缴纳的养老金最终还在流入地的社保基金账户上。

从本研究的数据来看，44.04%的流动人口明确表示会回到户籍地的村镇养老，仅有17.84%的流动人口明确表示会在流入地养老。这一高一低，说明流动人口中的多数人还是计划回到户籍地的农村养老。那么，对他们来说，按照现行办法，在流入地缴纳了城镇职工社会保险但累计又不满15年，如果将来回老家，只能将个人缴费部分带走转入城乡居民保险，转移的仅仅是个人缴费部分，相当于一笔年满60周岁以后才能按月领回的活期存款而已，而缴费重头的单位缴费部分都留在了流入地。这种不合理的规定一方面剥夺了流动人口应当享有的社会福利和自身权益，另一方面也反倒阻碍了他们在流入地的潜在消费意愿。由于人口流入地多是经济发达地区、人口流出地多是相对落后地区，原本就存在较大的经济发展差距，而流入地又截留了社会保险中缴费大头的单位统筹部分，这实际上是把流动人口养老的包袱转嫁给了流出地，不仅是对广大流动人口群体的政策性不公平，使参保农民（居民）处于不利地位，还会进一步加剧城乡之间、地区之间的不平等。虽然《城乡养老保险制度衔接暂行办法》结束了社保转移无章可循的历史，但是没有真正在各类社会养老保险之间建立公正有效、双向互动的承转衔接机制，①导致的最直接的后果就是流动人口尤其是农民工群体，仍然不愿意在流入地参加社会保险，制约了社会保险参保率的提高，也导致流动人口的市民化程度偏低。

2. 社会保险缴费率高，降低了用人单位和流动人口的缴费积极性

当前我国企业职工社会保险总缴费率在企业职工工资总额的39.25%左右，接近欧洲高福利国家40%的缴费门槛，如法国、德国和意大利等。不仅要比韩国、美国、日本的社保缴费率分别高出24.12%、23.2%和14.01%，还大约为发展中国家墨西哥的4.76倍、泰国的3.84倍和菲律宾的3.04倍。② 以流动人口中就业人口的平均月薪3412元为例，如果按照上海市2016年的缴费标准，5项社会保险的个人缴费金额达到358.89元，这还不包括住房公积金，每月到手仅为3037.7元，如果再缴纳住房公积金238.8元，每个月实际到手还不足2800元。用人单位要缴纳的社保费用为1154.5元，住房公积金238.8元。如果用人单位足额给员工缴纳"五险一金"，除支付工资外，还要多承担40%的"五险一金"费用，大大增加了用工成本。因此，用人单位逃避社保的现象屡见不鲜。对流动人口而言，每个月到手的钱也少了，尤其是对一些收入低、流动性强、稳定性差的人来说，他们更不愿意缴纳社保。正如陈冬梅、袁艺豪指出的，部分流动人口尤其是那些今后将返回家乡或去其他城市发展的人群，会出现与企业共

① 参见李伟、姜东升：《影响农村社会养老保险参保决策的主要因素研究——基于陕西省农村的调查与分析》，载《统计与信息论坛》2015年第8期。

② 参见关博：《发改委：降低"五险一金"缴费率　减轻企业负担》，载央视网，https://news.cctv.com/2016/08/29/ARTIi6l7VyHrMqObf406NNNY160829.shtml。

谋逃避缴费的现象，为的是提高到手的现金收入[①]。除此之外，笔者还认为，大部分流动人口仍然是就业市场中的弱势群体，如果用人单位不愿意给他们缴纳社保，他们很少会拿起法律武器维护自己的合法权益，因为这很可能会导致他们失去工作机会。

3. 城乡居民基本养老保险的保障水平太低，很难发挥应有的保障作用

虽然在前文中述及，参加新农保或者新农合对流动人口消费的影响并不显著，但笔者认为，这主要是新农保的保障水平较低引起的。在全国大部分地区，城乡居民养老保险尤其是合并前的新农保缴费标准非常低，最低缴费标准为 100 元/年，最高缴费标准才 500 元/年，财政补贴为 30 元/年。以本书的研究对象平均年龄 33 岁计算，假设他们从 33 岁开始缴费，每年分别交 100 元或 500 元，年满 60 周岁每月能领取 72.19 元或 125.08 元。加上由财政提供的每月 70 元基础养老金，[②]参保农民每月才能拿到最高不足 200 元的养老金，远远低于城镇职工养老保险，仅仅是一点“零花钱”而已。虽然近年来，基础养老金有所提高，但很多省市农村参保老年人能领取到的养老金也只有 200 元左右。

4. 城乡居民基本医疗保险报销门槛高、手续复杂，制约了流动人口的消费行为

从动态监测数据来看，有 12.3% 的受访者在最近一年内本人

---

① 参见陈冬梅、袁艺豪：《为什么社保改革后农民工参保率依然相对低？——以上海市杨浦区为例的实证研究》，载《上海经济研究》2014 年第 10 期。

② 从 2014 年 7 月 1 日起，新农保基础养老金标准由每人每月 55 元上调到 70 元，中央财政对中西部地区全额补助，对东部地区补助 50%。——人社部：《人力资源社会保障部　财政部关于提高全国城乡居民基本养老保险基础养老金最低标准的通知》，载人力资源和社会保障部网 2015 年 1 月 10 日，http://www.mohrss.gov.cn/xxgk2020/fdzdgknr/zcfg/gfxwj/shbx/202312/t20231220_510811.html。

有过患病（负伤）或身体不适的情况。虽然比例不是很高，但是从他们的看病报销经历可以分析现行医保制度对流动人口的制约情况。当被问到最近一次生病（受伤）或者身体不舒服，去什么类型的医疗机构看病时，样本中选择去本地综合/专科医院的仅占31.04%，选择去社区卫生站的比例为24.84%，还有17.7%的选择去个体诊所看病，18.79%的表示去药店买点药吃，4.51%表示没有接受治疗，还有2.33%的选择回家乡治疗。可见，流动人口中选择去正规医疗机构（综合/专科医院和社区卫生站）的刚超过一半，而去个体诊所、上药店买点药吃的比例仍然很高。有病不去看的问题依然存在。数据还显示，生病就医后，仅有6.01%获得了新农合的报销。很多省市的新农合都规定，跨省市治疗只能报销住院的部分费用，门诊不能报销，而正处于劳动力年龄的流动人口看病主要以门诊为主，样本中门诊就诊量达到86.1%。从目前的实践来看，城乡居民基本医疗保险（新农合）确实在一定程度上缓解了广大参保农民"因病致贫"的问题，但是对流动人口尤其是大量的跨省流动人口来说，在流入地就诊的门诊费用不能报销，使得他们参加城乡居民基本医疗保险的保障效果打了折扣。他们不得不自行支付门诊费用，这无疑制约了他们的消费行为。

总的来看，对流动人口消费水平的影响因素和作用机制的研究都表明，参加城镇职工养老保险对流动人口消费水平影响显著，但是由于城镇职工社会保险领取标准高、转移困难，社会保险缴费率高，降低了用人单位和流动人口的缴费积极性，导致流动人口参加城镇职工社会保险的参保率非常低。这制约了流动人口市民化程度的提升，导致平均消费倾向偏低，在流入地的消费水平远滞后于其收入水平。由于城乡居民养老保险、医疗保险中存在的缴费标准低、财政补贴少、保障水平低、报销门槛高、手续复杂等问题，流动人口即使在家乡参加了城乡居民养老保险，也不敢指望其作为今后的养老钱;即使参加了城乡居民医疗保险,也要应对突发医疗尤其是门诊的医疗费用,导致流动人口不得不压缩在流入地的消费支出,增加储蓄以备将来养老、应对生病所用。因此,笔者认为,社会保障存在的制度性障碍,是导致流动人口市民化程度偏低、消费与收入严重脱节,消费水平远低于城市户籍居民的重要原因。

二、流入地社会歧视与排斥,阻碍了流动人口的城市融入

(一)基本公共服务有效供给不足,仍持排斥甚至拒绝流动人口的态度

基本公共服务通常与个体的基本生存和发展需求密切相关,包括就业、教育、医疗卫生、社会保障、住房保障、计划生育和文化体育等。对流动人口来说,除社会保险外,基本公共服务需求最迫切的莫过于子女教育。本部分将从流动人口子女教育的角度分析流入地的基本公共服务与流动人口城市融入之间的关系。目前中国农民工随迁子女已经达到1400多万,在农民工聚集的珠三角、长三角等经济发达地区的大中城市里,大约有30%的随迁流动儿童。[①] 2016年流动人口中6~15岁子女随同父母流动的比例达到62.5%,东部地区依然是流动人口最集中的地方。然而,如此规模庞大的随迁儿童,在城市的求学之路依然面临着诸多障碍。笔者梳理了上海、苏州、无锡、武汉、长沙、西安、泉州和咸阳8个城市2016年对随迁子女义务教育阶段的规定,简单摘录如下。

上海市《2016年义务教育阶段学校招生入学工作的实施意见》规定,区县教育行政部门要切实做好进城务工人员随迁子女的招

---

① 参见谢建社、牛喜霞、谢宇:《流动农民工随迁子女教育问题研究——以珠三角城镇地区为例》,载《中国人口科学》2011年第1期。

生入学工作，加强审核随迁子女的入学条件。随迁适龄儿童须持有《上海市临时居住证》，父母一方必须持有效期内的《上海市居住证》；或者父母一方持有效期内的《上海市临时居住证》满3年，且连续3年在街镇一级的社区事务受理服务中心办理了灵活就业登记。

《苏州市义务教育阶段流动人口随迁子女积分入学实施细则（试行）》明确规定，积分入学制是流动人口随迁子女入学的基本制度。根据流动人口参加积分管理累积的分值以及当年度公办学校可提供的学位数，按积分由高到低的顺序，安排适龄儿童进入义务教育阶段公办学校就读。

无锡市规定，外来人员随迁子女的父母或其他法定监护人必须取得半年以上的《江苏省居住证》，拥有工商营业执照或者出示与用人单位签订的一年及以上劳动合同，还有按照规定在当地缴纳社会保险，而且其子女在户籍所在地没有监护条件的，才可以申请在无锡住房所在地的公办学校就读。

武汉市教育局《关于进一步规范2016年义务教育阶段新生入学管理工作的通知》中明确，要认真贯彻落实国务院《居住证暂行条例》，符合条件的随迁子女，由学生父母或其监护人在规定日期前，按所在区级教育部门的要求到指定地点进行登记，由区教育局进行统筹、安排就读学校。各学校不能对随迁子女单独编班，而是要混合编班教学、统一管理，促进随迁子女融入学校学习和城市生活。

长沙市要求随迁子女父母或其他法定监护人在长沙城区务工且持续合法居住一年以上，提交父母或其他法定监护人在长沙市的居住证、职工基本养老保险证明（居住和参保至少一年）、身份证和户口簿等相关材料，并以当前租房或购买的商品房所在地为依据入学。

西安市和咸阳市对随迁子女义务教育阶段入学的规定基本一致：由区县管理，坚持“相对就近入学，以公办学校为主入学”的原则，必须要审核“四证”是否齐全。“四证”包括：户籍证明、居住证明、务工证明和流出证明，务工证明是指随迁子女父母双方合法的劳动务工合同或营业执照等务工证明及相关材料，流出证明是指户籍所在地政府街道办或乡镇以上人民政府开具的在当地无监护条件的学生流出证明。

通过对8个城市关于随迁子女义务教育阶段新生入学管理工作的文件梳理，我们可以看出，8个城市都把随迁子女父母或监护人的居住证作为入学的必备条件之一，有的城市明确把父母缴纳城镇职工社会保险写入规定，还有的城市甚至要求流出地出具无监护条件证明。上海市虽然没有明确把社保缴费年限写入规定，但是办理上海居住证就需要满足在上海合法稳定居住、合法稳定就业，参加职工社会保险满6个月等前提条件。经前文分析已知，流动人口中有不少人从事个体经营、小商小贩经营等流动性、稳定性差的工作，或者从事钟点工、保姆、快递等灵活就业工作，他们很难提供社会保险的参保记录或缴费证明，严格入学招生政策无疑把低层次流动人口的子女关在了门外。笔者曾于2015年10月对上海市青浦城区某公办小学分管招生工作的负责人进行了深度访谈并得知，上海市流动人口随迁子女入学规定实行后的两年，该小学招生人数仅为之前的一半左右，致使很多随迁子女因此不得不返回家乡上学，或者只有在一年后，等父母缴纳了社保才能上学。

此外，虽然流入地大多提倡通过公立学校解决流动人口的子女教育问题，但是在实际操作中，尤其是在人口流入集中的长三角、珠三角地区，公立学校的教育资源是有限的，而且随迁子女往往集中在城郊结合部和郊区集镇，流动人口与本地户籍居民竞争入学资格，造成学位资源的严重紧张。因此，在公立学校招生时，不得不采取生源排序的措施。即,首先招户口和房产都在本学区的学生,户口在本地的学生排在第二位,有房产但没有户口的排在第三位,最后才是没有户口也没有房产的流动人口家庭学生。长沙市的入学文件中就明确对生源作了排序。上海虽然没有明确写入市级文件中,但实际上也是这样操作的。笔者的亲身经历是,在给子女入学报名时,负责招生的老师就明确告知,虽然有房产但是户口在本市其他街镇的只能排在第三位。笔者的两位农民工朋友,一位已经在当地买房,2016 年孩子入学时就读了房产所对口学区的公立小学,而另外一位没有购买房产的朋友,虽然也缴纳了社保、办理了居住证,符合随迁子女入学政策,但孩子只能去某农民工子弟小学就读。户籍和基本公共服务的分割,偏向本地人的社会政策,在"外地人"与"本地人"之间人为造成了心理上的分割,严重影响了流动人口的城市化进程,制约了流动人口尤其是乡城流动人口在流入地的消费水平。

(二)来自市民的歧视阻碍了流动人口的社会认同

时至今日,城里人对流动人口尤其是农民工的歧视仍未完全消除,仅"农民工"这一称呼就还带有某种歧视。虽然进城务工的接力棒已经由老一代传递给新生代,但是"农民工"这一词语仍是这个特定群体的代称。2013 年动态监测数据显示,不少流动人口表示受到城市本地人的歧视。有四成多的受访者表示,在流入地主要还是和外来人口居住在一起,有两成多的受访者认为本地人不愿意和他们做邻居,有 22.25% 的流动人口认为本地人不喜欢或看不起外地人。

来自流入地基本公共服务供给的排斥、来自流入地市民的歧视,使得流动人口尤其是农民工对城市的认同感较低。这使得他们更希望回到家乡生活和养老,为今后的生活增加预防性储蓄,在一定程度上使他们陷入了两栖性的消费困境。

三、处于半家庭化迁移阶段，导致了流动人口的两栖性消费

(一)仍处于半家庭化迁移阶段，举家迁移难以彻底实现

流动人口的最终目标是在流入地所在城市落户定居，实现真正意义上的市民化。要提高流动人口在流入地的消费水平，就必须要进行举家迁移，实现在流入地的家庭团聚不可或缺。一般而言，家庭团聚包含两层含义：一是核心家庭团聚，二是主干家庭团聚。如果实现核心家庭团聚，那么流动人口、配偶及其子女会全部迁移到流入地。如果是后者，流动人口、配偶、子女及其父母也都要迁移到流入地。从 2013 年动态监测数据来看，在已婚已育的人群中，虽然配偶在流入地的比例比较高，但是子女在老家的比例仍然达到了 37.92%。这说明，有近四成的流动人口还没有实现在流入地的核心家庭团聚。子女在老家就需要父母或者祖辈加以照顾，由于流动人口的职业流动性强、收入稳定性差，把父母也带到流入地从而实现主干家庭的团聚，同样并非易事。因此，很多流动人口选择暂时把子女放在流出地，由祖辈照顾，而自己则和配偶外出务工。

从统计数据来看，在老家有子女的样本中，65.49% 的受访者表示需要操心子女的照看问题，48.82% 的受访者表示子女教育费用问题需要操心。另外，还有 74.62% 的受访者表示需要操心留守老人的赡养问题。留守儿童的抚养和教育、留守老人的赡养问题使流动人口不得不寄钱回乡。数据也显示，流动人口带回或寄回家乡的财物，合计达到流出地家庭收入的一半之多。把家乡总收入和总支出进行比较后发现，有 14.12% 的流动人口家庭在流出地的收入低于支出，即入不敷出。如果把汇款和老家的总收入进行

加总后,只有4%的样本收不抵支。从留守家庭的消费占老家总收入的比例来看,留守家庭的消费支出占到总收入的85%以上,表明流动人口老家的收入基本上都用于消费。对那些收不抵支的家庭而言,外出务工人员带回来的汇款是维持家庭成员日常生活消费的重要支柱。本研究第四章的实证分析也证明了汇款被留守家庭成员用来维持日常消费的事实。因此,流动人口的家庭迁移仍然停留在半家庭化迁移阶段,留守在家乡的家庭成员虽然主要依靠流出地的收入,但是流动人口寄钱回家维持日常消费也不可或缺。

(二)汇款制约了流动人口在流入地的消费

从市民化视角来看,很多流动人口不得不把子女、父母留守在家乡,无法实现流入地的家庭团聚,实现完全的市民化,严重制约了流入地的消费行为。在8个城市流动人口中,仅有两成多的流动人口没有给家乡汇款,有汇款的达到78.28%。在没有给家乡汇款的流动人口中,有半数以上已举家迁移流入地。已举家迁移的流动人口给家乡的汇款较少,在流入地的消费水平也相对较高。在有汇款的流动人口中,平均汇款金额为9148元,占家庭收入比例的均值为13.42%。这表明,流动人口将家庭收入的13%都寄回了老家。如果去除在流入地的消费支出,给家乡的汇款占家庭收支结余的24.46%。从城市类型来看,汇款金额最多、比例最高的是东南沿海城市泉州,接近1/3的家庭收支结余都带回了老家。这表明,扣除食品、服装、交通和房租等日常生活支出后,流动人口在外务工所得的近1/4都带回了老家。流动人口寄往家乡的汇款越多,越限制其在流入地的消费水平的提升。

四、职业技能培训不足,限制了流动人口收入水平的提高

从前文的分析来看,受教育程度与市民化水平呈线性关系,对

流动人口的消费有显著促进作用。不过当前流动人口受教育程度总体上偏低。高中/中专及以下文化程度的依然是主体。

与此同时，流动人口的职业技能培训也严重不足，中等职业学校毕业的仅占7.65%，大学专科毕业的仅为7.33%。从第三章的分析中我们看到，79.20%的受访者及其配偶每月的学习培训费用为0。显然，流动人口对自身继续教育的认识不足、重视不够。事实上，政府对流动人口提供的培训也严重不足。调查显示，仅有12.91%的受访者表示在最近三年接受过政府提供的免费培训。流动人口对自身继续教育、职业技能培训的认识不足，政府培训的缺位，严重制约着流动人口人力资本的提升，对市民化程度的提高也会产生阻碍。

从社会需求来看，随着产业结构的升级调整，企业对员工的要求越来越高，招工难尤其是技工招工难问题频繁见诸报端，不仅在企业大量集聚的珠三角、长三角等区域，还蔓延到人口输出大省的河南、安徽等。在以制造业著称的德国，整个产业工人队伍中的高级技工占比达到50%，在日本，这一比例也达到了40%。而我国，这一比例才仅为5%左右，全国高级技工的缺口达到近1000万人。[①] 一方面是高级技工的大量缺口，企业用工荒；另一方面是流动人口尤其是农民工的职业技能较低以及职业技能培训的严重不足。二者之间的突出矛盾，造成流动人口尤其是农民工只能从事低技术含量的社会生活服务甚至小商小贩等灵活就业岗位，替代性强、收入不高，社会保险也没有着落。这也阻碍了流动人口市民化水平的提升。

---

① 参见林亮：《从制造大国迈向制造强国　制造业振兴从重视技工做起》，载人民政协网，2017年3月17日，http://www.rmzxb.com.cn/c/2017－03－17/1422715.shtml。

五、消费观念相对落后，不利于流动人口生活方式的改变

（一）消费观念仍相对落后

既有研究认为老一代农民工的社会交往和日常生活都以传统社会中的消费模式为主，不会在昂贵的地方消费，宁愿买菜自己下厨在家里招待亲朋好友，也很少会“下馆子”请客，更不会到收取门票的娱乐场所消费。相比之下，新生代农民工的消费观念已经出现了转变，如经常外出聚餐、去KTV唱歌、到大型商场购物，穿着也更为时尚，甚至出现各种怪异发型和奇装异服等。

虽然流动人口尤其是新生代流动人口的消费观念、消费方式受城市的影响很大，在某些方面与市民保持一致，如使用智能手机，甚至是苹果手机，也会使用网络购物等新兴消费方式，有的年轻人成了“月光族”，甚至需要家人的接济。在本研究中，也出现了城市对新生代消费水平影响显著的结果，但是影响力度非常小。当被问到“未来三年您最主要的消费愿望有哪些”时，无论是老一代流动人口还是新生代流动人口，最多的三项都是“改善食品结构”、“增加孩子教育花费”和“购车/买房”。因此，从总体上来看，无论是老一代还是新生代，他们的消费观念仍然停留在吃好穿暖的生存型消费阶段，对教育培训等发展型消费仍然重视不足。

（二）闲暇生活仍比较单调

闲暇生活安排亦能体现流动人口的消费观念。在被问到“休闲的时候主要做什么时”，62.35%的受访者把“看电视/电影/录像”放在首位，把“上网/玩电脑游戏”放在第一位的占8.51%，把“下棋/打牌/打麻将”放在第一位占的5.01%，而将“读书/看报/学习/锻炼”放在第一位的仅占3.89%（见表7－1）。

表7-1 流动人口的休闲娱乐方式 单位:%

项目	第一位	第二位	第三位	三项合计
看电视/电影/录像	62.35	13.11	7.03	82.49
下棋/打牌/打麻将	5.01	13.82	3.03	21.86
逛街/逛公园	5.20	16.30	9.57	31.07
读书/看报/学习/锻炼	3.89	9.72	4.77	18.38
上网/玩电脑游戏	8.51	14.68	10.08	33.27
与家人朋友聊天	3.32	14.29	19.84	37.45
闲呆/睡觉	3.42	10.16	20.22	33.80
做家务	8.12	7.41	23.46	38.99
其他	0.19	0.07	0.36	0.62

如果我们将休闲时做的事情,由多到少的三项加在一起,可以发现,读书看报的比例最低,仅有18.38%,上网/玩电脑游戏、逛街/逛公园这两项比读书看报还高出10多个百分点。这表明看电视仍是流动人口主要的休闲方式,此外,下棋、打牌、打麻将等传统休闲方式已经被上网、玩游戏等新兴互联网娱乐方式赶超。同时,流动人口对读书、锻炼身体的认识和重视程度仍然较低。阅读和学习有助于提升流动人口的人力资本,锻炼身体是健康保健意识的体现。流动人口中大部分人都从事脏、苦、累的体力劳动,工作稳定性差,这就更需要树立健康意识,重视自身锻炼。数据还显示,做家务占据了流动人口近四成的休闲时间,这可能导致他们没有时间读书看报或者通过学习提高职业技能。

第二节　对策建议

市民化是影响流动人口消费行为的重要因素。如何解决流动人口的消费困境，提高流动人口在流入地的消费水平，本节将主要从提升流动人口市民化的角度提出对策建议。

一、完善社会保障制度，提高流动人口的市民化程度

《国家新型城镇化规划》指出，鼓励农民工落户城镇，提高流动人口的消费水平，促进经济社会的发展。流动人口尤其是农民工长期生活在城市，其需求层次有了显著变化。特别是新生代农民工，他们对市民化相当渴望，理应得到同等待遇和尊重。因此，针对流动人口尤其是新生代流动人口的特殊性，国家应该在提高流动人口社会保险参保率的基础上，进一步完善现行社会保障制度。

(1)应适当降低个人及企业的社保缴费负担，加强监管，实现应保尽保。依据《社会保险法》的相关规定，流动人口应该按照城镇职工社会保险的相关规定缴纳社保费用。然而，我国现行针对城镇职工所设立的社会保险费率依然很高。尽管人社部、财政部等部门曾联合发文要求阶段性降低失业保险费率，但是作为社会保险的主要险种，城镇职工养老保险和医疗保险的费率仍然偏高，许多企业尤其是私营企业都不愿承担如此重的缴费负担。部分流动人口也基于短视心理，希望少缴甚至不缴社会保险费。因此，本书建议，继续适当降低社会保险尤其是养老保险、医疗保险的单位缴费比例，加强监管，规范用工劳动合同，规范社保缴费，把符合社

会保险参保对象的流动人口全部纳入城镇职工社会保险体系中，通过扩大参保对象的方式把社保资金这块蛋糕做大。同时，可以通过市场化运作等多种方式实现社保基金的保值增值，把蛋糕做强。这样，才能充分发挥社会保险的保障功能，解除流动人口尤其是乡城流动人口的后顾之忧，使他们敢于消费。

（2）应尽快实现社会保险的省级统筹与社保关系的跨地区转移。要通过深化户籍制度改革，最终实现城乡统一的、以身份证号为基准并与流动人口自由流动相适应的社会保险管理模式。具体涉及两个问题：一是城镇职工社会养老保险在不同省市间的转移，累计缴费满 15 年，可以在缴费满 10 年以上的城市或者最后退休地领取；二是城镇职工社会保险累计缴费不足 15 年，最后还是要到流出地领取城乡居民养老保险。这就要求决策部门打通城镇职工保险与城乡居民保险的转移通道。不仅个人缴费部分能跨地区转移，单位缴费部分在扣除一定比例的管理费用和手续费用后，也应当与个人缴费部分一起转移。流入地不能完全截留单位缴纳的社会统筹部分，而把养老金发放的重任变相转嫁给经济发展水平较差的流出地。只有社会统筹部分也能随流动人口一起转移，才能逐步缩小乃至消除依附在户籍关系与地域关系上的各项差距，真正实现社会保障的均等化。

另外，还可以借鉴欧盟的做法。缴费满一年的流动人口，如果换个省市工作缴费，那么移出地暂时冻结个人账户和统筹的资金，待到其年满 60 周岁时直接发放。例如在上海缴费 5 年、在长沙缴费 2 年，然后回农村老家务农参加了城乡居民养老保险缴费 15 年，那么，待其退休后，不仅可以领取城乡居民养老保险的养老金，还可以收到来自上海和长沙的两份养老金。如果在某个省市累计缴费不足一年的，可由本人在终止缴费时或年满 60 周岁前，申请把个人账户和社会统筹资金（可扣除一定的管理费）转移到其城乡居民养老保险的账户上，按照城乡居民养老保险的规定领取养老金。

此外，还应逐步提高各项社会保险的统筹层次，以便于顺利推进流动人口社会保险关系的转移和续接。应当借助日益发达的互联网信息技术，构建全国联网的社会保险管理信息系统，把身份证号码作为社保登记号码，不仅容易操作，也能使广大流动人口无论身处何地都能便捷地享受到应有的社会保险待遇和服务。

(3)提高城乡居民社会保险参保率和保障水平。流动人口中有不少人处于非正规就业形态，如钟点工、临时工、季节工等，还有一些是社会性原因流动的未就业人口，如照顾孩子的随迁家属等。这些人很难甚至不可能缴纳城镇职工社会保险。国家应当鼓励他们在流入地或流出地参加城乡居民养老保险。鉴于城乡居民养老保险的保障水平还非常低的现实情况，本书建议从以下三个方面建立激励机制，提高流动人口参加城乡居民社会保险的积极性。

一是中央财政应加大补贴力度，提高基础养老金的发放标准。可以按照上年农村居民人均纯收入的一定比例发放，也可以像城镇职工退休金那样，每年增加一定的幅度。如果基础养老金长期得不到提高或者提高的幅度太小，而城镇职工的退休金不仅年年提高，且提高幅度还不小，会加剧流动人口中无法缴纳城镇职工社会保险人群的相对剥夺感，使得他们不愿意参保。

二是适当提高城乡居民养老保险的缴费标准、补贴标准，鼓励参保对象选择较高档次的缴费标准。现在不少省份最低缴费档次是每年200元，政府补贴30元，以缴费30年计，个人账户余额为6900元(不包含利息)，可以说个人账户积累的太少，对养老的保障作用非常有限。另外，近年来我国工资水平、居民人均收入都有了大幅提升，城乡居民的缴费能力也提高了，可以适当提高城乡居民养老保险的最低缴费标准，比如最低500元/年。当然，为了鼓励城乡居民按提高后的标准缴费，政府应当提高补贴。例如，中部某省目前500元缴费档的补贴是60元,如果把最低缴费提高至500元,那么政府应该比当前补贴的要多,建议提高至补贴120元。这样才能获得城乡居民的理解,并提高缴费的积极性。对家庭经济困难、享受最低生活保障的家庭,采取地方财政和中央财政全额补贴的方式予以减免。中央和省级财政还可以选择U型补贴办法,对不同缴费档次实行“两头高、中间低”的参保补贴,这样不仅能保证选择低缴费档次参保人员的利益,也能鼓励有经济实力的流动人口选择较高的缴费档次。[①]

三是把基础养老金领取待遇和缴费年限挂钩,对缴费超过15年的参保人员,缴费年限越长,基础养老金就越多,以吸引更多年轻人参加城乡居民养老保险。

只有扩大城乡居民养老保险的覆盖面、增加基金总量,把养老基金的蛋糕做大做强,使参保人获得更多的收益,才能切实提高城乡居民养老保险的保障水平。

(4)完善和落实流动人口的失业和工伤保险制度。大部分流动人口在民营企业工作或从事个体经营等活动,参加失业保险的比例较低,但失业风险无时不在。通常来说,由于户籍限制,流动人口在流入地无法获得与城镇职工相同的失业保障和社会救济。从预防性储蓄理论来看,这种歧视性的制度安排导致流动人口不得不通过增加储蓄、节约消费支出来应对未来可能发生的失业风险。在面临失业压力时,也只能靠降低生活消费来应对。政府部门应当鼓励用人单位为流动人口缴纳失业保险,同时适当降低失业保险的领取条件,可以减轻流动人口对未来收入不确定性的担忧,使他们敢于增加消费支出。

---

① 参见李伟、姜东升:《影响农村社会养老保险参保决策的主要因素研究——基于陕西省农村的调查与分析》,载《统计与信息论坛》2015年第8期。

流动人口尤其是农民工对工伤保险的需求也十分强烈。高强度的工作、高风险的环境,容易使他们在工作中发生工伤事故,甚至患上职业病。关于安全生产的事故屡见报端,如建筑业中屡见不鲜的坍塌事故,受伤甚至死亡的大多是农民工。因此,政府应当加强对用人单位给员工购买工伤保险的监管,监督企业尤其是高风险行业的具体实施行为,加强宣传教育,提高流动人口尤其是农民工的安全生产意识、工伤保险意识,防患于未然,分散和降低流动人口的职业风险。

2022 年 4 月 21 日,国务院办公厅发布《关于推动个人养老金发展的意见》,并于当年底开始在北京市、天津市、上海市等 36 个先行城市或地区实施,年缴费上限是 12,000 元。这项个人养老金制度,受到各界的广泛关注,是当前城镇职工养老保险和城乡居民养老保险的有益补充,被誉为第三支柱养老保险。对流动人口中那部分收入较高的人群来说,个人养老金制度具有积极意义,能在一定程度上弥补城乡居民养老保险保障水平低的缺陷。但是,对那些没有固定单位、就业形式灵活、收入偏低的人群而言,这项政策几乎形同虚设。首先,个人养老金的性质与城乡居民养老保险不相同。它在缴费时没有政府补贴,仅有的福利是缴费金额可以作为个人所得税的抵扣额度,在领取的时候也没有政府给予的基础养老金。其次,个人养老金实际上是用户自主选择购买符合规定的储蓄存款、理财产品、商业养老保险、公募基金等金融产品,而这些金融产品能否长期盈利还充满着不确定性。因此,本研究认为,面对流动人口尤其是其中收入不高、没有固定工作单位的人群,与其大力宣传推广个人养老金,还不如采取对城镇职工养老保险和城乡居民养老保险进行改革。一是适当降低城镇职工养老保险中灵活就业人员的缴费比例,鼓励流动人口按灵活就业人员缴纳社会保险。二是改革城乡居民养老保险的缴费档次和补贴标准，提高城乡居民养老保险的保障水平。

二、完善住房保障，提高流动人口在流入地的住房条件和购房能力

（一）多管齐下，改善流动人口的住房条件

流动人口的房租支出压力较大，不仅会降低其在城市的生活质量，不利于其更好地融入城市，实现市民化，还会导致其与本地居民的居住分离，即流动人口会为了降低房租支出，选择租住在城中村、郊区农民自建房等租金低廉的地方居住，与城市居民形成居住隔离。但城市的经济社会发展不仅需要高端的服务业人员，也需要保安、保洁、快递、外卖、环卫等社会服务业人员，不同人群在居住空间上的合理分布、有机融合才能既满足城市居民的多样化需求，又能促进城市的正常运转。因此，流入地政府应当把降低流动人口的房租支付压力、改善住房条件作为一项重要的工作内容。一方面可以通过增加公租房数量、降低公租房申请条件、合理布局公租房的位置、公寓类型等方式为流动人口提供相对优质廉价的住房；另一方面，在城市改造过程中，还应当合理规划布局，避免因大规模城市改造把流动人口赶往偏远的郊区。此外，各流入地政府还可以通过政策支持、税收优惠等方式，鼓励规模较大的企业建设人才公寓，解决职工的住宿问题，政府加以配套商业、学校和医院等公共资源，鼓励流动人口在本地安居乐业。

（二）完善住房公积金制度，提高流动人口在流入地的购房意愿和能力

前文的研究显示，住房公积金能显著提高流动人口在流入地购买商品房的意愿。政府应该通过税收优惠、政府扶持等方式鼓励用人单位为员工缴纳住房公积金，降低流动人口购买商品房的

资金压力。政府还可以根据本地经济发展、房价等情况，尤其是在中西部等房价相对较低的地区，适当降低公积金的缴费比例，减轻用人单位的缴费负担，也可以减轻流动人口的缴费压力。政府还应当大力宣传住房公积金政策，鼓励流动人口积极缴纳住房公积金，扩大住房公积金的覆盖面，减轻流动人口的购房压力和还贷压力。

此外，多地已经出台了提取公积金缴纳房租的政策，但仍存在金额提取限制等约束，建议进一步放宽公积金提取限制，充分发挥公积金改善流动人口住房条件的作用。

（三）加强顶层设计，提高流动人口在流入地的购房意愿

首先，鉴于省内流动人口在流入地的已购房比例和购房意愿高于跨省流动人口，因此，应当从省级层面积极落实城市化政策，出台鼓励省内流动人口在流入地购房的政策，如采取提供低息贷款、减免购置税等方式，降低其购房成本和市民化成本。

其次，针对跨省流动人口，虽然他们在流入地的住房消费行为和消费意愿低于省内流动人口，但他们在流入地也具有较高的长期居留意愿，同样也为流入地的经济社会发展做出了贡献。人口流动的主要原因是流出地缺乏大量就业机会，所以才不远万里跨省流动，尤其是从中西部流动到就业机会多的东部地区。因此，应当从中央层面进行顶层设计，尽快落实《中华人民共和国国民经济和社会发展第十四个五年规划和2035年远景目标纲要》提出的“深化户籍制度改革，健全农业转移人口市民化机制，完善财政转移支付与农业转移人口市民化挂钩相关政策”。对那些吸收跨省流动人口较多的省市进行政策支持，按常住人口数量进行基础教育、公共卫生、保障性住房等基本公共服务配置，促进公共服务均等化，改善跨省流动人口的住房条件，提高其在流入地的归属感和

长期居留意愿,共享流入地经济社会发展的成果。

最后,加大金融支持力度,鼓励流动人口在流入地购买商品房。当前我国房地产市场进入调整阶段,对购房能力较弱的流动人口,可以采取优化住房贷款的申请标准,认房不认贷、降低贷款首付比例、提供低息贷款、减免契税等方式,提高流动人口尤其是新生代流动人口在流入地的购房支付能力。

三、加强教育和职业技能培训,提升流动人口的收入水平,增强住房消费能力

如前文所示,收入是影响流动人口消费行为的最重要因素。家庭收入水平不仅对流动人口的日常消费支出有正向影响,而且对流动人口的住房消费支出水平、购房行为和购房意愿都有显著正向影响。在收入较高的行业工作的、或从事专业技术的流动人口,在流入地的住房支出水平、已购房比例和购房意愿都比较高,而在制造业、住宿餐饮娱乐业、社会服务业等一些收入比较低的行业工作的流动人口,其住房支出水平、已购房比例和购房意愿都比较低。因此,流入地政府和其他社会组织应当大力加强对流动人口尤其是新生代流动人口的教育和职业技能培训力度,完善和创新流动人口的人力资本提升机制。可从以下几方面开展工作。

一是建立国家层面的管理机构,构建完善的流动人口职业教育体系。通过减税降费等方式,鼓励企业积极参与流动人口的职业教育,对员工进行职业培训,鼓励有条件的企业向社会开放培训资源。制定法律法规,鼓励中等职业技术学校发展,使流动人口尤其是新生代农民工在进城务工前就能受到正规的职业教育和职业

技能训练。[①]

二是各流入地政府应通过与培训机构开展合作,对用人单位加强用工规范和政策引导,给予资金补贴、税收减免等方式,做好就业信息提供、劳动技能和职业发展培训,提高流动人口的职业技能。

三是那些教育资源丰富的地区,如东部大城市特大城市、中西部的省会城市,这些地方也是人口流入的主要地区,要充分利用既有教育资料,通过网络教育、夜大学、职业学校、社区学校等途径对流动人口开展学历教育和职业技能培训。尤其是要把新生代流动人口作为教育培训的工作重点,提高他们的文化素质和职业技能,提升其人力资本,把人口优势转变成人才优势,才能提高流动人口在本地的消费水平和住房消费能力。

四是充分发挥社会组织的作用,弥补政府、企业、学校在新生代流动人口职业教育和继续教育问题上的不足。完善相关法律法规,采取有效措施,积极推动社会组织参与流动人口尤其是新生代流动人口的教育培训。通过购买服务或以外包的形式,让社会组织参与到由政府、企业、学校主导和组织的职业技能培训教育中。积极鼓励和发展流动人口加入工会、协会、行业互助等社会组织,维护合法权益,拓展社会关系网络。

五是拓宽继续教育领域,提高新市民的综合素质。要以流动人口市民化为目标,对流动人口加强城市生活常识教育、法律法规教育,引导他们尽快接纳、认同、适应城市生活方式和城市文明,培养新市民的社会责任感。

此外,加强用工规范也有助于提升流动人口的职业稳定性和

---

① 参见陶树果:《职业教育与继续教育:促进新生代农民工市民化的有效途径研究》,载《青年学报》2014 年第 2 期。

职业技能。调查显示,流动人口中签订劳动合同的比例只有七成左右。[①] 长三角地区经济发达程度较高,用工相对规范,而西安、武汉等中西部省会城市劳动合同签订率较低,相关部门需要加强用人单位的用工规范性,有效保护流动人口的合法权益,这样不仅能增加流动人口的职业稳定性,也助于用人单位重视流动人口的职业技能培训。

四、增加义务教育资源供给,实现基本公共服务均等化

义务教育是社会公共服务产品。提高对流动人口子女的教育保障,降低流动人口子女的教育成本,既是社会公共服务职能的履行,也是社会治理能力的体现。流动人口子女教育实际上包括留守儿童教育和随迁子女教育两个部分。就留守儿童的教育而言,中央政府应重点加大农村地区尤其是人口输出大省的投入,保障他们在流出地也能接受高质量的教育。对进城随迁子女,中央财政应对人口集聚的地区给予一定的政策支持,鼓励基础教育部门扩大招生,满足外来随迁子女的入学需求,给予的生均经费应当与本地生源持平。此外,应当鼓励和支持社会力量参与到流动人口随迁的子女教育中,给予和公立学校同等的经费补贴,让社会力量分担部分地区教育资源短缺的压力。政府、学校和社会应当合力改善教学设施、提高教学质量,保障随迁子女在流入地的受教育权,为流动人口子女提供高质量的教育服务。不仅要实现城市义务教育资源的公平供给,还要尽可能满足他们在流入地接受高中阶段教育的需求。

通过完善基本公共服务,增强流动人口的社会认同感,为他们

---

① 2016 年动态监测数据亦显示,在有工作的样本中,劳动合同的签订率也只有 35.97%。如果仅看就业身份是雇员的样本,劳动合同的签订率也只有 63.11%。

创造良好的社交环境。政府应该鼓励用工单位、非政府组织为流动人口创造良好的社交环境，建立公益组织和工会，为流动人口和城市居民之间的交流、交往搭建平台。流动人口居住比较集中的居民委员会、村民委员会应当鼓励外来人口加入基层社会治理、公益活动中，增加流动人口与城市居民的沟通交流渠道，促进友好相处。帮助外来人口更好地融入城市，增强对流入地的社会认同，提升市民化程度，促进其消费意愿。

五、改善消费环境，培养现代消费观念

消费环境能够影响和改变流动人口的消费观念。从流动人口尤其是农民工的角度来说，采取积极有效的措施改善金融消费环境、培养理财意识，不仅能增加他们的收入，还能改变其落后的消费观念，培养现代消费理念。具体可从以下几个方面着手。

(1)加强金融知识宣传、提高流动人口的理财意识。受文化程度较低的局限，流动人口尤其是农民工群体都几乎不了解金融知识，很少有投资理财意识。培养他们掌握一定的金融知识、理财方法，不仅能够提升他们的消费观念，敢于消费，还能帮助他们更好地积累财富、增加财富。

(2)为流动人口尤其农民工建立信用档案，增强消费信心。为流动人口尤其是农民工提供普通消费信贷、住房贷款、投资贷款等，把流动人口的未来收入转变为现期收入，才能降低流动人口的预防性储蓄，增强消费信心和消费能力，提高即期消费水平。

(3)完善农村金融市场，加强移动互联网和农村物流建设，降低消费成本。流动人口中的很大一部分收入用于储蓄或者寄回家乡，在家乡消费。在互联网金融、手机支付、网络购物日新月异的今天，应当在农村地区加强移动互联网建设和农村物流体系建设，

把网络流量费用降下来、物流速度快起来，推广移动支付、增强网络购物的便捷性。通过多种渠道降低流动人口及其在流出地家庭成员的消费支出成本、提高消费的便捷性。

本章小结

针对流动人口在流入地消费水平偏低，而在流出地又必须维持一定的家庭支出这一消费困境问题，以及流动人口在流入地住房消费支出水平低、有较强的购房意愿但实际已购房比例不高的问题，本章分析了背后的原因。主要研究结论如下：社会保障制度还不完善，城镇职工社会保险转移续接规定对流动人口尤其是乡城流动人口有失公允，制约了流入地的消费。基本公共服务尤其是子女教育的有效供给不足仍体现了流入地对流动人口的制度性排斥，通过制度性规定，把低层次流动人口子女在流入地的受教育权排斥在外；来自当地市民的歧视也对流动人口的社会认同造成不利影响。由于目前流动人口还处于半家庭化迁移阶段，很多人的子女、父母等家庭成员还在流出地。与流出地无法割裂的联系，导致流动人口不得不给留守的家人汇款，以维持流出地的日常开销，这不仅制约了市民化程度的提升，也制约了流动人口在流入地的消费积极性。此外，消费观念相对落后、职业技能培训不足，也是制约流动人口消费水平提升的原因。

因此，本书提出了五条建议。第一，进一步完善城镇职工社会保险制度，多举措提高城乡居民基本医疗保险和养老保险的保障水平，解除流动人口消费的后顾之忧。第二，完善住房保障，提高流动人口在流入地的住房条件和购房能力。一是多管齐下，改善流动人口的住房条件;二是完善住房公积金制度,提升其在流入地的购房能力,尤其是东部地区,应当想方设法鼓励和帮助流动人口在本地购房。第三,加强教育和职业技能培训,提升流动人口的收入水平,增强住房消费能力。第四,增加义务教育资源供给,实现基本公共服务均等化,鼓励流动人口把子女带到城市,促进流动人口的举家迁移。第五,改善消费环境,现代消费观念。总的来说,只有从源头上提高了收入水平,解决了随迁子女的教育问题,并加强社会保障和住房保障,在流入地实现乐业安居,才能改善流动人口的消费结构,摆脱消费困境。

第八章　研究结论与展望

在中国，三亿多流动人口是极其特殊而又非常重要的消费群体，他们中蕴藏着巨大的财富，他们的消费行为关系到整个社会经济的发展。本书的核心章节围绕5个方面的内容开展：(1)流动人口在流入地的消费行为及其影响因素；(2)流动人口在流出地的消费行为及其影响因素；(3)以市民化为视角分析流动人口在城乡之间两栖性消费困境的作用机制；(4)流动人口的住房消费水平、购房行为和购房意愿及其影响因素；(5)流动人口消费困境的成因。本章将进行回顾和总结，并提出今后的研究方向。

第一节　研究结论

一、流动人口在流入地的平均消费倾向远低于城镇居民，陷入了两栖性消费困境

除少数已经在城市购房、安家立业以外，从总体上来看，流动人口仍停留在吃饱穿暖、寄钱回家的低

水平消费阶段。从消费结构来看,虽然流动人口的消费结构正在升级和完善,但是仍然以食品支出等生存型消费为主,恩格尔系数为43.46%,比城镇居民高出近9个百分点。流动人口在流入地的平均消费倾向仍明显低于当地城镇居民,与其收入水平不相匹配,即流动人口的收入水平与城镇居民差距较小,但是消费水平与城镇居民差距较大。流动人口不得不寄钱回家,维持在流出地的消费支出,甚至为今后在家乡建房购房做准备。在流入地的消费水平偏低,而又不得不维持在流出地的消费,致使流动人口陷入了两栖性消费困境。

二、收入是流入地消费行为最重要的影响因素,受教育程度、职业、家庭情况、家乡的拉力也有显著影响

通过第四章的回归分析发现,收入是决定流动人口在流入地消费行为最重要的因素,流动人口的收入越高,人均消费支出和家庭消费支出也都越高。此外,受教育程度、职业、流动范围、家庭因素、居住意愿、家乡的拉力对流入地的消费水平都有显著影响。具体分析如下。

(1)家庭收入是影响流动人口消费水平最重要的因素,符合经济学中的收入决定消费理论。夫妻是否共同流动、子女是否随迁都对消费支出的影响显著,在流入地家庭人数的增加,对家庭总消费支出有显著正向影响。

(2)新生代、非农业户口(城城流动)、高中及以上文化程度、省内跨市流动、流入地居住时间越长等个体性特征和流动特征都对流动人口在流入地的家庭消费水平有显著正向影响。

(3)就业身份对消费行为影响显著,雇主、自营劳动者的家庭消费水平较高,雇员较低。专业技术人员和办事员、经商的家庭消

费水平较高,而社会生产和生活服务人员、生产制造及有关人员及其他这三类人员都对流动人口的家庭总消费支出呈显著负向影响。从单位行业来看,以制造业为参照,建筑业、餐饮住宿业、批发零售业、科教文卫业、交通运输业等行业都对流动人口的人均消费支出和家庭年消费支出有显著正向影响。

(4)从社会保险来看,参加养老保险和医疗保险对流动人口的家庭消费水平和食品支出都没有显著影响。而失业保险对人均年消费支出、家庭年总支出和食品支出都有显著正向影响。工伤保险对人均年消费支出和家庭年总支出都呈显著负向影响。这表明城镇职工社会保险对流动人口中不同群体消费支出的影响存在差异。

(5)流动人口与家乡的联系越紧密,如家乡有住房、有子女在老家等,就越会显著降低他们在流入地的消费水平。给老家少量的钱物,不会制约流动人口在流入地的消费水平;但是寄往家乡的汇款越多(5000 元以上),越会降低流动人口的消费水平。

三、流出地的消费行为主要受流出地家庭收入的影响,但来自流入地的汇款在维持消费方面也有较大作用

流出地的消费行为主要受流出地家庭收入的影响,但是来自流入地的汇款对家乡的消费水平呈显著正向影响,对维系留守家庭的日常消费具有重要作用,甚至避免了收不抵支、陷入负债的可能性。有子女在老家、老人需要赡养都会增加流出地的家庭支出,而是否拥有土地对流出地的家庭消费支出影响有限。老一代流动人口、小学及以下文化程度的流动人口,其流出地家庭消费水平都比较高。

从社会保障来看,参加新农合对留守家庭消费支出具有显著

正向影响,参加新农合能在一定程度上降低没钱看病的焦虑,不仅生病了敢去看病,也有助于增加其他家庭消费支出。但新农保的保障水平比较低,对流动人口家庭的消费支出没有显著影响。因此,提高城乡居民养老保险保障水平,通过加大对基础养老金的补贴力度,改革缴费档次,增加缴费补贴等方式鼓励参保人员增加缴费年限,提高缴费金额,把城乡居民养老保险基金的蛋糕做大做强,才能发挥其应当承担的养老保障功能,而不至于沦落为农村老年人的“零花钱”。流出地的养老保障水平提高了,亦能减轻流动人口的养老压力、减少汇款,也能降低对今后自己养老问题的担心,使他们在城市敢于消费,提升消费水平,完善消费结构。

四、市民化程度对流动人口的消费行为具有重要影响

本书建立了流动人口市民化程度的评价指标体系,通过因子分析法,从经济地位、公共服务、社会融入和市民化意愿 4 个方面梳理出社会保险、经济收入、社区参与因子等 7 个因子,计算出流动人口的市民化程度。研究发现,流动人口在流入地消费水平偏低,而在流出地又不得不维持一定的消费,其根源是市民化程度太低。市民化程度每提高 1 个单位,流动人口在流入地的消费水平约能提升 0.3 个单位;反之,市民化程度对流动人口在流出地的家庭消费水平呈负向影响。从四分位数的分组来看,市民化程度最低组的流动人口,其在家乡的家庭消费支出亦是最高的。正是这种低水平的、不彻底的市民化,以及来自流入地的歧视与排斥,导致他们不得不把一部分家人(如父母、子女等)留在家乡,甚至回到家乡进行炫耀性消费,以弥补自己城市消费心理的缺失。同时,他们也希望借助家乡的消费维护流出地的社会网络,实现社会地位的提升。

从代际视角来看，虽然老一代流动人口的市民化水平略低于新生代流动人口，但是老一代流动人口市民化程度的提高，对流入地消费水平的促进力度要高于新生代流动人口，且会显著降低其在流出地的消费水平，而新生代流动人口市民化程度的提升对流出地的消费行为则没有显著负向影响。

五、不同类型城市流动人口的消费行为及其影响因素存在较大差异

不同类型城市流动人口消费水平的差异明显，影响因素既有共性也有差异。具体分析如下。

(1)家庭收入仍然是影响长三角城市、中西部省会城市和东南沿海城市流动人口消费水平的主要因素，夫妻共同流动，子女随迁都对三类城市流动人口的消费有显著影响。

(2)代际、户口对长三角城市流动人口有显著正向影响，但对中西部省会城市和东南沿海城市则没有影响。受教育程度对长三角城市、中西部省会城市的流动人口消费都有显著正向影响，但对东南沿海城市的影响则不显著。流动范围对长三角城市没有显著影响，但省内跨市流动对中西部省会城市有显著正向影响，市内跨县则对东南沿海城市有正向影响。

(3)职业类别、单位行业对不同类型城市流动人口家庭消费的影响不同。经商对长三角城市和中西部省会城市流动人口的家庭消费有显著正向影响，对省会城市的影响最大，但是对东南沿海城市则没有影响。社会生产和生活服务人员对长三角城市和东南沿海城市具有负向影响，而对中西部省会城市有显著正向影响。生产制造及有关人员对长三角城市和东南沿海城市有显著负向影响。从单位行业来看，以制造业为参照，建筑业、住宿餐

饮社会服务业、批发零售业等其他行业类别都对长三角城市流动人口的消费行为有显著正向影响;对东南沿海城市来说,建筑业、住宿餐饮社会服务业和批发零售业有显著正向影响,而在中西部省会城市,只有批发零售业有正向影响。这体现了,不同类型城市之间行业的差异比较大,传导到流动人口的消费上就具有较大的差异。

(4)市民化对中西部省会城市流动人口的家庭消费影响最大,长三角城市和西部地级市次之,对东南沿海城市的影响力最小。因此,要提高流动人口在流入地的消费水平,不仅应提高流动人口的市民化程度,还应当因城施策。对中西部省会城市来说,应首先给予省内流动人口本地市民待遇,提高批发零售业等除外的其他行业的薪资水平,对东南沿海城市来说,应优先解决市内跨县流动人口的市民待遇问题。

六、住房消费水平低,在流入地购房意愿较强但已购房比例不高

(1)从住房性质来看,租房仍是流动人口最主要的居住形式,排在第二位的是住在自购房中,排在第三位的是由单位/雇主提供免费住房。流动人口在流入地的住房消费支出的均值为平均每月772元,超过家庭总消费支出的1/5,占家庭总支出的比重较大。从在流入地的购房行为和购房意愿来看,27.36%的流动人口已经在流入地购买了住房,打算在流入地购房的为23.38%,远高于打算回户籍地购房的比例。

(2)从住房消费支出水平的影响因素来看,省内流动,以经商商贩为职业,在建筑业、批发零售业、住宿餐饮娱乐业、社会服务业、高端服务业等行业工作,家庭收入较高,愿意在流入地长期居

住，有城镇职工社会保险，较高的文化程度，都会对流动人口的住房消费支出水平有显著正向影响。

（3）从对流动人口购房行为和购房意愿的二元 logistic 回归结果来看，有城镇职工社会保险和住房公积金，家庭收入较高、家庭规模大、省内流动都会对流动人口的购房行为和购房意愿有显著正向影响。此外，流动性较强对流动人口的购房意愿有负向影响，而较强的社会融入意愿则会对购房意愿有正向影响。从单位行业来看，相比制造业，在建筑业、批发零售业、社会服务业、高端服务业和农林牧渔业工作的流动人口在流入地已经购房的几率更高，而除农林牧渔业外，其他行业的流动人口相对制造业来说在流入地的购房意愿更强烈。

（4）流动人口的住房消费主要存在三个问题。一是流动人口仍以租房居住为主，住房状况相对较差，房租支出压力较大。二是流动人口获得公租房等住房福利的比例极低，能有住房公积金的也较少。三是他们在流入地有较高的购房意愿，但实际上已经在流入地购房的仍然不高，尤其是东部地区的流动人口，在流入地购房的比例远低于中部和西部。为此，应该通过多种举措改善流动人口在流入地的住房条件，还要通过加强顶层设计、完善住房公积金制度等方式，提高流动人口在流入地的购房意愿和能力。

第二节　研究不足与展望

一、研究不足

本书对流动人口在流入地和流出地的消费行为、影响因素和作用机制,以及流动人口的住房消费问题进行了深入分析,取得了一定的研究成果,但受到研究数据的局限,仍存在一定的不足之处:(1)由于全国流动人口动态监测从2010年才开始进行,调查的问题每年都会有一定的变化,相对来说2013年动态监测社会融合专项调查关于流动人口消费的调查问题最为全面。目前,除该数据外,还没有关于流动人口消费行为的权威调查数据库,关于流动人口消费方面的数据散见于学者利用在某一城市或地区开展的研究,数据的权威性有待提高。因此,本书没有对流动人口的消费行为进行纵向比较分析,有待今后收集数据加强研究。在住房消费方面,虽然2016年的数据更加全面,但也存在种种局限,如缺乏住房条件、已购买住房的价格、面积等情况的调查。(2)受调查数据所限,能体现流动人口消费观念的问题代表性不足,因此,在分析流动人口消费行为的影响因素和建立市民化指标体系时,没有把消费观念作为一项解释变量或指标变量放入其中。

二、研究展望

流动人口的消费问题对流动人口自身、家庭乃至整个社会都具有重要的意义,但由于笔者目前在理论修养和现有数据资料等方面存在不足,还有进一步提升的完善空间和研究方向。

(1)建议在今后有关流动人口的调查中,应多关注流动人口的流动经历、生活消费和城市融入,把有关生活消费支出的问题设置与国家统计局的调查问题保持一致,便于与城镇居民进行更好的比较。对流出地的家庭情况的调查应该更细致,如在调查手册中应明确家庭成员是指同灶吃饭的成员,进一步明确留守在家乡的家庭成员人数等情况,便于把流出地的家庭情况与流入地的家庭消费联系起来,便于与流动人口在流入地的消费结构进行比较。

（2）进一步收集关于流动人口消费问题的相关数据，从纵向角度，分析流动人口消费行为的变动情况、探讨引起变动的原因。加强研究流动人口两栖性消费对流入地和流出地的社会经济发展带来的影响。此外，住房是流动人口在流入地的立身之本，要加强对流动人口住房消费问题的研究。

参考文献

一、外文期刊图书类

1. Alexandra Korotchenko & Laura Hurd Clarke, *Russian immigrant women and the negotiation of social class and feminine identity through fashion*, 1 Critical Studies in Fashion & Beauty 181 – 202(2010).

2. Christian Dustmann, Francesco Fasani & Biagio Speciale, *Illegal Migration and Consumption Behavior of Immigrant Households*, 15 Journal of the European Economic Association 654 – 691(2017).

3. Deon Filmer & Lant Pritchett, *the Effect of Household Wealth on Educational Attainment: Evidence from 35 Countries*, 25 Population & Development Review 85 – 120(1999).

4. Douglas S. Massey & Brendan P. Mullan, *Processes of Hispanic and Black Spatial Assimilation*, 89 American Journal of Sociology 836 – 873(1984).

5. Dowell Myers, Xin Gao & Amon Emeka, *The Gradient of Immigrant Age-at-Arrival Effects on*

Socioeconomic Outcomes in the U. S. , 43 International Migration Review 205 –229(2009).

6. Everett S. Lee, *A theory of Migration*, 3 Demography 47 –57 (1966).

7. Gustav Ranis & John C. H. Fei, *A theory of economic development*, 51 American Economic Review 533 –565 (1961).

8. Hayne E. Leland, *Saving and Uncertainty: the Precautionary Demand for Saving*, 82 Quarterly Journal of Economics 465 – 473 (1968).

9. Jacques Bouhga-Hagbe, *Altruism and Workers' Remittances: Evidence from Selected Countries in the Middle East and Central Asia*, 6 IMF Working Papers 1 –27 (2006).

10. Jessica Hagen-Zanker & Melissa Siegel, *the Determinants of Remitances: A Comparison between Albania and Moldova*, SSRN Electronic Journal 147 –186(2008).

11. John R. Harris & Michael P. Todaro, *Migration, Unemployment & Development: A Two-Sector Analysis*, 60 American Economic Review 126 –142(1970).

12. Kerwin K. Charles, Erik Hurst & Nikolai Roussanov, *Conspicuous Consumption and Race*, 124 the Quarterly Journal of Economics 425 –467(2009).

13. Lu Wang & L. Lo, *Global Connectivity, Local Consumption, and Chinese Immigrant Experience*, 68 GeoJournal183 –194(2007).

14. Milton M. Gordon, *Assimilation in American life: the role of race, religion and national origins*, Oxford University Press, 1964, p. 79.

15. Ramon Ballester, Jackeline Velazco & Ricard Rigall-I-

Torrent, *Effects of the Great Recession on Immigrants' Household Consumption in Spain*, 123 Social Indicators Research 771 – 797 (2015).

16. Randi L. Wolf, Stephen J. Lepore & Jonathan L. Vandergrift, et al, *Knowledge, barriers, and stage of change as correlates of fruit and vegetable consumption among urban and mostly immigrant black men*, 108 Journal of the American Dietetic Association 1315 – 1322 (2008).

17. Robert E. B. Lucas & Oded Stark, *Motivations to Remit: Evidence from Botswana*, 93 Journal of Political Economy 901 – 918 (1985).

18. Theodore P. Lianos & Anastasia Pseiridis, *Remittances of Immigrants in Greece*, 15 Review of Development Economics 340 – 355 (2011).

19. YoungJee Han, Joseph C. Nunes & Xavier Drèze. *Signaling Status with Luxury Goods: the Role of Brand Prominence*, 74 Journal of Marketing15 – 30(2010).

二、中文图书类

1. [英]彼得·桑德斯:《社会理论与城市问题》,郭秋来译,江苏凤凰教育出版社 2018 年版。

2. 陈强编著:《高级计量经济学及 Stata 应用》(第 2 版),高等教育出版社 2014 年版。

3. [美]凡勃伦:《有闲阶级论》,蔡受百译,商务印书馆 2011 年版。

4. [美]费景汉、古斯塔夫·拉尼斯:《增长和发展——演进的观点》,洪银兴、郑江淮等译,商务印书馆 2014 年版。

5. [美]弗兰科・莫迪利亚尼:《莫迪利亚尼文萃》,林少宫、费剑平译,首都经济贸易大学出版社 2001 年版。

6. [日]富永健一主编:《经济社会学》,孙日明、杨栋梁译,南开大学出版社 1984 年版。

7. 郭志刚主编:《社会统计分析方法 SPSS 软件应用》(第 2 版),中国人民大学出版社 2015 年版。

8. [美]金在温、查尔斯・W. 米勒:《因子分析:统计方法与应用问题》,叶华译,格致出版社、上海人民出版社 2016 年版。

9. [美]劳伦斯・汉密尔顿:《应用 STATA 做统计分析》(第 2 版),郭志刚等译,重庆大学出版社 2011 年版。

10. 李珍主编:《社会保障理论》(第 2 版),中国劳动社会保障出版社 2007 年版。

11. 罗钢、王中忱主编:《消费文化读本》,中国社会科学出版社 2003 年版。

12. [德]马克斯・韦伯:《经济与社会》(第 2 卷),阎克文译,上海人民出版社 2010 年版。

13. [英]迈克・费瑟斯通:《消费文化与后现代主义》,刘精明译,译林出版社 2000 年版。

14. [法]皮埃尔・布尔迪厄:《文化资本与社会炼金术》,包亚明译,上海人民出版社 1997 年版。

15. [法]皮埃尔・布尔迪厄:《区分:判断力的社会批判》(上册),刘晖译,商务印书馆 2015 年版。

16. [法]皮埃尔・布尔迪厄、[美]华康德:《实践与反思》,李猛、李康译,中央编译出版社 1998 年版。

17. [德]齐奥尔格・西美尔:《时尚的哲学》,费勇等译,文化艺术出版社 2001 年版。

18. 王宁:《消费社会学》(第2版),社会科学文献出版社2011年版。

19. 王宁:《家庭消费行为的制度嵌入性》,社会科学文献出版社2014年版。

20. 杨菊华:《数据管理与模型分析:STATA软件应用》,中国人民大学出版社2012年版。

21. 杨云彦、谭江蓉、褚清华:《留城还是返乡:流动人口的消费困局与社会融合》,华中科技大学出版社2014年版。

22. 姚建平:《消费认同》,社会科学文献出版社2006年版。

23. [英]约翰·梅纳德·凯恩斯:《就业、利息和货币通论》,郭武军译,上海文化出版社2021年版。

三、中文期刊硕博士论文类

1. 白重恩、吴斌珍、金烨:《中国养老保险缴费对消费和储蓄的影响》,载《中国社会科学》2012年第8期。

2. 才国伟、张学志:《农民工的城市归属感与定居决策》,载《经济管理》2011年第2期。

3. 蔡昉:《农民工市民化与新消费者的成长》,载《中国社会科学院研究生院学报》2011年第3期。

4. 曹吉阳、龚岳:《中国流动人口住房阶层研究》,载《北京大学学报(自然科学版)》2021年第6期。

5. 陈斌开、陆铭、钟宁桦:《户籍制约下的居民消费》,载《经济研究》2010年第S1期。

6. 陈冬梅、袁艺豪:《为什么社保改革后农民工参保率依然相对低?——以上海市杨浦区为例的实证研究》,载《上海经济研究》2014年第10期。

7. 陈映芳:《"农民工":制度安排与身份认同》,载《社会学研究》2005 年第 3 期。

8. 陈占江:《新生代民工的认同危机及其重塑》,载《中国青年研究》2008 年第 4 期。

9. 褚荣伟、张晓冬:《中国农民工消费市场解读——金字塔底层的财富》,载《经济理论与经济管理》2011 年第 7 期。

10. 丁浩:《就业稳定性、住房可及性与农民工家庭消费》,载《消费经济》2018 年第 1 期。

11. 董立男、林李月、朱宇等:《地方性因素对流动人口流入地购房意愿的影响》,载《福建师范大学学报(自然科学版)》2019 年第 4 期。

12. 董昕、张翼:《农民工住房消费的影响因素分析》,载《中国农村经济》2012 年第 10 期。

13. 范辰辰、李文:《"新农保"如何影响农村居民消费——以山东省为例》,载《江西财经大学学报》2015 年第 1 期。

14. 方学军:《农民工精神文化消费实证研究》,载《农业经济》2011 年第 10 期。

15. 冯长春、李天娇、曹广忠等:《家庭式迁移的流动人口住房状况》,载《地理研究》2017 年第 4 期。

16. 冯虹、李晨曦:《新型城镇化过程中农民工消费水平影响因素分析——基于 2013 年〈中国流动人口动态监测〉》,载《北京联合大学学报(人文社会科学版)》2016 年第 3 期。

17. 付扬军、曲卫东:《进退之间:流动人口的城市居留决策研究——兼析城市房价与公共服务水平等多重因素影响效应》,载《价格理论与实践》2023 年第 7 期。

18. 高梦媛、郑欣:《文化自觉:从娱乐消费看新生代农民工的城市适应——基于长三角地区外来务工人员的考察》,载《中国青年研究》2013 年第 7 期。

19. 葛正鹏:《"市民"概念的重构与我国农民市民化道路研究》,载《农业经济问题》2006 年第 9 期。

20. 龚岳、曹吉阳:《人口城镇化视角下中国流动人口住房阶层研究》,载《热带地理》2024 年第 3 期。

21. 关刘柱:《移民精英的炫耀性消费——以安徽 N 村流动人口消费的实证研究为例》,载《攀枝花学院学报》2011 年第 2 期。

22. 国务院发展研究中心课题组、刘世锦等:《农民工市民化对扩大内需和经济增长的影响》,载《经济研究》2010 年第 6 期。

23. 郭雅琪、高更和、王玉婵等:《回流农民工预期购房区位选择及影响因素——以河南省 45 村为例》,载《地理科学》2022 年第 9 期。

24. 韩枫:《城镇流动人口社会保障参保率的影响因素研究——基于京津冀流动人口动态监测数据的分析》,载《人口学刊》2016 年第 1 期。

25. 郝亚明:《城市与移民:西方族际居住隔离研究述论》,载《民族研究》2012 年第 6 期。

26. 郝演苏、周佳璇、张建伟:《医疗保险、市民化与农业转移人口消费》,载《经济社会体制比较》2022 年第 1 期。

27. 贺立龙、姜召花:《新农保的消费增进效应——基于 CHARLS 数据的分析》,载《人口与经济》2015 年第 1 期。

28. 胡枫、史宇鹏:《农民工汇款与输出地经济发展——基于农民工汇款用途的影响因素分析》,载《世界经济文汇》2013 年第 2 期。

29. 胡枫、史宇鹏、王其文:《中国的农民工汇款是利他的吗?——基于区间回归模型的分析》,载《金融研究》2008 年第 1 期。

30. 胡若痴:《城市化进程中流动人口消费问题探析》,载《管理学刊》2012 年第 6 期。

31. 胡映洁、安頔:《住房负担降低了超大城市流动人口的定居意愿吗? ——以上海为例》,载《上海经济》2019 年第 2 期。

32. 黄德林、陈永杰:《农民工职业技能培训意愿及影响机理研究——基于武汉市、厦门市、沧州市的实证调查》,载《中国软科学》2014 年第 3 期。

33. 黄玉琴:《礼物、生命仪礼和人情圈——以徐家村为例》,载《社会学研究》2002 年第 4 期。

34. 黄侦、邓习赣:《农民工消费行为与身份认同困境研究》,载《江西社会科学》2014 年第 11 期。

35. 纪江明、陈振营、赵毅:《新生代农民工"二元化"消费方式与身份认同研究——基于 2010 年上海市外来农民工的调查》,载《人口与发展》2013 年第 2 期。

36. 纪园园、宁磊:《中国地区相对收入差距与消费水平研究——基于 CHIP2013 年数据》,载《上海经济研究》2017 年第 11 期。

37. 金晓彤、崔宏静、李茉:《新生代农民工教育型文化消费对务工收入的逆向作用机制分析——基于全国 31 省份 4268 份调查问卷》,载《农业技术经济》2014 年第 9 期。

38. 金晓彤、李杨:《我国新生代农民工消费行为差异研究》,载《调研世界》2014 年第 11 期。

39. 孔祥利、粟娟:《我国农民工消费影响因素分析——基于全国 28 省区 1860 个样本调查数据》,载《陕西师范大学学报(哲学社会科学版)》2013 年第 1 期。

40. 冷雄辉、易娜:《新生代农民工消费行为研究——基于江西省的调查》,载《江西农业大学学报(社会科学版)》2012 年第 3 期。

41. 黎相宜、周敏:《跨国空间下消费的社会价值兑现——基于美国福州移民两栖消费的个案研究》,载《社会学研究》2014 年第 2 期。

42. 李帆、江波:《住房公积金对流动人口购房选择的影响研究》,载《调研世界》2022 年第 5 期。

43. 李刚、刘养卉:《新生代农民工消费行为研究——基于兰州市的调查》,载《人口与社会》2014 年第 1 期。

44. 李君甫、孙嫣源:《住房公积金制度对流动人口购房的影响——基于国家卫计委 2013 年流动人口动态监测数据的研究》,载《公共行政评论》2018 年第 2 期。

45. 李凯、曹广忠:《农民工家庭城乡消费决策的影响因素——基于东部 9 城市抽样调查数据的分析》,载《人口与发展》2012 年第 5 期。

46. 李淋、冯桂林:《试析农民工的消费行为——宜昌市农民工消费的调查与分析》,载《社会主义研究》1996 年第 3 期。

47. 李培林、田丰:《中国新生代农民工:社会态度和行为选择》,载《社会》2011 年第 3 期。

48. 李强:《中国外出农民工及其汇款之研究》,载《社会学研究》2001 年第 4 期。

49. 李强、毛学峰、张涛:《农民工汇款的决策、数量与用途分析》,载《中国农村观察》2008 年第 3 期。

50. 李树茁、李聪、梁义成:《外出务工汇款对西部贫困山区农户家庭支出的影响》,载《西安交通大学学报(社会科学版)》2011 年第 1 期。

51. 李荣彬:《安居何以安康?青年流动人口的住房获得与健康不平等》,载《中国青年研究》2023 年第 8 期。

52. 李荣彬、袁城、王国宏等:《新生代农民工市民化水平的现状及影响因素分析——基于我国 106 个城市调查数据的实证研究》,载《青年研究》2013 年第 1 期。

53. 李若建:《广东省外来人口的定居性与流动性初步分析》,载《人口研究》2007 年第 6 期。

54. 李伟、姜东升:《影响农村社会养老保险参保决策的主要因素研究——基于陕西省农村的调查与分析》,载《统计与信息论坛》2015 年第 8 期。

55. 李晓峰、王晓方、高旺盛:《基于 ELES 模型的北京市农民工消费结构实证研究》,载《农业经济问题》2008 年第 4 期。

56. 李晓菁、刘爱玉、田志鹏:《工作收入、社会保障与新职业农民工市民化:城市住房价格的调节效应》,载《社会政策研究》2023 年第 4 期。

57. 李勇辉、李小琴、沈波澜:《安居才能团聚?——保障性住房对流动人口家庭化迁移的推动效应研究》,载《财经研究》2019 年第 12 期。

58. 李梓颖、边艳:《我国流动人口住房租购选择及其影响因素——基于 2017 年 CMDS 的实证分析》,载《工程管理学报》2020 年第 5 期。

59. 梁彩花、周金衢、张琼:《返乡农民工炫耀性消费行为的社会心理分析》,载《广西民族研究》2010 年第 4 期。

60. 梁在、诸冈秀树:《国际移民与发展:以中国为例》,载《中国劳动经济学》2006 年第 3 期。

61. 林存贞、林李月、朱宇等:《跨地区生计视角下流动人口在流出地住房投资行为的时空特征》,载《人文地理》2018 年第 4 期。

62. 林李月、朱宇:《"住有所居"对流动人口定居意愿的影响——基于非正规产权房的视角》,载《西北人口》2024 年第 1 期。

63. 林李月、朱宇、林坤等:《两栖生计下中国流动人口城镇购房意愿的空间特征和影响因素》,载《地理学报》2021 年第 6 期。

64. 林赛南、卢婷婷、田明:《流动人口家庭化迁移与住房选择分异研究——基于全国 25 个城市的实证分析》,载《经济地理》2021 年第 5 期。

65. 林竹:《新生代农民工的相对市民化程度分析》,载《南京工程学院学报(社会科学版)》2015 年第 3 期。

66. 刘斌:《新型城镇化进程中流动人口住房问题综述》,载《合作经济与科技》2016 年第 22 期。

67. 刘斌、张巍、张翔:《城市房价、定居意愿与户籍差异——对农民工"流入而留不下"的一个解释》,载《西北人口》2022 年第 1 期。

68. 刘传江:《新生代农民工的特点、挑战与市民化》,载《人口研究》2010 年第 2 期。

69. 刘传江、程建林:《第二代农民工市民化:现状分析与进程测度》,载《人口研究》2008 年第 5 期。

70. 刘厚莲:《我国特大城市流动人口住房状况分析》,载《人口学刊》2016 年第 5 期。

71. 刘靖:《农民工家庭迁移模式与消费支出研究——来自北京市的调查证据》,载《江汉论坛》2013 年第 7 期。

72. 刘妮娜、张汝飞:《新生代流动人口家庭消费水平与消费结构研究》,载《消费经济》2013 年第 6 期。

73. 刘胜:《新生代农民工消费方式与身份认同研究》,南京理工大学 2010 年硕士学位论文。

74. 刘松林、黄世为:《我国农民工市民化进程指标体系的构建与测度》,载《统计与决策》2014 年第 13 期。

75. 刘小年:《农民工市民化的影响因素:文献述评、理论建构与政策建议》,载《农业经济问题》2017 年第 1 期。

76. 刘英俊、陈涛峰:《住房支付能力与外出农民工城市落户意愿》,载《兰州学刊》2023 年第 6 期。

77. 刘伟:《基于 WLS 的中国农民工消费影响因素分析》,载《统计与决策》2011 年第 13 期。

78. 卢海阳:《社会保险对进城农民工家庭消费的影响》,载《人口与经济》2014 年第 4 期。

79. 卢海阳:《农民工的城市融入及对经济行为的影响》,浙江大学 2015 年博士学位论文。

80. 卢海阳、郑逸芳、钱文荣:《农民工融入城市行为分析——基于 1632 个农民工的调查数据》,载《农业技术经济》2016 年第 1 期。

81. 梅建明、袁玉洁:《农民工市民化意愿及其影响因素的实证分析——基于全国 31 个省、直辖市和自治区的 3375 份农民工调研数据》,载《江西财经大学学报》2016 年第 1 期。

82. 马红旗、陈仲常:《我国省际流动人口的特征——基于全国第六次人口普查数据》,载《人口研究》2012 年第 6 期。

83. 明娟、曾湘泉:《农民工家庭与城镇住户消费行为差异分析——来自中国城乡劳动力流动调查的证据》,载《中南财经政法大学学报》2014 年第 4 期。

84. 穆学英、崔璨、崔军茹等:《中国流动人口的跨等级流动及其对流入城市住房选择的影响》,载《地理学报》2022 年第 2 期。

85. 宁光杰、李瑞:《城乡一体化进程中农民工流动范围与市民化差异》,载《中国人口科学》2016 年第 4 期。

86. 欧阳力胜:《进城农民工消费行为与消费方式探析——湘潭市进城农民工消费的调查与分析》,载《经济与管理》2006 年第 4 期。

87. 彭善民:《从结构到文化:农民工消费研究回顾与展望》,载

《湖南农业大学学报(社会科学版)》2009 年第 2 期。

88. 彭远春:《论农民工身份认同及其影响因素——对武汉市杨园社区餐饮服务员的调查分析》,载《人口研究》2007 年第 2 期。

89. 钱龙、卢海阳、钱文荣:《身份认同影响个体消费吗? ——以农民工在城文娱消费为例》,载《南京农业大学学报(社会科学版)》2015 年第 6 期。

90. 钱文荣、李宝值:《不确定性视角下农民工消费影响因素分析——基于全国 2679 个农民工的调查数据》,载《中国农村经济》2013 年第 11 期。

91. 钱雪飞:《进城农民工消费的实证研究——南京市 578 名农民工的调查与分析》,载《南京社会科学》2003 年第 9 期。

92. 秦晓娟:《城市对中国农民工消费行为影响的实证分析》,载《经济问题》2014 年第 9 期。

93. 曲玥、都阳、贾朋:《城市本地家庭和农村流动家庭的消费差异及其影响因素——对中国城市劳动力市场调查数据的分析》,载《中国农村经济》2019 年第 8 期。

94. 任娟娟:《新生代农民工市民化水平及影响因素研究——以西安市为例》,载《兰州学刊》2012 年第 3 期。

95. 上官卉彦、伍博炜、曾月娥等:《新型城镇化背景下新生代农业转移人口市民化程度探讨——以福州市为例》,载《福建师范大学学报(自然科学版)》2015 年第 2 期。

96. 申鹏、凌玲:《代际禀赋视角下的农民工消费行为研究——以贵州省贵阳市为例》,载《农村经济》2014 年第 2 期。

97. 沈蕾、田敬杰:《上海新生代农民工消费结构分析》,载《消费经济》2012 年第 4 期。

98. 沈蕾、许桂苹:《新生代农民工消费决策过程的比较研究》,载《统计与决策》2015 年第 8 期。

99. 沈蕾、周豫洁:《生活方式细分下新生代农民工消费决策研究——基于全国六省市的调研数据》,载《消费经济》2013 年第 2 期。

100. 沈映春、王泽强、焦婕等:《北京市农民工市民化水平及影响因素分析》,载《北京社会科学》2013 年第 5 期。

101. 盛亦男:《中国的家庭化迁居模式》,载《人口研究》2014 年第 3 期。

102. 石人炳、陈宁:《城 – 城流动人口养老保险参保影响因素研究——基于全国流动人口动态监测数据的分析》,载《人口研究》2015 年第 4 期。

103. 宋全成、张露:《生命历程视角下的青年流动人口住房选择及其影响因素研究》,载《东岳论丛》2023 年第 7 期。

104. 宋艳姣:《城市外来流动人口购房意愿及其影响因素研究——以城市规模的异质性为视角》,载《华东师范大学学报(哲学社会科学版)》2016 年第 6 期。

105. 宋月萍:《流动人口家庭成员年龄构成、公共服务与消费研究》,载《人口与发展》2019 年第 2 期。

106. 宋月萍、张龙龙:《北京市流动人口的家庭化与消费支出》,载《北京行政学院学报》2020 年第 1 期。

107. 粟娟、孔祥利:《中国农民工消费结构特征及市民化趋势分析——基于全国 28 省 1249 份有效样本数据检验》,载《统计与信息论坛》2012 年第 12 期。

108. 孙凤、王少国:《农民工消费能力研究》,载《学习与探索》2013 年第 4 期。

109. 孙军、高彦彦:《农村人口半城镇化视阈下的中国经济增长机制及其风险研究》,载《上海经济研究》2016 年第 9 期。

110. 孙伟增、张思思:《房租上涨如何影响流动人口的消费与社会融入——基于全国流动人口动态监测调查数据的实证分析》,载《经济学(季刊)》2022 年第 1 期。

111. 孙文凯、李晓迪、王乙杰:《身份认同对流动人口家庭在流入地消费的影响》,载《南方经济》2019 年第 11 期。

112. 谭江蓉、徐茂:《城市融入背景下流动人口消费行为的影响因素——以重庆市为例》,载《城市问题》2016 年第 1 期。

113. 谭静、余静文、饶璨:《二元结构下中国流动人口的回迁意愿与储蓄行为——来自 2012 年北京、上海、广州流动人口动态监测数据的经验证据》,载《金融研究》2014 年第 12 期。

114. 谭苏华、朱宇、林李月等:《流动人口家庭的城市消费及其影响因素——基于全国流动人口动态监测调查数据》,载《人口与发展》2015 年第 1 期。

115. 汤兆云:《农民工流入地住房选择的代际比较及其政策完善——基于 2016 年全国流动人口卫生计生动态监测调查沿海 6 省市数据》,载《江苏社会科学》2021 年第 1 期。

116. 唐有财:《新生代农民工消费研究》,载《学习与实践》2009 年第 12 期。

117. 陶树果:《新生代来沪农民工家庭消费结构的二元性研究》,华东师范大学 2008 年硕士学位论文。

118. 陶树果:《职业教育与继续教育:促进新生代农民工市民化的有效途径研究》,载《青年学报》2014 年第 2 期。

119. 田旭:《隐性壁垒、城市融入与农业户籍流动人口落户》,载《农业经济问题》2022 年第 12 期。

120. 宛恬伊:《新生代农民工的居住水平与住房消费——基于代际视角的比较分析》,载《中国青年研究》2010 年第 5 期。

121. 汪丽萍:《融入社会视角下的新生代农民工消费行为——市民化消费和炫耀性消费》,载《农村经济》2013 年第 6 期。

122. 汪佳佳:《城乡背景下农民工消费行为“两栖性”探析》,吉林大学 2014 年硕士学位论文。

123. 汪润泉、刘一伟:《住房公积金能留住进城流动人口吗?——基于户籍差异视角的比较分析》,载《人口与经济》2017 年第 1 期。

124. 王春光:《新生代农村流动人口的社会认同与城乡融合的关系》,载《社会学研究》2001 年第 3 期。

125. 王冬、刘养卉、李刚:《新生代农民工消费行为实证研究——以兰州市为例》,载《西北人口》2015 年第 1 期。

126. 王桂新、沈建法、刘建波:《中国城市农民工市民化研究——以上海为例》,载《人口与发展》2008 年第 1 期。

127. 王捷凯、叶玲、宋伟轩等:《中国城市流动人口住房负担与迁移的时空分异格局研究》,载《华中师范大学学报(自然科学版)》2023 年第 4 期。

128. 王克亚:《河南省农村人口流动及其对流出地经济发展的影响研究》,河南大学 2009 年博士学位论文。

129. 王伶、梅建明:《我国农民工市民化进程测度方法与实证研究——基于 29 个省(区、市)4275 份调查问卷》,载《农村经济》2015 年第 11 期。

130. 王曼:《北京务工型流动人口消费行为及策略选择》,载《北京工商大学学报(社会科学版)》2004 年第 3 期。

131. 王美艳:《农民工汇款如何影响农户的生活消费支出——来自江苏和安徽农户调查数据的分析》,载《贵州财经学院学报》2012 年第 1 期。

132. 王美艳:《农民工消费潜力估计——以城市居民为参照系》,载《宏观经济研究》2016 年第 2 期。

133. 王萌:《收入状况、消费行为与新生代农民工市民化——

基于河南省十八地市的实证分析》,载《中国青年研究》2014 年第 9 期。

134. 王宁:《关于消费社会学研究对象的几点思考》,载《中山大学学报(社会科学版)》1999 年第 5 期。

135. 王宁:《消费与认同——对消费社会学的一个分析框架的探索》,载《社会学研究》2001 年第 1 期。

136. 王宁、严霞:《两栖消费与两栖认同——对广州市 J 工业区服务业打工妹身体消费的质性研究》,载《江苏社会科学》2011 年第 4 期。

137. 王沙:《家庭分离与农民工家庭消费选择的研究》,清华大学 2014 年硕士学位论文。

138. 王韬、毛建新:《流动人口家庭与城镇家庭的消费差异——基于分位数回归的分析》,载《人口与经济》2015 年第 4 期。

139. 王伟、陈杰:《我国农村流动人口城市住房支付能力研究——基于典型的三线及以下城市的考察》,载《城乡规划》2017 年第 5 期。

140. 王晓丽:《中国人口城镇化质量研究》,南开大学 2013 年博士学位论文。

141. 王艺璇:《空间资本差异视角下的城市居住秩序和空间区隔——基于两类社区的比较研究》,载《城市问题》2020 年第 3 期。

142. 王宇凡、柴康妮、卓云霞等:《中国城市流动人口住房质量的空间分异与影响因素》,载《地理学报》2021 年第 12 期。

143. 王禹熙:《超大城市流动青年属地服务选择的影响机制——基于北京流动青年租房选择的调查》,载《决策与信息》2023 年第 9 期。

144. 王玉君、杨文辉、刘志林:《进城务工人员的住房变动及其影响因素——基于十二城市问卷调查的实证分析》,载《人口研究》

2014 年第 4 期。

145. 王张明:《农民工消费的城乡二元性研究》,陕西师范大学2015 年博士学位论文。

146. 王张明、孔祥利:《代际差异、身份认同与家庭消费:农民工消费的一个研究综述》,载《西北农林科技大学学报(社会科学版)》2014 年第 5 期。

147. 王昭、杨洁、薄婷婷等:《基于市民行为的中国市民化进程测度与比较》,载《经济问题探索》2014 年第 6 期。

148. 王子成、郭沐蓉:《农民工家庭收入和消费不平等:流动模式与代际差异》,载《北京工商大学学报(社会科学版)》2016 年第 2 期。

149. 王子成、刘佳纯:《住房保障是否有助于缓解流动人口住房相对贫困?——基于中国劳动力动态调查的实证分析》,载《劳动经济研究》2022 年第 3 期。

150. 魏后凯、苏红键:《中国农业转移人口市民化进程研究》,载《中国人口科学》2013 年第 5 期。

151. 魏后凯、苏红键、李凤桃:《农民工市民化现状报告》,载《中国经济周刊》2014 年第 9 期。

152. 魏玮:《农业转移人口房租压力的代际差异研究——来自均值分解和分位数分解的证据》,载《江西财经大学学报》2020 年第 1 期。

153. 文军:《农民市民化:从农民到市民的角色转型》,载《华东师范大学学报(哲学社会科学版)》2004 年第 3 期。

154. 吴宾、张春军、李娟:《城镇化均衡发展视阈下流动人口差异性住房保障政策研究》,载《北京交通大学学报(社会科学版)》2016 年第 3 期。

155. 吴佳:《住房产权与公共服务的"捆绑"——基于一线城市

流动人口的视角》,载《地域研究与开发》2022 年第 4 期。

156. 吴晓明、吴栋:《我国城镇居民平均消费倾向与收入分配状况关系的实证研究》,载《数量经济技术经济研究》2007 年第 5 期。

157. 向国成、钟世虎:《农民工市民化的家庭消费效应研究:来自中国的证据》,载《湘潭大学学报(哲学社会科学版)》2015 年第 6 期。

158. 肖伟、阳慎初:《“80 后”农民工消费观念变迁研究》,载《长沙大学学报》2008 年第 3 期。

159. 谢建社、牛喜霞、谢宇:《流动农民工随迁子女教育问题研究——以珠三角城镇地区为例》,载《中国人口科学》2011 年第 1 期。

160. 辛宝英:《农业转移人口市民化程度测评指标体系研究》,载《经济社会体制比较》2016 年第 4 期。

161. 辛洪波:《我国非正规就业人员的社会保险现状分析》,载《北京市计划劳动管理干部学院学报》2006 年第 4 期。

162. 徐建玲:《农民工市民化进程度量:理论探讨与实证分析》,载《农业经济问题》2008 年第 9 期。

163. 许琪、邹红:《工作稳定性对农民工汇款行为的影响——对共同保险理论的检验》,载《人口与发展》2016 年第 1 期。

164. 闫超:《基于社会认同视角的新生代农民工炫耀性消费行为影响机理研究》,吉林大学 2012 年博士学位论文。

165. 严翅君:《长三角城市农民工消费方式的转型——对长三角江苏 8 城市农民工消费的调查研究》,载《江苏社会科学》2007 年第 3 期。

166. 杨菊华:《中国流动人口的社会融入研究》,载《中国社会科学》2015 年第 2 期。

167. 杨菊华：《制度要素与流动人口的住房保障》，载《人口研究》2018 年第 1 期。

168. 杨菊华、张娇娇、吴敏：《此心安处是吾乡——流动人口身份认同的区域差异研究》，载《人口与经济》2016 年第 4 期。

169. 杨巧、李仙：《家庭禀赋、住房选择与农民工迁移意愿》，载《山西农业大学学报（社会科学版）》2019 年第 1 期。

170. 杨巧、杨扬长：《租房还是买房——什么影响了流动人口住房选择？》，载《人口与经济》2018 年第 6 期。

171. 杨婷怡、叶倩、雷宏振：《农业转移人口住房实现模式与住房消费行为》，载《西北农林科技大学学报（社会科学版）》2021 年第 6 期。

172. 杨晓军：《农民工对经济增长贡献与成果分享》，载《中国人口科学》2012 年第 6 期。

173. 易行健、张波、杨汝岱等：《家庭社会网络与农户储蓄行为：基于中国农村的实证研究》，载《管理世界》2012 年第 5 期。

174. 喻厚伟：《主体的自我建构与消费社会的勃兴——基于城镇化的视角》，载《中南民族大学学报（人文社会科学版）》2016 年第 1 期。

175. 于丽敏：《农民工消费行为影响因素研究》，中南大学 2010 年博士学位论文。

176. 余晓敏、潘毅：《消费社会与“新生代打工妹”主体性再造》，载《社会学研究》2008 年第 3 期。

177. 岳爱、杨矗、常芳等：《新型农村社会养老保险对家庭日常费用支出的影响》，载《管理世界》2013 年第 8 期。

178. 悦中山、杜海峰、李树茁等：《当代西方社会融合研究的概念、理论及应用》，载《公共管理学报》2009 年第 2 期。

179. 郧彦辉：《农民市民化程度测量指标体系及评估方法探

析》，载《学习与实践》2009 年第 8 期。

180. 张川川、John Giles、赵耀辉：《新型农村社会养老保险政策效果评估——收入、贫困、消费、主观福利和劳动供给》，载《经济学(季刊)》2015 年第 1 期。

181. 张川川、陈斌开：《"社会养老"能否替代"家庭养老"？——来自中国新型农村社会养老保险的证据》，载《经济研究》2014 年第 11 期。

182. 张斐：《新生代农民工市民化现状及影响因素分析》，载《人口研究》2011 年第 6 期。

183. 张广胜、田洲宇：《改革开放四十年中国农村劳动力流动：变迁、贡献与展望》，载《农业经济问题》2018 年第 7 期。

184. 张洪霞：《新生代农民工市民化的影响因素研究——基于全国 797 位农民工的实证调查》，载《调研世界》2014 年第 1 期。

185. 张华初、刘胜蓝：《失业风险对流动人口消费的影响》，载《经济评论》2015 年第 2 期。

186. 张力：《流动人口对城市的经济贡献剖析：以上海为例》，载《人口研究》2015 年第 4 期。

187. 张晶：《趋同与差异：合法性机制下的消费转变——基于北京地区青年女性农民工消费的实证研究》，载《中国青年研究》2010 年第 6 期。

188. 张文宏、雷开春：《城市新移民社会认同的结构模型》，载《社会学研究》2009 年第 4 期。

189. 张心洁、周绿林、曾益：《农业转移人口市民化水平的测量与评价》，载《中国软科学》2016 年第 10 期。

190. 张永红：《农民工休闲消费的现状与对策分析》，载《消费经济》2011 年第 2 期。

191. 张咏梅、肖敏霞：《农民工的生活与消费——对兰州市进城务工人员的调查分析》,载《西北人口》2008 年第 5 期。

192. 张兆伟:《新生代农民工的符号消费与社会认同研究》,山东大学 2008 年硕士学位论文。

193. 赵卫华:《独特化还是市民化:新生代农民工消费模式分析》,载《北京社会科学》2015 年第 3 期。

194. 赵卫华、郝秋晨:《住房消费、城市级别与农民工的市民身份认同》,载《社会发展研究》2019 年第 4 期。

195. 赵晔琴、梁翠玲:《融入与区隔:农民工的住房消费与阶层认同——基于 CGSS 2010 的数据分析》,载《人口与发展》2014 年第 2 期。

196. 郑功成:《中国流动人口的社会保障问题》,载《理论视野》2007 年第 6 期。

197. 郑杭生:《农民市民化:当代中国社会学的重要研究主题》,载《甘肃社会科学》2005 年第 4 期。

198. 郑欣、章译文:《"消费式融入":新生代农民工的城市生活实践及其抗争——基于长三角地区的实证研究》,载《中国地质大学学报(社会科学版)》2016 年第 1 期。

199. 周密、张广胜、黄利:《新生代农民工市民化程度的测度》,载《农业技术经济》2012 年第 1 期。

200. 周明宝:《城市滞留型青年农民工的文化适应与身份认同》,载《社会》2004 年第 5 期。

201. 周明海、金樟峰:《长期居住意愿对流动人口消费行为的影响》,载《中国人口科学》2017 年第 5 期。

202. 周战强、罗俊:《身份认同对农民工住房消费的影响》,载《海南师范大学学报(社会科学版)》2021 年第 3 期。

203. 朱冬梅、赵晨:《农业转移人口市民化评价指标体系的实证研究——以四川省为例》,载《南京人口管理干部学院学报》2013

年第 4 期。

204. 朱铭来、史晓晨:《医疗风险、医疗保险与流动人口消费》,载《江西财经大学学报》2017 年第 4 期。

205. 朱宇、林李月、柯文前:《国内人口迁移流动的演变趋势:国际经验及其对中国的启示》,载《人口研究》2016 年第 5 期。

206. 祝伟:《从消费动员到消费约束——新生代农民工的消费行为与身份认同》,载《中国工人》2012 年第 3 期。

207. 邹静、陈杰、王洪卫:《社会融合如何影响流动人口的居住选择——基于 2014 年全国流动人口监测数据的研究》,载《上海财经大学学报》2017 年第 5 期。

四、网络文献类

1. 国家统计局:《中华人民共和国 2016 年国民经济和社会发展统计公报》,载国家统计局网站,https://www.stats.gov.cn/sj/zxfb/202302/t20230203_1899428.html。

2. 国家统计局:《经济地带是如何划分的?》,载国家统计局网 2021 年 2 月 18 日,https://www.stats.gov.cn/zt_18555/zthd/lhfw/2021/rdwt/202302/t20230214_1903926.html。

3. 国家统计局:《第七次全国人口普查公报》(第七号),载国家统计局网 2021 年 5 月 11 日,https://www.stats.gov.cn/sj/pcsj/rkpc/7rp/zk/html/fu03g.pdf。

4. 邱玥:《人口流动:揭示城镇化新趋势》,载光明网,http://epaper.gmw.cn/gmrb/html/2015-05/21/nw.D110000gmrb_20150521_1-15.htm。

5. 关博:《发改委:降低“五险一金”缴费率　减轻企业负担》,载央视网,https://news.cctv.com/2016/08/29/ARTIi617VyHrM

qObf406NNNY160829. shtml。

6. 林亮：《从制造大国迈向制造强国　制造业振兴从重视技工做起》，载人民政协网 2017 年 3 月 17 日，http://www.rmzxb.com.cn/c/2017-03-17/1422715.shtml。

7. 人社部：《人力资源社会保障部　财政部关于提高全国城乡居民基本养老保险基础养老金最低标准的通知》，载人力资源和社会保障部网 2015 年 1 月 10 日，http://www.mohrss.gov.cn/xxgk2020/fdzdgknr/zcfg/gfxwj/shbx/202312/t20231220_510811.html。

后　记

本书的主体内容源自我的博士学位论文《中国流动人口的消费行为研究——基于市民化视角》。写作博士论文时,我使用的是2013年中国流动人口动态监测社会融合专项数据,该数据对流动人口消费行为的调查较为详细,但2017年完成博士论文的定稿后,我一直觉得有点遗憾,受时间和数据限制,对流动人口消费行为的研究还不够全面,尤其是缺少了住房消费这一重要部分。后来有幸与法律出版社签约出版《中国流动人口消费行为研究》一书,那么就一定要弥补当年的遗憾。在反复比较所有已发布的流动人口动态监测数据后,我认为2016年动态监测关于住房消费的题目最为全面,最能符合我的研究需要(中国流动人口动态监测调查数据更新至2018年,之后没有再组织全国性的大调查)。所以,本书第六章流动人口的住房消费行为研究使用的是2016年中国流动人口动态监测数据。该章对流动人口的住房性质、住房水平,以及已经购买住房的情况、购房计划进行了描述性分析,对住房支出水平、在流入地的购房行为和购房意愿的影响因素都做了回归分析，并进行了东部、中部和西部地区之间的比较，丰富了关于流动人口住房消费的既有研究，也使得本书的研究内容更完整。

本书的出版，得到很多人的关心和支持。在此对他们表示感谢。

首先要感谢华东师范大学高向东教授。在本书主体内容撰写期间，导师对我提出了很多宝贵的修改意见，使得内容更充实，论证更充分。感谢华东师范大学经济与管理学部统计学院的李育强教授和刘玉坤教授，在数据分析遇到困难时我得到了他们的指导。

还要感谢上海政法学院经济法学院王文革教授的鼎力相助，感谢上海政法学院政府管理学院领导和同事们的鼓励和支持，使我能坚定科研的信心。

特别感谢法律出版社李沂蔚编辑，她的细致、耐心和工作效率都值得我学习。

感谢我的丈夫，不仅做好了“奶爸”的角色，还督促我的写作进程，甚至逐字逐句帮我校对文稿。从读博到本书的定稿，他是我最坚强的依靠。感谢我的两个女儿，芊姐懂事、独立，阳妹活泼、乖巧，让我无须分心太多，能够在本书的写作上投入很多时间。

最后，谨以此书送给我的父亲和母亲。虽然父亲已于两年前离开了我们，但本书主体部分的完成离不开他的支持，我相信他在另一个世界得知本书的出版定会非常高兴。感谢我的母亲徐枝英数十年如一日对我的支持和帮助。正是她的无私付出，我才能安心学习、安心工作，最终完成本书的写作。

千言万语，无法道尽心中的感激。只有坚持学习、努力工作、砥砺前行，才是最好的感谢！

陶树果

二零二四年四月十五日于樱桃河畔